L'effet Pivot

Edouard Brasey

L'effet Pivot

Éditions Ramsay
9, rue du Cherche-Midi
75006 Paris

ISBN 2-85956-637-6

Précautions d'usage...

Pourquoi Pivot ? Pourquoi ce livre ?

S'agit-il d'une complaisante biographie à la gloire de l'animateur d' « Apostrophes », l'émission littéraire-fétiche d'Antenne 2 ? Ou au contraire d'un pamphlet fielleux dirigé contre le « Roi Lire » des Lettres françaises ? Bernard Pivot mérite-t-il qu'on lui décerne une telle somme de louanges ou un tel excès de critiques ? Les Chancel, Sabatier, Collaro, Polac et consorts ne fourniraient-ils pas eux aussi matière abondante à compliments sucrés ou allusions perfides ?

Le présent livre a un propos tout autre. Il se voudrait œuvre d'entomologiste, de physicien, d'observateur objectif et d'analyste de ce que les mœurs littéraires et éditoriales contemporaines ont appelé l' « effet Pivot ». Et si l'on nous donne la permission d'ouvrir une brève parenthèse à notre propre sujet, nous confesserons n'avoir été guidé, tout au long de notre enquête, puis de la rédaction de notre livre, par aucun esprit d'a priori. En journaliste, nous avons enquêté auprès de professionnels de l'édition ; nous nous sommes plongé dans une presse volumineuse ; nous avons retrouvé des textes souvent épuisés ; nous avons recensé les plateaux de plus de douze années d' « Apostrophes », puis, à l'aide d'un micro-ordinateur, nous avons tenté d'en analyser le profil réel : nombre d'auteurs invités, représentativité des éditeurs, fréquence des thèmes et genres abordés, évolution du taux d'écoute ; nous avons interrogé des collaborateurs et amis de celui qu'on appelle parfois « Monsieur Livre », afin d'en brosser un portrait à facettes ; nous avons médité, après lecture de Marshall McLuhan et Edgar Morin, sur le pouvoir des médias et l'omniprésence de la culture de masse ; bref, nous nous sommes entouré de toutes les précautions nécessaires à la validité de notre projet : décrire la genèse, le développement et les répercussions de l' « effet Pivot », du point de vue de l'édition, des médias, ou tout simplement de la culture.

A l'occasion de notre enquête, nous avons rencontré et interrogé une bonne centaine de professionnels de l'édition et des médias, concernés à des titres divers par l' « effet Pivot » et l' « effet Apostrophes » : auteurs, éditeurs (directeurs de maisons d'édition, directeurs littéraires, directeurs commerciaux, attachés de presse) ; diffuseurs ; distributeurs ; représentants ; libraires ; instituts de sondage ; critiques littéraires de la presse écrite ; animateurs d'émissions concurrentes sur d'autres chaînes.

Nous avons — hélas — souvent eu l'occasion de ressentir l'autocensure qui sévit dans le monde de l'édition dès que l' « effet Pivot » est abordé. Ainsi — de peur sans doute d'encourir les foudres de l'animateur d' « Apostrophes » s'ils s'avisaient de le critiquer trop violemment —, bon nombre d'éditeurs ont pratiqué la langue de bois, se contentant d'énoncer de prudentes banalités. L'un d'entre eux a même demandé, comme condition préalable à notre rencontre, à lire un compte rendu détaillé de ce que ses collègues avaient osé dévoiler du sujet. Devant notre refus de lui fournir ces indiscrétions, il préféra ne rien dire du tout et ne pas accepter d'interview. Plusieurs autres prétextèrent un emploi du temps chargé, l'imminence de départs prolongés à l'étranger. Par bonheur, d'autres enfin voulurent bien nous rencontrer et nous parler franchement.

Les attachés de presse nous réservèrent un meilleur accueil et nous fournirent de nombreuses anecdotes croustillantes. En contrepartie, la plupart demandèrent à conserver l'anonymat, pour ne pas se situer en porte-à-faux par la suite dans leurs rapports avec Pivot ou l'équipe d' « Apostrophes ».

En revanche, nous avons dû opérer une sévère sélection dans les « révélations » que nous firent lesdits attachés de presse, ainsi que les auteurs, critiques, etc. Et cela pour deux raisons :

1. Le petit monde littéraire vit de rumeurs, on-dit, ragots, potins et autres messes basses dont la circulation ne dépasse guère les limites des 6e et 7e arrondissements de Paris, à l'intérieur d'une frêle figure géométrique que bornent approximativement le bar de l'hôtel Pont-Royal, le pub du Twickenham, les brasseries Lipp et Balzar et la Closerie des Lilas. Il eût été criminel, fastidieux et, au fond, assez ennuyeux, de porter sur la place publique ce qui fait les délices de deux cents personnes.

2. Lesdites « révélations » ont été pour la plupart impossibles à vérifier. Certaines, sans doute, sont vraies, mais difficiles à prouver. D'autres, beaucoup plus fréquentes, se sont trouvées n'être que faux bruits, règlements de comptes déguisés ou pure imagination. Ne souhaitant pas entrer dans la mécanique de rumeurs d'Orléans, nous avons tâché de ne rapporter que des informations recoupées et dûment vérifiées ou, lorsque deux versions différentes s'opposaient, de citer les sources exactes dont elles émanaient. Mais, bien sûr, nul n'est infaillible...

Les diffuseurs, représentants, distributeurs et libraires, n'intervenant que plus avant dans la chaîne éditoriale et ayant généralement une vue plus sereine (parce que moins directement concernée) d'« Apostrophes », n'ont, quant à eux, vu aucune difficulté particulière à fournir des informations et à être cités.

Enfin, les « concurrents » directs de Pivot, critiques de la presse écrite ou animateurs d'émissions littéraires à la télévision, ont dans l'ensemble accepté de dire franchement ce qu'ils pensaient de leur collègue (certains, néanmoins, se sont défilés).

Mais nous entendons d'ici le lecteur suspicieux s'interroger : « Allons donc... En écrivant un livre sur Pivot, il est sûr de passer à " Apostrophes "... Comment ose-t-il affirmer son indépendance, dans ce cas ? ». Les précisions suivantes s'imposent donc :

— Nous ne sommes pas un intime de Bernard Pivot. Toutefois nous avons collaboré en tant que rédacteur, durant quelques mois et voici quelques années (en 1982), au journal *Lire* (dont Bernard Pivot est directeur de la rédaction). Depuis cette époque, nous n'avons entretenu aucun rapport, professionnel ou amical, avec l'animateur d' « Apostrophes ».

— Pour la réalisation de ce livre, nous n'avons demandé son concours à Bernard Pivot que pour ces trois éléments : 1. l'accès aux listes d'invités d' « Apostrophes » depuis l'origine (ces listes sont adressées chaque semaine à la presse) ; 2. l'autorisation d'assister deux fois à l'enregistrement de l'émission (les 27 mars et 3 avril 1987) ; 3. un entretien en tête à tête.

— Dès l'annonce du projet de ce livre, Bernard Pivot nous assura en outre que, par strict principe déontologique, il ne nous inviterait pas à venir en parler à « Apostrophes ». Nous demandâmes alors à Bernard Pivot de jurer ces propos sur « Le bon usage », de Grévisse, bible du bien-parler. Bernard Pivot renchérit en adjoignant à l'objet sacré un vieux cours d'orthographe d'Edouard Bled tout déplumé qu'il tenait de son enfance. Puis, les yeux mi-clos, la main gauche sur le cœur et la droite posée sur le « Grévisse » et sur le « Bled », Bernard Pivot proféra solennellement les paroles suivantes : « Je jure que votre livre ne passera jamais à “ Apostrophes ”... »

Fermez les guillemets.

Fermons la parenthèse.

Tournons la page.

Place à Pivot et à ses « Apostrophes »...

— Bonsoir à tous !

Il est 21 h 30, un vendredi soir. Deux millions de téléviseurs sont branchés sur Antenne 2. Après quelques délicieux spots vantant les mérites d'un parfum aphrodisiaque, de couches-culottes spécialement résistantes, d'un savon qui ne mousse que si l'on s'en sert et d'une nouvelle pâtée au foie gras et caviar pour chats difficiles, l'interlude publicitaire s'interrompt sur le fameux logo à la pomme, tandis qu'un chœur de filles-fleurs scande « Tut... tut... tut... » C'est le signal. Deux millions de chaumières arrêtent de respirer à la seconde même où, tel un diable surgi de sa boîte, Pivot force la porte de deux millions de tubes cathodiques et entre en scène.

— Bonsoir à tous !

Une bonne bouille ronde, presque poupine, rehaussée d'épais sourcils, d'une mèche en bataille et d'yeux pétillant de malice : le voici donc, ce maître-jacques des Lettres, ce grand ordonnateur de la lecture...

Amphitryon parfait, il présente à ses trois à cinq millions de convives ses six invités du soir, chacun venu avec en cadeau un livre qu'il vient d'écrire. Six auteurs qui, emportés par les accents de la musique générique de Rachmaninoff (*Concerto pour piano n° 1*, disque PHONOGRAM n° 412-881-2), disposent d'une heure et quinze minutes pour convaincre deux millions de foyers repus (eux, l'estomac noué, ne souperont qu'après l'émission) qu'ils sont les Proust et Valéry de leur génération, ou en tout cas de la semaine, et qu'ils ont écrit un bouquin formidable. Une heure et quinze minutes pour raconter six livres écrits parfois en plusieurs années, et qui se vendront (ou ne se vendront pas) en quelques jours. Le verdict dépendra du public qui apportera ses voix dès le lendemain matin à l'élu ou aux élus de la soirée — avec cette nuance que le bulletin de vote est un livre et s'achète — dans l'isoloir des librairies. « Apostrophes » est un mont des Oliviers où a lieu chaque vendredi la multiplication des tirages. C'est ce qu'on appelle le « miracle » ou l' « effet Apostrophes ».

Qui, de la poule ou de l'œuf, a engendré l'autre ? Débat oiseux, assurément, dès lors que la poule pond des œufs, et que les œufs donnent des poules.

Bernard Pivot est-il l'auteur du succès d' « Apostrophes » ? « Apostrophes » a-t-elle apporté la célébrité à son animateur ? Ce qui compte, en tout cas, c'est que l'un ne va plus sans l'autre. Bernard Pivot = « Apostrophes ». Jamais sans doute le nom d'un producteur n'a été à ce point synonyme du titre d'une émission par lui produite. Bernard Pivot sans « Apostrophes », c'est Laurel sans Hardy, c'est Bouvard sans Pécuchet, c'est Lagarde sans Michard. Quant à « Apostrophes » sans Pivot, c'est tout bonnement inconcevable.

Or, « Apostrophes » n'est pas une émission de télévision comme les autres : c'est la seule émission qui présente des auteurs et des livres, chaque semaine, à une heure de grande audience et avec un taux d'écoute inégalé dans ce « créneau culturel ». Par voie de conséquence, Bernard Pivot est plus qu'un producteur de télévision : c'est l'homme grâce à qui une large part de la lecture et de la vente des livres s'organise aujourd'hui en France. Aujourd'hui ? L'adverbe est trop modeste : cela fait bientôt treize ans que Pivot anime « Apostrophes » ; quinze ans, si l'on y ajoute « Ouvrez les guillemets », première formule lancée sur la 1re chaîne de télévision en 1973. En France ? La localisation est trop étroite : « Apostrophes » est diffusée dans la majorité des pays francophones, et même sur un canal câblé à New York !

Des émissions littéraires, il y en a, il y en a eu, il y en aura toujours. Mais combien d'entre elles ont su éviter les écueils multiples qui guettent quiconque prétend parler de livres à la télévision ? Oscillant entre le ton compassé de la connivence intellectuelle, la volonté pédagogique et didactique, le copinage ou la promotion trop directement publicitaire, les émissions littéraires naissent, passent, lassent, cassent. En près de quinze ans, des Georges Suffert, Françoise Giroud, Jean d'Ormesson, Marcel Jullian, Pierre Dumayet (coproducteur de « Lectures pour tous » voici déjà trente-cinq ans !), Jérôme Garcin, Luce Perrot et consorts se sont essayés avec des bonheurs divers à cette alchimie délicate. Hélas, il leur manquait tantôt le sel, tantôt le poivre, tantôt l'huile, la moutarde ou le vinaigre, là où Pivot réunissait tous les ingrédients et montait à la seule force de son poignet la dense, blonde, légère et lisse mayonnaise d' « Apostrophes ».

A l'inverse, on pourrait affirmer que le livre, produit de communication, doit sortir du ghetto de l' « émission culturelle » et accéder aux émissions à hauts indices d'écoute, comme cela se pratique depuis longtemps aux Etats-Unis. Un ouvrage présenté par Yves Mourousi au journal de 13 heures, par Michel Drucker le samedi soir ou par Patrick Poivre d'Arvor le dimanche après-midi touchera d'emblée un public dix fois plus nombreux. Soit, mais fourgué entre une chanson, un jeu et l'interview d'une comédienne, le livre et son auteur ont-ils vraiment une chance de s'imposer ? Oui, s'il s'agit d'un recueil de recettes de cuisine ou de guérison par les plantes écrit par une chanteuse, des Mémoires d'un coureur cycliste ou d'un gardien de but, ou encore d'un cours de gymnastique préfacé par une comédienne. Mais le roman ? La philosophie ? Les sciences humaines ?

Le pari d' « Apostrophes », c'est cela : parvenir, en ne parlant que de livres, à intéresser sans endormir, amuser sans bêtifier, surprendre sans susciter les scandales. C'est mélanger Dumézil, Dolto, Duras et Soljénitsyne à Bocuse, Truffaut, Jane Fonda ou une star du porno. Et en parler sur le même ton, les rendre audibles au même public, composé de citadins et de ruraux, de lecteurs de thèses et de romans, d'honnêtes hommes et de snobs, de gens intelligents et d'imbéciles. Quels que soient les poissons qu'il attrape dans ses filets, requins ou poissons rouges, plates limandes ou brochets dodus, vulgaire fretin ou saumons de race, Pivot, en véritable maître queux, parvient aisément à les accommoder en bouillabaisse, court-bouillon, soupe du pêcheur ou sur le gril. A l'enseigne d' « Apostrophes », on trouve toujours à se restaurer, parfois l'on s'y régale, et c'est pourquoi l'on y prend souvent pension.

« Apostrophes » est devenue l'une des émissions-cultes de la télévision, à l'instar des « Lectures pour tous » ou « 5 colonnes à la une » de jadis. Comme ses consœurs historiques, cette émission se caractérise par des paramètres objectifs : la longévité (plus de dix ans d'existence) ; la formule, inchangée depuis l'origine ; le public, stable, fidèle, et relativement nombreux eu égard à un type d'émission qui n'est pas de pur divertissement ; un prestige et une reconnaissance qui transcendent les limites d'une émission télévisée traditionnelle ; enfin, ce que l'on pourrait appeler le « syndrome de l'émission unique », par définition non concurrençable.

Revenons point par point sur ces différents aspects :

— **La longévité :** « Lectures pour tous », la grande ancêtre des émissions littéraires à la télévision, produite et animée tour à tour par Pierre Desgraupes, Pierre Dumayet et Max-Pol Fouchet, connut quinze ans d'existence, de 1953 à 1968. « Apostrophes », inaugurée le 10 janvier 1975, court allégrement sur ses treize ans. En télévision, autant une émission nouvelle a du mal à s'imposer, se faire connaître, gagner de l'audience et surtout la conserver, autant, lorsqu'elle y parvient enfin, elle devient indélogeable. Il fallut le choc des événements de 1968 pour que « Lectures pour tous » fût supprimée. Il faudrait pour le moins un autre 68 pour qu' « Apostrophes » connaisse le même sort (à moins, bien sûr, que Pivot ne décide lui-même de l'arrêter). Les téléspectateurs sont des conservateurs indécrottables. Ils n'aiment jamais tant que ce qu'ils connaissent déjà, et vouent une aveugle confiance à l'estampille du temps.

— **La formule :** Celle d' « Apostrophes » est d'une simplicité angélique, d'une évidence géniale. C'est l'œuf de Colomb. Un plateau circulaire ; de quatre à six invités assis au centre autour de Pivot ; un décor sans apprêts, construit avec trois ficelles et du carton. Un dispositif immuable de mise en scène. Un décor identique, changé une seule fois en douze ans. Des invités non payés. Budget : 150 000 F par soirée (source : *Télérama,* 29 janvier 1986). Une des émissions en direct les moins chères de la télévision.

— **Le public :** Il y a un « public d'Apostrophes », qui dépasse celui des lecteurs de livres et qui demeure étonnamment fidèle, quel que soit le thème traité et quels que soient les invités. Entre 7 et 12 % d'audience AUDIMAT environ, soit une moyenne de 1,358 million et 2,328 millions de foyers équipés de téléviseurs. A titre de comparaison, une émission « culturelle » classique fait entre 0 % et 3 % d'audience AUDIMAT.

— **Le prestige :** Même si on ne lit jamais de livres, on sait qui est Bernard Pivot. Même les gens qui ne suivent pas l'émission connaissent « Apostrophes ». Les lycéens de 13 à 18 ans citent spontanément « Apostrophes » comme leur émission préférée, même s'ils ne la regardent pas toujours (sondage *Télérama*). « Apostrophes » compte beaucoup dans l'image de marque culturelle de la chaîne qui la produit, et, comme on l'a vu, l'émission est vendue et diffusée à l'étranger, où elle contribue à faire connaître et défendre la culture et la langue françaises.

— **le syndrome de l'émission unique :** on entend parfois de mauvais coucheurs formuler du bout des lèvres ce petit reproche : « “ Apostrophes ” est une excellente émission sur les livres ; il est dommage que ce soit la seule. » Régis Debray a même employé le terme de « dictature ». Ce à quoi le public, les auteurs, les éditeurs et les patrons de chaînes réunis ont toujours rétorqué comme un seul homme : « Pourquoi concurrencer, au risque de l'affaiblir, une émission qui marche ? » Le fait est depuis longtemps avéré : en matière de livres, il n'y a jamais eu à la télévision française qu'une seule émission dominante à la fois : hier « Lectures pour tous » ; aujourd'hui « Apostrophes ».

Ce dernier point est parfois poussé jusqu'à l'absurde. Ainsi, si l'on parle d'un livre à la télévision, le public croit forcément que c'est à « Apostrophes », même si c'est dans une émission concurrente. Combien d'auteurs passés chez Garcin, Polac ou Luce Perrot, se sont-ils entendu dire : « Ah oui, je vous ai vu, l'autre jour, à " Apostrophes "... » La partie contient le tout.

En résumé, on peut avancer la proposition suivante : dans son domaine (une émission sur les livres), « Apostrophes » est tout à la fois la règle et l'exception. La règle car, tant qu' « Apostrophes » existera, il n'y aura qu'une façon de parler de livres à la télévision sans ennuyer ni déchoir et tout en faisant de l'audience : en parler à « Apostrophes ». L'exception, car « Apostrophes » est inimitable, incopiable, brevetée, estampillée, miraculeuse, unique en son genre. Il ne peut pas y avoir de « recette Apostrophes » ou d' « Apostrophes bis ». « Apostrophes » — comme Tintin avec Hergé — disparaîtra avec son créateur. Monstre des mers créé par un Pygmalion cathodique, « Apostrophes » a réussi à concrétiser ce paradoxe : imposer une norme qui ne peut être suivie par nul autre que soi. C'est ce que l'on appelle, à défaut du vilain terme de dictature, une rente de situation.

PETIT TRAITÉ DE SCIENCE « APOSTROPHIQUE »

Mais qu'entend-on au juste par « effet Pivot » ou « effet Apostrophes » ? On peut énoncer ainsi la formule de ce théorème d'Archimède de l'édition française :

Axiome :

« Apostrophes » est la seule émission de télévision au

monde qui parvienne à faire du spectacle et de l'audience en ne parlant que de livres et en n'invitant que des auteurs.

Théorème d' « Apostrophes » :

« Tout auteur plongé dans la baignoire d' " Apostrophes " provoque un impact proportionnel à la force de sa prestation et qui s'exerce de haut en bas dans la chaîne éditoriale sur les ventes de son livre. »

De ce théorème découlent d'autres principes essentiels et des effets en cascade, certains positifs, d'autres pervers (ils peuvent d'ailleurs être les mêmes, tout dépend du point de vue où l'on se place). Pêle-mêle : un « bon Apostrophes » peut du jour au lendemain propulser au firmament des stars un auteur jusque-là inconnu ou déclencher un « best-seller » ; la promotion ainsi faite des livres passant à l'émission porte ombrage à la masse beaucoup plus importante des livres qui n'y passent pas ; « Apostrophes » a progressivement occulté et remplacé le rôle que tenait jadis la critique littéraire dans la presse écrite ; « Apostrophes » bénéficie dans les médias d'une situation dominante qui tue dans l'œuf toute tentative sérieuse de concurrence ; etc.

Il s'ensuit que « le passage à Apostrophes », « l'invitation chez Pivot » représentent aujourd'hui le parcours obligé de quiconque est concerné par le livre : pour l'auteur débutant, c'est se voir décerner un acte de naissance littéraire, un certificat d'écrivain (il sera, le lendemain, reconnu par ses commerçants) ; pour l'auteur confirmé, c'est une consécration (il est encore « dans le coup ») ; pour l'éditeur, c'est un ticket de loto qui ne coûte pas cher et peut rapporter gros (un livre « lancé » par « Apostrophes » fait vivre un à deux ans une petite maison d'édition ; et autant l'auteur) ; pour le libraire, c'est une vitrine gratuite qui lui est proposée chaque semaine : les livres sélectionnés pour « Apostrophes », et disposés en piles sur une table tout spécialement prévue à cet effet (dite « table Apostrophes »), se vendront tout seuls dès le samedi matin ; pour le lecteur, c'est un guide précieux : si l'auteur convié à « Apostrophes » et gentiment taquiné par

Pivot a bien su parler de son livre et susciter l'intérêt, lui, lecteur, aura envie de lire le livre en connaissance de cause ; pour le téléspectateur qui ne lit pas et n'achète jamais de livres, « Apostrophes » offre enfin cet incontestable avantage : donner à voir des écrivains (gens secrets et mystérieux) résumant eux-mêmes leurs livres : on peut ainsi se tenir au courant de la vie de l'édition tout en faisant l'économie de la lecture.

Un tel système semble à première vue idyllique. Comment peut-on oser — clame le chœur immense des laudateurs — cracher dans une soupe qui nourrit tant de corps de métiers ? N'y aurait-il pas mauvaise grâce à polémiquer sur une situation qui, après tout, satisfait tout le monde ? Opportuniste de nature, la gent éditoriale (de l'auteur au lecteur en passant par tous les intermédiaires sus-nommés) ne veut surtout pas tuer la poule aux œufs d'or. Insoucieuse de l'avenir (car, après tout, même les meilleures choses ont une fin, et Pivot prendra un jour une retraite méritée), elle mise à fond, sans chercher à l'analyser, sur un « effet Pivot », qui prend souvent des allures d'incantations magiques.

En face, moins nombreux mais autrement plus virulent, se situe le chœur des pleureuses et des dénonciateurs : pour ceux-là, Pivot, suppôt de la culture de masse et fossoyeur de la « vraie » culture, c'est-à-dire la culture humaniste, « supporter » de l'audiovisuel et champion des mass-médias, se sert des livres pour faire du spectacle, et non l'inverse. S'il fait vendre des livres, c'est par erreur, les lecteurs-gogos étant plus sensibles à la mine de l'auteur et à la séduction de ses phrases qu'au contenu littéraire de son œuvre. La télégénie imposerait la dictature de l'image sur le signe, et « Apostrophes » sonnerait, chaque vendredi, le glas de la (vraie) littérature.

Déjà, en 1968 — année phare —, un sévère chroniqueur littéraire notait, dans un essai très polémique intitulé *les Critiques littéraires* (Flammarion) : « L'actualité littéraire (...) est quasiment nulle à la télévision, où pourtant les émissions littéraires sont nombreuses. (...) On se contente de converser avec les écrivains, et non de juger leurs œuvres. Quant au téléspectateur, il est tout naturellement amené, puisque nulle autre possibilité ne lui est offerte, à se faire une opinion sur un livre d'après la physionomie de son auteur et la manière dont il en parle. C'est la critique à la tête du client. Elle n'est pas de celles qui honorent le mieux l'intelligence. » Ces lignes pessimistes, qui auraient pu être écrites par Régis Debray ou un étudiant contestataire chevauchant une barricade, étaient signées... Bernard Pivot ! C'était, il est vrai, bien avant la naissance d' « Apostrophes »...

Vingt ans après, la question reste posée : la télégénie peut-elle faire bon ménage avec la littérature ? Débat sans fin, par lequel on déplore qu'une jeune femme, brillante causeuse et pas trop moche, s'imposera toujours au détriment d'un vieux professeur bègue, même si le second est un nouveau Balzac et la première une courriériste du cœur. Faux débat ! réfutent les professionnels des médias, pour lesquels le fait de « bien passer à la télé » ne se mesure pas forcément — contrairement à ce que croient, notamment, les hommes politiques — à l'importance du temps de parole, à la couleur de la cravate ou à l'arrondi du genou. L'essayiste canadien Marshall McLuhan, auteur de la célèbre *Galaxie Gutemberg*, insistait déjà, voici vingt ans, sur les vertus de la télévision. Dans *Pour comprendre les médias* (Le Seuil), il note que « la télévision est un médium froid, qui appelle la participation. " Chauffée " par des éléments dramatiques et diverses astuces, elle perd de l'efficacité parce qu'elle laisse moins de place à la participation, La radio, elle, est un médium chaud qui devient plus efficace quand on en augmente l'intensité. Elle n'appelle pas le même degré de participation de son public. La radio peut servir de fond sonore (...). La télévision ne peut servir d'arrière-plan. Elle vous prend. Vous devez être " dans le coup ", ou " avec elle " (...) ».

Le passage à la télévision exige une seule chose : de l'authenticité. Peu importe, à « Apostrophes », la façon dont l'auteur parle de son livre ; il doit avant tout rester lui-même : innocent ou rusé, beau parleur ou cherchant ses mots, vêtu d'un costume trois-pièces ou d'un col mao. On peut se travestir à la radio, mais la télé, elle, abat tous les masques. Mais pour cela, il faut un animateur qui sache provoquer la participation des autres et qui, jouant lui-même la carte de l'authenticité, contraigne ses interlocuteurs à la sincérité.

Un exemple, parmi cent autres : Madeleine Chapsal, dans l'émission du 7 novembre 1986, fut sommée publiquement par l'animateur d'« Apostrophes » d'avouer que l'histoire narrée dans son dernier roman, *la Maison de jade* (Grasset) — une femme délaissée par son amant beaucoup plus jeune qu'elle —, était entièrement autobiographique. Après bien des hésitations, poussée dans ses retranchements par son interviewer, Madeleine avoua. Résultat : *la Maison de jade* est le best-seller de sa carrière.

Deux mois plus tard, Madeleine Chapsal passe à la radio, interrogée par Jacques Chancel dans « Singulier/Pluriel » (France Inter, le 29 janvier 1987). Là, plus question de nier l'autobiographie ; au contraire, celle-ci est rappelée avec insistance (« J'ai mis longtemps à m'en sortir », « J'espère aider les femmes qui ont été dans le même cas que moi », « Oui, j'espère être de nouveau amoureuse »). La théorie de McLuhan semble ici vérifiée : un auteur peut se mettre à nu à la radio, raconter sa vie intime dans ses moindres détails, cela ne remplacera jamais un regard chaviré, une voix cassée par l'émotion à la télévision et en direct.

Parlant, voici vingt ans, de ses passages à la télévision (dans la revue *Europe* : « Télévision : sert-elle la culture ? », avril-mai 1966) l'auteur-compositeur Jean Ferrat déclarait : « Si un soir on a la chance d'être bon, le lendemain toute la France le sait. Si l'on est mauvais... hélas... toute la France le sait aussi ! » La télévision, qu'on y parle de livres, de guerres ou de recettes de cuisine, reste avant tout un miroir grossissant. Le voilà peut-être, le véritable « effet Pivot » : tendre chaque vendredi soir, sous le regard bienveillant de McLuhan, des livres en forme de miroirs, dans lesquels la société tout entière se reflète.

De la culture cultivée à la culture de masse, et réciproquement...

L'enjeu, on le voit, est de taille. A la fois économique et culturel, médiatique et éditorial, l' « effet Pivot » dépasse largement le cadre de la seule émission « Apostrophes ». Et le contexte audiovisuel français actuel — création et privatisation de chaînes de télévision ; valse-hésitation des « stars » du petit écran ; salaires mirifiques et primes de transfert ébouriffantes — ne fait que renforcer cet effet. Dans le vertige des changements et la rébellion des tubes cathodiques, Bernard Pivot apparaît aujourd'hui comme l'un des derniers îlots culturels, le garant de la qualité de l' « ancienne télé » et du service public, le gardien indélogeable de ce temple de la vie littéraire qu'est « Apostrophes » — ce même Bernard Pivot qu'on accusait tout à l'heure d'avoir été justement le complice, sinon l'organisateur, de la ruine de la « culture cultivée » au profit de la « culture de masse ». On mesure l'ampleur de l'ambiguïté. Et le bateleur naïf qui hier interpellait joyeusement les auteurs invités d'un « Bon... Alors... Votre livre, là, il parle de quoi, au juste ?... », aujourd'hui organise des concours d'orthographe, dénonce les méthodes d'écriture collective de Paul-Loup Sulitzer et ne déteste pas à l'occasion donner des leçons de littérature en direct : Jacques Lanzmann et Pierre-Jean Remy, sèchement sermonnés dans l'émission du 28 novembre 1986 (le premier au sujet des répétitions de ses thèmes, le second à propos des répétitions dans son style), s'en souviendront longtemps ! Pivot parle toujours la langue de Voltaire, mais ce n'est plus avec la voix de Candide, c'est presque avec celle de Pangloss.

Le gentil Pivot-Jekyll a toujours abrité, il est vrai, tapi

dans l'ombre, un Pivot-Hyde prêt à bondir sur sa proie. Complimentant jadis Roger Peyrefitte sur la beauté de ses mains, il lançait : « Dites-moi, Roger Peyrefitte, vous qui avez de si belles mains, pourquoi vous en servez-vous pour remuer de la merde ? » Bien sûr. En pur Lyonnais, Bernard Pivot a toujours fait alterner l'affabilité du soyeux et le bâton de Guignol. Déjà, à ses débuts, à la fin des années 50, au *Figaro littéraire*, le jeune courriériste tirait davantage de barbiches qu'il ne flattait d'échines. Mais ce qu'on pardonnait au garnement d'hier, on le redoute de l'institution qu'il est devenu aujourd'hui. Encore un aspect ambigu de l' « effet Pivot » : après quinze ans de foucades, les facéties de Till l'Espiègle laissent de plus en plus percer l'ombre de la statue du Commandeur.

« Il n'y en a qu'une, je sais, c'est la Une. Mais comme A2, il n'y en a pas deux ! », concluait joyeusement Bernard Pivot, à la fin de sa chronique hebdomadaire dans « Communication et Business » (le 20 avril 1987) pour expliquer « Pourquoi je reste sur la 2 ». Sous ce slogan ironiquement publicitaire, Bernard Pivot avance, à l'appui de sa décision, des arguments autrement douloureux : « " Apostrophes " est devenue une telle institution nationale et internationale que j'en suis moralement prisonnier » ; « N'ai-je pas contracté, au fil des ans, une dette envers le service public ? » ; « Je ne pouvais abandonner " Apostrophes " que pour une émission d'une ambition culturelle au moins égale, sauf à changer complètement de genre ou à ne prendre en compte que la séduction de l'argent profusément distribué » ; et enfin : « La presse relate chaque jour davantage " la valse des étoiles ", " la surenchère des stars ", etc. Pour ne pas donner à croire que je suis engagé dans un marathon spéculatif et alimenter une chronique un peu indécente par les temps qui courent, j'ai préféré en rester là et renouveler dare-dare mon bail avec Antenne 2. »

C'est clair : Pivot est le martyr d' « Apostrophes ». Lui qui a toujours revendiqué son indépendance, il n'est plus libre, il est « moralement prisonnier » de cette « institution nationale et internationale » qu'est devenue « Apostrophes » ; il a « contracté une dette envers le service public ». Et voilà que, sur Antenne 2, il prête sa voix pour une publicité pour la redevance ; voilà que, en direct à « Apostrophes » puis dans son journal *Lire,* il accuse Paul-Loup Sulitzer d'utiliser Loup Durand comme « nègre ». L'ex-faux naïf qui jadis excitait les auteurs à la bagarre pour mieux compter les points, accorde aujourd'hui des bons et mauvais points ; l'instituteur en blouse grise des « concours d'orthographe » donne des coups de règle sur les doigts de celui-ci, une caresse sur la tête de celui-là.

Bernard Pivot semble aujourd'hui investi d'une mission : défendre la culture, la littérature, le livre. « Apostrophes » est son église, qui rassemble chaque vendredi soir plusieurs millions de fidèles (tandis que les brebis égarées regardent les émissions grand public des autres chaînes). Grévisse et Bled sont ses saints protecteurs. Le *Petit Larousse* le Jésus de la crèche. Et lorsque, le 1er avril 1987, en couverture de *Télérama* et dans le Journal télévisé de 20 heures d'Antenne 2, fut annoncée la nomination en Conseil des ministres de Bernard Pivot au poste de « Monsieur Langue », chargé de surveiller le bien-parler des journalistes à la télévision, de tirer une sonnette chaque fois qu'un homme politique utiliserait la langue de bois lors d'un débat télévisé et de distribuer des « Bleds d'or », de très nombreux téléspectateurs prirent ce « poisson d'avril » au sérieux et envoyèrent des messages de félicitations au nouveau gardien des Lettres présumé, tant, à leurs yeux, cette institutionalisation du rôle ressemblait au personnage.

Démiurge ou apprenti-sorcier ? Martyr ou diable ? Jekyll ou Hyde ? Humble serviteur du livre ou dictateur de l'édition ? Prof' ou farceur ? On s'y perd un peu. Qui est Bernard Pivot, en réalité ? D'où vient-il ? Jusqu'où ira-t-il ?

Pivot, journaliste touche-à-tout élevé hors du sérail intellectuel, est l' « honnête homme », au sens du XVIIIe siècle, mais revu au prisme de la culture de masse : tour à tour courriériste littéraire au *Figaro,* chroniqueur gastronomique, inventeur, à la fin des années 60, d'une rubrique de critique de la publicité, éditorialiste d'humeur et d'humour au *Point*, à Europe n°1 ou RTL, directeur de la rédaction du journal *Lire*, grand amateur de beaujolais et de football, auteur de livres peu connus, dont un roman et un pamphlet contre les critiques littéraires, organisateur des championnats de France d'orthographe, il incarne, si l'on veut, l'apogée sublimée du « Français moyen ».

Ancré dans une tradition et un terroir qui l'ont nourri, Pivot ne s'est pas fait en un jour. Ses origines, sa formation, sa carrière, ses amis, ses goûts : en brossant le portrait du Pivot d'avant « Apostrophes », peut-être pourrons-nous éclairer un peu mieux ce qui constitue l'originalité de la star d'aujourd'hui...

I – LE PHÉNOMÈNE PIVOT

« N'avez-vous pas remarqué que nos journalistes deviennent toujours meilleurs et nos poètes toujours pires ? »

Robert Musil, *l'Homme sans qualités*

1. *Pivot la chance*

«L'homme se pare de ses chances. »

Paul Valéry, *Choses tues*

« Un homme d'esprit est un homme qui (...) gagne souvent. On ne sait pourquoi. Il ne sait pourquoi. »

Paul Valéry, *Mauvaises pensées et autres*

Au commencement, il y a ce nom qui semble prédestiné : Pivot. Qu'est-ce qu'un pivot ? Consultons le dictionnaire *Le Robert :* « Nom masc. (1170 ; origine incertaine). 1) Techn. : Pièce cylindrique qui s'enfonce dans une cavité ménagée spécialement dans une autre pièce, de manière que l'une de ces deux pièces puisse tourner sur elle-même », et, au figuré : « Base, soutien, centre, cheville (ouvrière). »

Planté dans son fauteuil au milieu du plateau d' « Apostrophes », comme une épingle fichée dans le nombril du monde des Lettres ; pivotant de droite et de gauche pour s'adresser à ses invités disposés en demi-Cène autour de lui (6 invités au lieu de 12 apôtres), Bernard Pivot n'est-il pas, au sens propre, cette pièce mobile dont nous parle *Le Robert ?* Producteur et animateur tout-puissant d'une émission devenue la plaque tournante des auteurs et des éditeurs, Bernard Pivot n'est-il pas, au sens figuré, ce centre, cette cheville ouvrière qu'évoque le dictionnaire ?

Les enseignements de l'onomastique (ou science des noms)

sont souvent troublants, mais avec Pivot, ils sont confondants. Car ce patronyme emblématique ne saurait s'arrêter en si bon chemin. Ainsi, nous apprenons dans les *Trésors des noms de familles* de Jacques Cellard (Editions Belin, cité dans les « carnets de Bernard Pivot », *Lire*, mai 1984), que « Pivot » pourrait dériver de « Pivert » : « Le nom du pivert (pic-vert) a représenté soit la lourdeur de l'oiseau, soit son plumage colorié (pour un homme vêtu de couleurs vives). » Or, Bernard Pivot, fin gourmet, a une légère tendance à l'embonpoint (« la lourdeur de l'oiseau »), et affiche souvent un goût pour le moins déconcertant dans le choix des coloris de ses chemises, cravates et pochettes (« le plumage colorié »). Souvenons-nous, entre autres, de l'« Apostrophes » du 5 novembre 1976 (avec Simone Signoret, rediffusée le 8 août 1986), dans laquelle Pivot arborait une délicieuse chemise d'un beau vert champêtre ! (hommage au pic-vert ou à l'A.S. Saint-Etienne ?)

Laissons Pivot lui-même disserter sur son nom (dans ses « carnets », déjà cités) : « Quant au regretté linguiste Pierre Guiraud, il m'avait envoyé sur mon nom ce qu'il appelait des “ gammes étymologiques ”. D'explications très savantes, il ressortait que “ pier ”, en vieux français, signifiait “ siffler ”. Or, boire, c'est siffler. D'où les innombrables noms du vin : “ pie ”, “ piole ”, “ piot ”, “ pinard ” et l'emploi de verbes tels que “ piper ”, “ picoler ”. La forme romane “ pippa ”, “ pippare ” a donné “ se piver ” qui devient en 1899 “ se griser ”, et, plus ancien, “ pivoter ”, qui, toujours selon Pierre Guiraud, est apparu dans l'argot militaire de 1752 pour désigner l'action de boire à la régalade. »

Lorsqu'on connaît les origines beaujolaises de Bernard Pivot, l'importance qu'ont eue dans son enfance les vendanges et la culture des vignerons, l'attachement qui le porte encore aujourd'hui à passer toutes ses vacances à Quincié-en-Beaujolais, où il possède une maison de vacances et son frère Jean-Charles une exploitation vinicole, le goût qu'il voue au bon vin (la cave de Pivot ferait pâlir d'envie bien des sommeliers), on se dit que, décidément, Pivot mérite bien son nom.

Et puis, il y a les étoiles. Bernard Pivot est né sous une bonne étoile, à Lyon, le 5 mai 1935, à 17 heures. C'est-à-dire le 5ᵉ jour du 5ᵉ mois de l'année 1935, à 5 heures de l'après-midi. En numérologie, ou science des nombres, le 5 symbolise l'harmonie, l'équilibre, la chance. Dans le Tarot divinatoire, l'arcane majeur numéro 5 figure le Pape !

Bernard Pivot, selon l'astrologie, est doublement influencé par la planète Vénus (symbolisant l'amour, le plaisir, mais aussi l'harmonie), puisqu'il est Taureau ascendant Balance : deux signes régis par cette planète charmeuse. Chaque jour de la semaine est également régi par une planète : lun-di : la Lune ; mar-di : Mars ; mercre-di : Mercure ; jeu-di : Jupiter ; same-di : Saturne... Vendredi, bien sûr, est le jour de Vénus ; et c'est également le 5ᵉ jour de la semaine ! Le vendredi ne pouvait être, on le comprend, que le jour d'« Apostrophes ». Ce jour-là, plus qu'un autre, les étoiles et les nombres sourient à Bernard Pivot...

Ce n'est pas tout ! D'autres fées se sont penchées sur le berceau de l'enfant joufflu. Offrons à Pivot — ainsi qu'il est de nos jours coutume aux anniversaires — le journal du jour de sa naissance. *Le Figaro,* plus exactement, auquel son nom restera attaché durant plus de quinze années. Or, que voit-on à la une du *Figaro* daté du dimanche 5 mai 1935 ? Une « louange du vin », signée Paul Claudel ! Le jus de la treille célébré par la littérature et la diplomatie (Paul Claudel était alors ambassadeur de France à Bruxelles et, candidat malheureux à l'Académie française cette même année, il fut vigoureusement défendu dans les colonnes du *Figaro* par Maurice Noël, qui sera le rédacteur en chef de Bernard Pivot vingt-trois ans plus tard), voilà qui augurait agréablement du destin de Pivot, qui passa son enfance dans les vignes du Beaujolais et un jour entra à la télévision grâce à l'intercession d'un autre écrivain-diplomate (mais consul, cette fois-ci) : Jean-Pierre Angremy, alias Pierre-Jean Remy !

Revenons à Claudel et son « Annonce faite à Pivot ». Inaugurant ce jour-là le restaurant français de l'exposition de

Bruxelles, l'auteur du *Soulier de satin* se laisse aller, au dessert, à des accès de lyrisme qu'on pourrait croire embrumés par les vapeurs de Chiroubles ou de Juliénas, lorsqu'il chante le vin : « et je parle aussi bien de ce breuvage impersonnel et courant qui rafraîchit l'honnête soif du travailleur que de ces crus antiques dont le blason empanaché honore l'armorial de nos plus belles provinces ». Et aussi : « Grâce à Dieu et au président Roosevelt, l'Amérique a aujourd'hui fait sa paix avec le bon sens. Le temps n'est plus où, sollicité par des fanatiques de renoncer à cette espèce de droit d'asile que me conférait le rang d'ambassadeur au milieu d'une terre desséchée, je répondais que je défendrai mon privilège diplomatique jusqu'à la dernière goutte de pinard ! »

Ce même dimanche 5 mai 1935 est jour d'élections municipales, et un titre de ce même *Figaro* clame : « Le devoir des électeurs patriotes est d'assurer le succès des candidats nationaux. » Suit la seule liste des candidats nationaux, pour lesquels le journal « forme des souhaits » et « les désigne à ses lecteurs afin de faciliter leurs choix et pour aider au succès des idées de conservation et de patriotisme ».

Pivot aurait-il suivi aveuglément les farouches injonctions de son futur journal ? Sans doute aurait-il préféré se reporter directement aux pages sportives. Le « fou de foot » — le médecin accoucheur qui le mit au monde était président de l'Olympique Lyonnais ! — aurait alors lu cette nouvelle, beaucoup plus propre à l'intéresser : « Football : Marseille-Rennes : qui l'emportera dans la finale de la coupe ? La finale de la coupe de France sera disputée cet après-midi à 15 h 30 à Colombes en présence de M. Albert Lebrun, président de la République. » Savez-vous qui a gagné ce jour-là, Monsieur Pivot ?

C'est l'évidence : Bernard Pivot est né « coiffé ». Il a toujours su saisir sa chance, et sa chance l'a toujours servi. Dans un reportage télévisé tourné à Quincié-en-Beaujolais (« Millésimes », FR3, 1985), il raconte cette anecdote de sa jeunesse : « On appelle " paradis ", en Beaujolais, le premier jus qui sort du pressoir. Le paradis est d'ailleurs un vin tout à fait délicieux. Je me rappelle que dans mon enfance, on faisait des vœux lorsque l'on recueillait le paradis dans une tassée ou dans un verre, on le goûtait, on portait la main droite sur son cœur et l'on faisait un vœu. (...) Dans les deux ou trois cuvages que j'ai fréquentés à La Roche et à Quincié-en-Beaujolais, je me rappelle avoir fait des vœux, la main sur le cœur, avec un peu de paradis au bord des lèvres. Et tous ces vœux ont été exaucés ! »

Tous ? Dans le texte qu'il a rédigé pour l'album de photographies *Beaujolaises* (Chêne, 1978), Bernard Pivot raconte que, enfant déjà dévoré par l'ambition littéraire, il avait pour projet d'écrire un jour une vaste fresque historique intitulée « Les têtières et les béragnons » (ces termes désignent, dans la langue du Beaujolais, la frange de terre disposée en haut et en contrebas des vignes), et qui serait au Beaujolais ce que *Guerre et Paix* de Tolstoï était à la Russie. Mais cette œuvre impérissable demeura enfouie dans le secret des vignes et Bernard Pivot n'en écrivit pas une ligne. Autre ambition déçue : le jeune Bernard rêvait de devenir un jour footballeur professionnel ; le virus du R.A.A. (rhumatisme articulaire aigu), qui le tint couché de longs mois au sortir de l'adolescence et exigea une convalescence prudente, mit fin à son espoir d'être un jour le roi du ballon rond.

Bernard Pivot n'a donc été ni Tolstoï, ni Platini. Ces ivresses et ces gloires lui furent refusées, mais le destin ne fut pas autrement cruel car, pour le reste, la chance fut toujours au rendez-vous.

Cette chance, notons-le, fut cependant toujours inattendue, prenant parfois le contrepied des souhaits profonds de Pivot. Toute sa carrière est jalonnée de ces erreurs d'aiguillage. Il voulait devenir un grand écrivain : il n'a écrit et publié qu'un seul et unique roman, à l'âge de 23 ans, *l'Amour en vogue* (Calmann-Lévy), tiré à 3 000 exemplaires, et qui ne révolutionna pas la face de la littérature contemporaine ; à la place, il devient journaliste. Journaliste, il aurait aimé écrire pour *L'Equipe* ou *Les Cahiers du Cinéma* — passionné et féru de sport et de 7e art, il avouait à vingt ans d'insondables lacunes littéraires : pourtant il entre au *Figaro littéraire* comme courriériste des Lettres, et y demeure quinze ans. Amoureux de la presse écrite, pourvu d'un joli brin de plume, naviguant dans une rédaction de journal avec le bonheur d'un poisson dans l'eau, Pivot n'avait jamais envisagé d'œuvrer loin du bruit des rotatives et de l'odeur d'encre d'imprimerie : on vient le chercher pour faire de la télévision, pour laquelle il ne se croyait pas doué, et qui lui apporta le succès que l'on sait. Le jour même de son départ du *Figaro*, alors qu'il n'avait aucun projet de presse en vue, Jean-Louis Servan-Schreiber lui téléphone et lui propose de créer le journal *Lire*. On pourrait multiplier ce type d'exemples.

Bernard Pivot avoue lui-même : « Je n'ai jamais eu à me battre pour obtenir quelque chose ; on est toujours venu me chercher au bon moment en m'apportant sur un plateau ce que je n'aurais même pas eu l'idée de demander. » Les cas sont rares, de chances qui avec une telle constance se substituent à la volonté de leurs bénéficiaires. Cela ne veut pas dire, précisons-le, que Pivot manque de volonté dans son travail quotidien de journaliste, producteur, animateur ou directeur de publication : tout au contraire, il sait trancher et prendre des décisions, seul et vite. Mais, pour les grandes étapes, les choix difficiles aux carrefours de l'existence, il n'a jamais eu, c'est vrai, à lever le petit doigt. « Le hasard a souvent décidé pour moi », dit Valentin, le héros de son roman *l'Amour en vogue*. Son bon ange l'a toujours pris par la main, lui indiquant clairement les chemins de la réussite. Pivot a peu connu le doute : ce sont les autres qui l'ont poussé à devenir ce qu'il est.

Pivot-la-chance, voilà une bonne illustration de la prédestination calviniste de la grâce. On dirait que le libre arbitre en est absent. Cela implique un peu de frustration (l'impression que son destin est maîtrisé par un autre que soi) et pas mal d'insouciance (au moment des grands choix, la chance supplée à la volonté). Cela entraîne aussi un énorme charisme (on ne peut que céder au charme d'un être aussi visiblement chanceux). Le seul désespoir de Pivot, au fond, c'est de n'avoir qu'une vie : une telle prédestination à la chance et un tel charisme auraient pu faire de lui un excellent homme d'Eglise, un grand militaire, un parfait militant de parti, un étonnant journaliste politique, un acteur comique adulé du public, un fabuleux publicitaire, un chef cuisinier hors pair, un vigneron émérite, un entraîneur d'équipe de football inégalé, un génial directeur de cirque, un talentueux animateur d'équipe de vente, ou encore un lauréat tout désigné pour les concours radiophoniques ou télévisés. Et s'il avait été un personnage de bandes dessinées, on l'aurait certainement surnommé « Lucky Luke » (« Chance Chanceuse », le cow-boy sympathique inventé par le dessinateur Morris).

2. *Poète et paysan*

> « Lyon est une ville merveilleuse : on y mange à l'heure des repas. »
>
> Bernard Pivot, *l'Amour en vogue.*

Bernard Pivot, c'est aussi un physique. Il possède un physique presque caricatural de Français moyen. Pas très grand, un peu de ventre, de bonnes joues, un nez interrogatif, un regard aisément coquin, des sourcils en accent circonflexe, une mèche de Riquet-à-la-houppe, Bernard Pivot semble tout droit sorti d'une gravure de Daumier ou d'une description de Balzac. Pivot incarne le Français, et plus exactement le Provincial, et plus précisément le Lyonnais, et plus ponctuellement le Paysan du Lyonnais (ou le Vigneron, comme on voudra). Regardez bien ce visage mutin et impertinent, comme dégrossi à la hache dans une pièce de bois : mais c'est Guignol ! C'est Gnafron ! Et comme les célèbres marionnettes de son compère Mourguet, on imagine facilement Bernard Pivot donner du bâton au gendarme, circonvenir la mère Cottivet, compter fleurette à Ninon et boire un bon coup de beaujolais. Jouisseur, appréciant la dive bouteille, grande gueule, farceur, taquin, têtu, ayant une tête de bois mais jamais la grosse tête, redresseur de torts, sympathique, aimé beaucoup et craint presque autant, connu dans le monde entier mais ne bougeant guère de chez lui, ancré dans le terroir, régal des petits et des grands qui vont au spectacle en famille, ainsi fut Guignol, ainsi est Pivot.

Si certains intellectuels purs et durs ont tendance à bouder Pivot, qui n'est pas de leur bord, le public, lui, en raffole. Il lui ressemble tellement. « Pour une fois, se dit-on dans les chaumières, que l'on nous montre quelqu'un qui est comme nous, qui parle comme nous, qui pose les mêmes questions que l'on aimerait poser, qui ne se prend pas au sérieux mais ne se laisse pas marcher sur les pieds ! Cela nous change des jeunots gominés et prétentieux, des vieillards ennuyeux et jargonnants, des grosses dames snobs et bavardes ! » La France profonde s'identifie admirablement à ce Pivot enjoué et faussement candide, rusé comme un renard et malin comme un singe, qui sait tirer les vers du nez à ses invités et obtenir d'eux des confidences originales, avec l'habileté mi-naïve, mi-retorse du paysan qui négocie un escompte sur l'achat d'un terrain. Bernard Pivot, ou le paysan des Lettres.

Peut-on s'imaginer l'animateur d' « Apostrophes » en tyranneau de Bergerac ou en Pivot des Charentes ? Non ; il n'est de bon Pivot que de Lyon. En vrai « gône », Pivot est né dans le quartier des canuts et des soyeux, sur les pentes de la Croix-Rousse, « la colline qui travaille » face à Fourvière, « la colline qui prie », selon le mot de Michelet. Les parents du petit Bernard, Charles Pivot et Marie-Louise, née Dumas, tenaient alors une épicerie aux Brotteaux. S'il a vécu les cinq années de guerre (tandis que son père était prisonnier) et toutes les grandes vacances à Quincié-en-Beaujolais, où les Pivot avaient une exploitation vinicole (reprise aujourd'hui par le frère de Bernard, Jean-Charles), Bernard a passé toute sa jeunesse à Lyon et y a fait la plupart de ses études : pensionnat St-Louis, lycée Ampère, un bref passage à la faculté de droit. « Monté » à Paris pour suivre les cours du Centre de Formation des Journalistes, il y rencontre sa future femme, Monique (née Dupuis), originaire de la même région que lui, et qu'il épouse le 24 avril 1959.

La même année, il publie donc chez Calmann-Lévy son premier et unique roman, *l'Amour en vogue,* histoire d'amour entre Valentin, jeune forain chargé d'effrayer et gratter les têtes des passagers du train fantôme, à la « vogue » (la foire) de Lyon, et Véronique, jolie Lyonnaise « aux yeux couleur du Rhône », mais hélas fille d'un grand bourgeois de médecin lyonnais, qui préfère la marier à un meilleur parti. Cette histoire d'amour, somme toute assez banale, ne bénéficie ni du parfum de scandale qui entourait le *Bonjour tristesse* de Françoise Sagan, paru cinq ans plus tôt, ni du parti pris de modernisme du tout récent « Nouveau roman », mais a en revanche le mérite de se dérouler à Lyon, dont l'auteur de vingt ans dépeint avec amour les lieux, les couleurs, les mystères : « C'était Perrache avec ses trouées de ciel (...). C'était la Croix-Rousse, colline de la quiétude des journées bien remplies, des chats qui miaulent et qui s'aiment, le refuge des Lyonnais authentiques, hommes grands à l'œil sec, aux joues piquées de rouge, aux mains fines qui étalent des factures toujours prêtes sur la table d'un caboulot où la cochonnaille et le beaujolais se marient sans cesse et dont les clients se retrouvent à la même heure, chaque soir, depuis vingt ans déjà... C'étaient enfin les quais du Rhône, couleur de la pierre, froids, brumeux (...) » ; mais aussi les sacro-saints rites du bien-boire : « Dans ces bas-fonds du blanc-limonade où le vrai beaujolais prostitue ses vertus de la nouvelle année à des prix de vieux amis, ne se rencontrent que nez enluminés, gosiers secs et sourires canailles des Guignols et des Gnafrons en goguette » ; et du bien-manger : « Lyon est une ville merveilleuse : on y mange à l'heure des repas. » Ces décors pleins de vie aident à supporter, dans le style, l'emploi de l'imparfait du subjonctif et du conditionnel passé, dont la fréquence frise l'indigestion (ce qui, à Lyon, équivaut à un crime) : « Nous remontions lentement (les berges du fleuve) pendant que je racontais à ma bonne amie ce que j'eusse voulu devenir. »

Passé à peu près inaperçu à sa sortie, en 1959 — sauf dans les colonnes du *Figaro littéraire* où l'on parla d'abondance et avec chaleur de l'œuvre du benjamin de l'équipe —, *l'Amour en vogue* fut réédité par le Livre de poche en 1975, quand son auteur ne fut plus un inconnu. Dans un court avertissement préliminaire, daté de mai 1975, Bernard Pivot écrit : « Drôle et éprouvant de relire vingt ans après un premier et unique roman qu'on a écrit dans la délicieuse naïveté de ses vingt ans, alors qu'on ignore tout des modes littéraires et qu'on se sentirait déshonoré de ne pas employer à bon escient l'imparfait du subjonctif. Mais il ne faut pas faire la grimace dans le rétroviseur. Renie-t-on son album de famille ? A mesure que j'avançais dans le livre, j'éprouvais au contraire une douce nostalgie pour ce jeune homme que je fus et qui croyait aux trains fantômes et aux Lyonnaises aux yeux couleur du Rhône. »

Entre les odeurs de l'épicerie paternelle, les fumets de la cuisine maternelle et les parfums du vin nouveau, le jeune Pivot ne pouvait être que gourmand. Pivot-journaliste a la reconnaissance du ventre : pendant cinq ans (1967-1972), au *Figaro littéraire*, puis au *Figaro*, il signe une rubrique gastronomique, intitulée « A la carte », sous le pseudonyme d'Antoine Dulac. Dulac était le nom du vieux vigneron qui travaillait dans l'exploitation vinicole de ses parents ; Antoine le prénom que Pivot aurait donné à son fils s'il en avait eu un (il a eu deux filles : Agnès et Cécile). En cinq ans, les gourmets du *Figaro* lurent 266 fois la signature d'Antoine Dulac et Jean-René Savernes (ce dernier pseudonyme masquait l'identité du convive qui accompagnait Pivot dans ses pérégrinations culinaires : soit un collègue du *Figaro*, Gilles Lambert ou Michel Piot, soit un éditeur que Pivot poussait à reprendre de tel ou tel plat et qui ignorait qu'il servait ainsi de cobaye). Cette rubrique était très lue, et Pivot aida à « lancer », du jour au lendemain, la réputation d'un bistrot populaire qui jouxtait les usines Citroën. Le lendemain, au coude à coude avec les ouvriers, le Tout-Paris s'y pressait !

Le véritable tour de force de Pivot-Dulac fut de conserver l'anonymat auprès des restaurateurs. Ces derniers avaient en effet fini par apprendre que l'étrange M. Dulac était en fait un certain Pivot ; ce dernier fut donc contraint de réserver ses tables sous un troisième nom ! En cinq ans, Pivot — dont le visage était alors totalement inconnu du public — ne fut reconnu qu'une seule fois par un patron de restaurant qui lui glissa d'un air entendu, en même temps que l'addition, la phrase suivante : « Je vous ai reconnu, M. Antoine Dulac ! » Comme on le voit, l' « effet Pivot » sur la vente des livres eut au moins un précédent : l' « effet Dulac » sur le succès des restaurants !

Bernard Pivot explique cet effet par le dilettantisme et l'amateurisme qui inspiraient ces rubriques : « Je faisais ça par goût, pour m'amuser, deux fois par semaine, avec des amis ; je n'ai jamais prétendu en faire mon métier, contrairement à Michel Piot qui a pris la suite, mais en tant que chroniqueur gastronomique professionnel — et pas anonyme ! »

Ce dilettantisme — préservé par l'anonymat — assurait en outre à Pivot une totale liberté de parole. Ainsi, expérimentant les meilleures tables de France, il reconnaît que « Troisgros est devenu une gloire de la gastronomie française, comme Proust est un monument de la littérature. On pousse la porte de ce restaurant de Roanne comme on ouvre *A la recherche du temps perdu*. Avec un pincement de respect et d'admiration au cœur ou à l'estomac », mais ose contester la qualité du foie gras, qu'il trouve « filandreux » et « granuleux », ainsi que le gratin dauphinois, « vraiment détestable, gras, poussif », avant de conclure : « Dans Proust aussi il y a par-ci par-là une bouchée de foie gras décevante ou une cuillerée d'un pesant gratin dauphinois. » (*Le Figaro littéraire*, 29 mai 1970.) De quoi pousser Michelin à ôter une ou deux étoiles au célèbre restaurant de Roanne !

Antoine Dulac sait aussi ne pas ménager ses enthousiasmes. Dans l'une de ces rubriques, Pivot rend hommage à la cuisine de Lyon, proposant un « procès en béatification des mères lyonnaises » : « C'est que je suis le fils d'une mère lyonnaise, d'une simple mère de famille qui n'avait à nourrir que son mari — pour celui-là, elle continue — et ses enfants. Or j'ai vécu, et cela me parut normal tant que je demeurai entre Rhône et Saône, dans l'intimité presque quotidienne du gâteau de foie de volaille, du cervelas, des quenelles de brochet qui triplent de volume, des gratins de cardon à la moelle et au jus de veau, du coq au vin de Brouilly, du beefsteak de charolais, etc. » Puis il poursuit : « Allais-je chez mes tantes, admirables cuisinières qui préparent la soupe au chou comme personne, j'y rencontrais, comme autant de choses naturelles, et alors je ne pouvais pas me douter qu'ailleurs il en allait autrement, la soupe de courge, la rosette de Fleurie, le saucisson chaud, le lapin au vin blanc, les filets de carpe sautés au beurre, le fromage fort, les gaufres, les bugnes, etc. C'était simple et délicieux, voilà tout. » (*Le Figaro,* 25 mai 1972.)

Ancré dans son terroir lyonnais comme plus tard, sur le plateau d' « Apostrophes », Henri Vincenot sera ancré dans le terroir bourguignon voisin, Bernard Pivot se fait volontiers lyrique lorsqu'il évoque les « volailles de Bresse, poissons blancs des étangs des Dombes, viandes du Charolais, vins du Mâconnais, du Beaujolais, des Côtes du Rhône, fruits de la vallée du Rhône », ou encore « les recettes qui font les bonheurs des mâchons matinaux et des goûtillons de l'après-midi. Le tablier de sapeur, la salade de clapotons, les pieds de veau à la vinaigrette, les gratons, les paquets de couenne, la gratinée, les cacoux en tripes (œufs à l'oseille sur fond de gras-double), la cervelle de canut, le barboton de pommes de terre, etc. Sans compter les rigottes de Condrieu, les chevrotons du Beaujolais et du Mont-d'Or, le tout arrosé de Juliénas et de Chiroubles de l'année. Ah ! merveilleux pays de gourmands ! »

Le feuilleton annuel et traditionnel du « beaujolais nouveau » est, on s'en doute, salué par Antoine Dulac comme l'événement culturel de l'automne, à l'instar des prix littéraires distribués à la même époque, et dont la qualité est aussi changeante d'une année à l'autre : « Il est arrivé. Il est en cave. Il est déjà sur les tables de certains restaurants. Le beaujolais nouveau, débloqué depuis quelques jours, vient de faire, comme chaque année vers la mi-novembre, son entrée à Paris. Et c'est un événement à la fois gastronomique et un peu snob. Car il faut avoir goûté le beaujolais nouveau comme il faut avoir vu le dernier film d'Antonioni. » (*Le Figaro littéraire,* 24 novembre 1967.)

Paysan-poète, poète et paysan, Pivot n'est pas homme à renier ses origines. Au contraire, il s'y réfère constamment, il y revient toujours. Et la seule décoration qu'il ait jamais eue, c'est celle de Chevalier du Mérite Agricole.

Lorsque Pivot se souvient des vendanges en Beaujolais, qu'il a pratiquées de l'âge de sept ans à vingt ans, il évoque le dur labeur, les chevaux et les mulets des vendanges, les cuves où l'on piétinait les grappes, les antiques pressoirs manuels, les sulfateuses sur le dos des vignerons, mais aussi les fêtes familiales, au son de l'accordéon, l'éveil de la sensualité à l'ombre des vignes, l'érotisme festif de la cueillette en compagnie de jeunes filles en fleur, les premières amourettes, les nuits fraîches qui succédaient aux journées écrasées d'été.

Au *Figaro littéraire*, où il est entré depuis un an, on confie au jeune journaliste de 24 ans une pleine page pour raconter les vendanges 1959 en Beaujolais : « Le dernier soir des vendanges, les cuves sont pleines, les ouvriers ont rasé leur barbe, le patron offre le vin vieux, les gâteaux secs et les cigarettes. Ce soir (...), chacun y va de sa chansonnette, vous aussi, maladroitement, en cherchant les paroles du couplet. Mais on ne vous tiendra pas rigueur de vous arrêter au beau milieu du refrain pour vider en trois coups de gorge le verre qu'on ne cesse de vous remplir. » C'est alors que la fête s'installe : « Un accordéon, quelques filles. Les tables sont poussées dans un coin de la cuisine. Il y a toujours des volontaires pour faire tourner les jupons. Vous serez applaudi si vous avez l'audace d'inviter la patronne, qui ne refusera pas. Mais bientôt, les têtes s'inclinent dangereusement. Devant le flot sans cesse grandissant des gaillardises, on envoie les enfants se coucher. Une partie de la société est hors d'état de poursuivre la soirée et se dirige en titubant vers les ténèbres extérieures. Il est dix heures, onze heures ou minuit. En vérité, l'heure dépend de la vitesse à laquelle a été absorbé le contenu des bouteilles rassemblées au centre de la table. » Hélas ! les meilleures choses ont une fin, surtout « si le vigneron a lui aussi commis des excès, s'il rit sans raison, lutine son épouse en l'appelant “ mon petit vin fruité ”, la vigneronne alors se fâche, pousse tout son monde dehors et va elle-même fermer la cave à double tour. Le lendemain, vous êtes réveillé par la chanson du pressoir. Vous respirez une dernière fois l'odeur de vin nouveau, d'alcool neuf, vous chassez les guêpes qui vous harcèlent, vous écoutez encore la respiration d'une cuve où le raisin fermente, les soupirs et craquements, et le cliquetis du pressoir, vous faites un ultime regard aux foudres, aux demi-muids, aux tonneaux alignés contre les murs de la cave, et vous buvez le coup de l'étrier. Le vigneron vous demande alors : — Quand est-ce que vous revenez nous voir ? Vous répondez sans aucune hésitation : — Dès que les vins seront clairs ». (*Le Figaro littéraire*, 10 octobre 1959.)

Plus de dix ans après, son dernier article pour *Le Figaro littéraire* (en tant que supplément indépendant du *Figaro* quotidien), sera également consacré au Beaujolais, cette fois pour protester contre un projet d'installer une raffinerie de pétrole dans cette verdoyante région vinicole : « Rouge comme le vin, noir comme le pétrole, les affiches proclament depuis un mois : “ Non à la raffinerie ”. » (*Le Figaro littéraire*, 8 février 1971.) Pour la défense de sa région natale, Pivot prête volontiers sa plume, développe des trésors d'éloquence. Sous le titre cavalier : « Allez-vous faire raffiner ailleurs », le voici qui donne libre cours à une amère ironie : « Installer une raffinerie à Belleville-sur-Saône, à la lisière du Beaujolais, ce ne peut être a priori qu'une idée d'ivrogne. On imagine un patron d'une compagnie pétrolière, l'esprit obscurci par un usage immodéré du juliénas ou du brouilly, et désirant s'établir à proximité de son vice. Si telle était l'explication de ce projet déraisonnable, notre sympathie irait à cet œnologue fourvoyé dans la pétrochimie. On lui remontrerait aisément qu'il a tort et on l'enverrait se faire raffiner ailleurs avec la promesse d'installer un pipe-line de beaujolais relié à sa nouvelle usine. (...) Messieurs les pétrochimistes, j'aimerais encore boire du beaujolais. » (*Le Figaro littéraire*, 21 décembre 1970.) Dans la même veine gouailleuse, Bernard Pivot revendiquera même, sur le ton de la blague, dans l'une de ses rubriques au *Point*, l'autonomie du Beaujolais ! : « Ils sont de plus en plus nombreux, les patriotes de Chiroubles, Moulin-à-Vent, Juliénas, Fleurie, Morgon, etc., à revendiquer hautement le droit pour le Beaujolais de renouer avec l'heureuse époque où le comté était indépendant de Paris. » (*Le Point*, 1er septembre 1975.)

A défaut d'obtenir l'autonomie de sa région natale, Bernard Pivot a accepté, voici quelques années, d'être conseiller municipal à la mairie de Quincié-en-Beaujolais, où il a célébré les mariages de bon nombre d'enfants du pays. Pivot, ceint de l'écharpe tricolore, énonçant sur un ton officiel, un rien sentencieux, que dément le regard amusé : « Je vous déclare uni par les liens du mariage », n'assure-t-il pas un rôle à sa parfaite mesure ? Chaque vendredi, ne marie-t-il pas la littérature et la télévision ? Les auteurs ne convolent-ils pas en justes noces avec leur public ?

Quant au vin du Beaujolais, il est par excellence le vin de l'amitié. Aux yeux de Bernard Pivot, son plus fidèle zélateur, il aurait d'évidentes vertus pacifiques et même démocratiques. A l'en croire, il existerait d'ailleurs une véritable sociologie du beaujolais : « Au départ, c'est un vin de comptoir, c'est un vin de jeu de boules ; c'est le vin des gens tout simples, le vin des ouvriers. C'est un vin qu'on boit sans manières chaque jour. Vite bu, vite pissé. Et puis il est devenu, grâce à son succès, le vin des bourgeois. Il a eu une promotion sociale ; on s'est mis à le boire le dimanche. Vous me direz : s'il est devenu le vin des bourgeois, il n'est plus le vin des ouvriers. Eh bien pas du tout ! Et c'est ça qui est extraordinaire dans le beaujolais. Ce n'est pas le vin de la lutte des classes, c'est le vin de la réconciliation des classes. » (« Millésimes », FR3, 1985.)

Rien d'étonnant à ce que ce vin, d'une convivialité heureuse et d'un socialisme optimiste (mais fort peu marxiste) coule abondamment aux réunions du « P.C. » que Bernard Pivot honore depuis 25 ans de sa présence en compagnie du camarade Robert Sabatier... Précisons toutefois que le « P.C. » en question signifie « Priorité à la Croûte » (anciennement « P.C.P.C. » : « Priorité à la Croûte Pas Chère », mais le bureau politique s'est nettement emboureoisé depuis) et désigne un club de copains gastronomes dont les relations amicales remontent au temps de leur apprentissage au *Figaro littéraire* (et aux rubriques d'Antoine Dulac !) : outre Pivot et Sabatier, ont été cooptés membres à vie du « P.C. » : Philippe Alexandre (chroniqueur à RTL), Sylvain Zegel (journaliste au *Figaro*), Jean Chalon (écrivain, journaliste au *Figaro*), Jean Saurin (photographe), Renaud Vincent (chroniqueur judiciaire à *France-Soir*) et Jean-Paul Caracalla (Compagnie des Wagons-lits). Ce dernier, élu démocratiquement secrétaire général du « P.C. », est chargé du choix des restaurants et de l'envoi des convocations à ses camarades de cellule : « En principe, les déjeuners du " P.C. " sont mensuels, mais parfois nous passons deux ou trois mois sans pouvoir nous réunir, car tout le monde est très occupé ! » Pendant cinq ou six ans, les réunions du « P.C. » se sont même arrêtées : Pivot démarrait « Apostrophes », Philippe Alexandre partait souvent en reportage à l'étranger. Séparés les uns des autres par la vie, le travail, la carrière, ces amis anciens étaient destinés à ne plus se revoir. C'est Pivot qui, en 1981, a relancé l'idée de ces déjeuners, en téléphonant à Caracalla :

— Dis donc, tu n'organises plus de déjeuners du « P.C. » ?

— Tu n'es pas trop pris par tes émissions ?

— Je suis très occupé, c'est vrai, mais ça ne m'empêche pas de casser la croûte à midi.

Et c'est reparti. Pour le premier déjeuner du « P.C. » à nouveau constitué, ces quadra et quinquagénaires bon teint retournèrent dans le même bistrot où ils s'étaient réunis la toute première fois, vingt ans plus tôt, alors qu'ils étaient jeunes, désargentés et peu coutumiers des honneurs. Ce bistrot s'appelle « Chez Marie-Louise », rue Championnet. Vingt ans après, la patronne était toujours fidèle au poste (elle y est toujours à l'heure où nous écrivons) et a immédiatement reconnu les huit mousquetaires, les accueillant d'un : « Tiens, ça fait un moment que vous n'êtes pas venus. Vous prendrez la même table que d'habitude ? »

De quoi parle-t-on, aux déjeuners du « P.C. » ? Philippe Alexandre décrit son dernier reportage à l'étranger. Renaud Vincent, surnommé par ses copains « commissaire Mouchabœuf », commente tel grand procès pénal bien saignant. Jean-Paul Caracalla, le « Hinault des Charentes », évoque ses performances à vélo de dimanche dernier ou son prochain ouvrage, avec Jean des Cars, sur les trains de luxe. Robert Sabatier raconte des histoires un peu lestes. Bernard Pivot parle de foot, plus rarement d' « Apostrophes ». Très vite, les sujets de conversation n'ont plus rien de professionnel : on parle de tout et de rien, on raconte des histoires drôles ou grivoises, on rigole entre amis, entre hommes. Après le café, Bernard Pivot s'éclipse : « Les enfants, ce n'est pas que je m'ennuie avec vous, mais il faut que je retourne lire. »

Les lieux qui accueillent le « P.C. » sont essentiellement des bistrots, des « bons restaurants bien de chez nous » où l'on mange à sa faim une cuisine de pays. Pas de nouvelle cuisine, de « brunchs » ou d'assiettes suédoises : les goûts culinaires de nos camarades travailleurs vont en priorité, malgré le sigle de leur groupe, à la cuisine bourgeoise.

Voici, à titre indicatif, quelques (bonnes) tables de Paris qui figurent dans le « guide bleu » du « P.C. » : l'Auberge Pyrénées-Cévennes, rue de la Folie-Méricourt ; Chez Marcel, rue St-Nicolas ; Allard, rue St-André-des-Arts ; le Mazagran, rue Chauveau-Lagarde ; le Mercure galant, rue des Petits-Champs ; le Petit Riche, rue Le Peletier ; Pierrot, rue Etienne-Marcel ; Chez Pauline, rue Villedo ; Moissonnier, rue des Fossés-St-Bernard ; Brissemoret, rue St-Marc (un ancien Bois et charbons) ; Chez Marie-Louise, rue Championnet. Demandez la table « où a déjeuné Pivot » et régalez-vous à sa santé !

A l'occasion, les fougueux membres du « P.C. » ne dédaignent pas non plus les « 3 étoiles » de province (en région lyonnaise, bien entendu). Ils prennent alors le T.G.V. et s'en vont se taper la cloche chez « Georges Blanc » à Vonnas ou chez « Bocuse » à Collonges-au-Mont-d'Or. A titre purement historique, voici le balthazar qui leur fut servi chez Blanc :

Salade de truffes fraîches du Ventoux
Crêpes parmentières au saumon et caviar
Soupe sauvage aux grenouilles
St-Jacques aux cèpes
Aile de pigeonneau et cuisse de poularde de Bresse aux légumes, à la crème et à la moutarde
Fromages frais et affinés
Ile flottante

Tout cela arrosé de force vins de qualité, dont un Chassagne-Montrachet 83 et un Nuits-St-Georges 82.

Quant à Bocuse, chez qui nos aimables compagnons firent quelques agapes en 1981, il leur produisit, au douloureux moment de l'addition, cette simple note : « Paul Bocuse est heureux d'avoir reçu chez lui les membres du " P.C. ". »

3. *Les copains d'abord...*

« Qu'un ami véritable est une douce chose. »

La Fontaine, « Les deux amis »

Bernard Pivot a conservé tous ses amis d'enfance : Paul, le pâtissier ; le vétérinaire de St-Etienne ; l'industriel en matières plastiques de Nantua ; le publicitaire ; les copains de classe de l'école communale de Quincié-en-Beaujolais. L'idéal de Bernard Pivot est un idéal de concorde, que l'on retrouve d'ailleurs dans sa façon d'animer « Apostrophes ». Ainsi, au micro de la radio libre de *L'Express*, il confie : « Les émissions dont j'ai gardé le souvenir le plus vif sont celles où des gens complètement différents, soit par leur culture, soit par leurs opinions politiques et intellectuelles, se rassemblaient autour d'un thème. Ainsi l'émission sur " La vie des paysans à la fin du XIXe siècle " (" Apostrophes " du 25 mars 1977), où il y avait Vincenot, qui avait des idées de droite, un maire communiste de la région parisienne, un professeur à l'Institut catholique de Lille, et Pierre Miquel, historien. Ils étaient en désaccord au début, ce qui ne les a pas empêchés de chanter tous les quatre en patois à la fin ! L'émission les avaient réunis et ils s'étaient trouvé de la sympathie les uns pour les autres. Une émission comme celle-ci me fait autant plaisir qu'une émission où les gens se sont envoyés des livres à la figure. » (En direct du Salon du livre, 26 mars 1986.)

Pour Bernard Pivot, un ami dure une vie et, selon le mot de Jean Nohain, un ennemi ne peut être qu'une personne avec qui on n'a pas déjeuné.

Exceptionnellement fidèle aux amitiés anciennes, Bernard Pivot craint par-dessus tout les fausses amitiés intéressées et les flatteries. C'est pourquoi il se méfie, depuis qu'il est devenu un personnage connu, des nouvelles amitiés. Parmi les professionnels des Lettres et de l'édition, il ne fréquente quasiment personne, à l'exception de l'éditeur Jean-Claude Lattès et de l'écrivain Robert Sabatier — mais ce sont des amitiés de vingt-cinq ans. Bernard Pivot pratique l'amitié, pas le copinage.

Avec Jean-Claude Lattès, Bernard Pivot va à la pêche, part en vacances. Les deux hommes assurent qu'ils discutent de tout autre sujet que d'édition lorsqu'ils sont ensemble. Et, bien qu'amis intimes, ils ne se ménagent pas professionnellement : ainsi, Bernard Pivot n'a pas hésité à « balancer » Sulitzer, accusé de ne pas écrire ses livres, et d'avoir été « piqué » à Robert Laffont par Hachette contre un à-valoir de 8 millions de francs. Jean-Claude Lattès, directeur général du Groupe Livre Hachette, n'a pas dû apprécier que fussent divulgués sur la place publique ces secrets un rien scandaleux. Bernard Pivot est catégorique : « On peut entretenir en privé des relations amicales avec les gens sans leur faire de cadeaux professionnellement. » A prendre ou à laisser.

L'amitié avec Robert Sabatier date du temps où le futur auteur des *Allumettes suédoises* exerçait les fonctions d'attaché de presse aux P.U.F. (Presses Universitaires de France), à la fin des années 50. Un jour, l'éditeur de Sabatier lui dit :

— Dites-donc, il y a un jeune chroniqueur du *Figaro littéraire* qui écrit des échos sur la vie littéraire. Il s'appelle Bernard Pivot. Invitez-le donc à déjeuner.

Peu habitué aux déjeuners de presse et méconnaissant les restaurants d'affaires (les ouvrages des P.U.F. traitant peu des sujets frivoles propices à exercer la plume d'un échotier), Robert Sabatier emmena au hasard Bernard Pivot chez « Roger la grenouille », au Quartier Latin, temple de la gaudriole et de la plaisanterie grivoise, décoré de bas et soutiens-gorge suspendus au plafond, et où les serveuses vous interrogent en rigolant sur votre vie sexuelle. Les deux gentils jeunes gens n'étaient pas plus tôt entrés dans ce paradis de la farce un peu leste que Roger, maître des lieux, les interpelle :

— Tiens, un couple !

Sinon un couple, Robert Sabatier et Bernard Pivot devinrent en tout cas une véritable paire d'amis. Sabatier travailla même quelque temps comme pigiste pour *Le Figaro littéraire*, sous le sévère contrôle de Bernard Pivot, qui lui faisait souvent reprendre sa copie :

— Dis-donc, tu ne t'es pas foulé. Ton papier n'est pas très bon. Tu vas me le recommencer.

Et Sabatier recommençait. Pour un simple billet d'ambiance de 20 lignes sur la foire de Francfort, Sabatier dut recommencer trois fois : « Moi qui avais des ambitions littéraires, j'aurais pu m'offusquer, monter sur mes grands chevaux. J'aurais eu tort, car Bernard Pivot m'a appris une forme d'écriture que je ne connaissais pas : l'écriture journalistique. Bernard a une conception très rigoureuse de son métier, qu'il applique à lui et aux autres. »

Même après que Robert Sabatier fut devenu un auteur à succès, les deux hommes continuèrent de se fréquenter, et Bernard Pivot ne manqua pas une occasion de célébrer son ami dans les colonnes du *Figaro littéraire*. Ainsi, le 8 décembre 1969, il écrit : « Appelé un peu vite le Poulidor des prix littéraires, en raison de son abonnement aux deuxièmes places des scrutins du Goncourt, du Fémina et de l'Interallié, Robert Sabatier en est probablement le Jacques Anquetil. Il a raté tous les prix, toutes les étapes de la course, mais au classement général il en sera le grand vainqueur. » Il s'avéra en effet que la vente des *Allumettes suédoises* dépassa largement les 100 000 exemplaires, et Sabatier s'inscrivit rapidement en tête des palmarès : « Dès cette semaine, il a ravi la première place de la liste des best-sellers à *Papillon*, qui l'occupait depuis le début de l'été. Le vainqueur du bagnard intrépide de Caracas est un petit orphelin de Montmartre qui ressemble comme un frère à Robert Sabatier. Et la modeste flamme bleue et rouge des *Allumettes suédoises* n'a pas fini de briller dans les vitrines des libraires. Il est évident que dans l'esprit du public, les jurys ont fait un ratage. (...) Dans la cuisine des prix littéraires, le public a choisi les allumettes de Robert Sabatier. »

Sabatier fut invité six fois à « Apostrophes ». Il n'y fut pas toujours accueilli avec un aveugle enthousiasme : « Lorsque Bernard m'a invité pour *Les années secrètes de la vie d'un homme* (le 10 février 1984), j'ai senti tout de suite, sur le plateau, qu'il n'avait pas aimé le livre ; le public aussi, certainement, car Pivot ne peut pas cacher ses sentiments. Il ne pourra jamais simuler l'enthousiasme pour un livre qu'il n'aime pas, même et surtout s'il s'agit du livre d'un copain. »

Gilles Lapouge est également un ami de longue date. Lui aussi « pigeait » au *Figaro littéraire* au début des années 60. Puis il fut le collaborateur de Pivot à la télévision pour « Ouvrez les guillemets » et la première année d'« Apostrophes ». C'est Lapouge lui-même qui, après un long séjour au Brésil, décida de ne plus seconder Pivot sur le plateau d'« Apostrophes » : « J'ai senti très vite que Bernard devait animer seul son émission : c'est lui qui interviewait les invités, qui menait le débat à son rythme et à sa manière. Mon intervention, qui se bornait à présenter un livre pendant six minutes, arrivait un peu comme un cheveu sur la soupe. J'apparaissais comme le monsieur qui venait monologuer et pontifier ; cela cassait le ton polémique de l'émission. Pivot en avait conscience aussi : évidemment il ne m'en a jamais rien dit. J'ai préféré prendre les devants et démissionner. »

Après son départ, et malgré les relations amicales qu'ils entretenaient, Gilles Lapouge et Bernard Pivot décidèrent d'un commun accord de se voir moins souvent. Gilles Lapouge explique : « Nous avions désormais des activités très différentes, mais ce n'est pas la raison pour laquelle nous avons cessé de nous voir. La réalité c'est que de nombreux auteurs, connaissant mon amitié pour Bernard, me demandaient d'intervenir auprès de lui pour qu'il les invite à

" Apostrophes ". Evidemment, je n'en faisais rien, mais le fait de continuer à rencontrer Pivot pouvait prêter à confusion et cette situation nous gênait tous deux. En rompant toutes relations communes, nous coupions court aux rumeurs malveillantes. » Sacrifier une amitié par déontologie professionnelle, voilà qui, à notre époque, est suffisamment rare pour être relevé.

Les deux hommes, l'un natif de Lyon, l'autre originaire de Digne, en Haute-Provence, ont en commun il est vrai, cet atavisme paysan, fait de rigueur morale, de peur du scandale, de mépris de l'ostentation et de pudeur des sentiments. Dès leurs débuts au *Figaro littéraire,* ils partagèrent d'ailleurs la même adulation pour un autre provincial : Jean Sénard, Lyonnais comme Pivot, et leur aîné à tous deux au *Figaro*. « Sénard était un être merveilleux, sans doute l'homme que j'ai le plus admiré dans ma vie. Pivot lui vouait un culte quasi filial », confie Lapouge.

Jean Sénard était un personnage haut en couleur, dilettante, curieux de tout, bon vivant. Il était le fils d'un peintre lyonnais, Charles Sénard, qui a donné son nom à un quai du Rhône, à Caluire, en face du Parc de la Tête d'Or. Jean Sénard peignait également, et Pivot a conservé l'une de ses toiles abstraites, accrochée en évidence dans son salon, avenue Niel. Il avait également des ambitions littéraires qu'il ne mena pourtant jamais à bien, et partageait avec Pivot le goût de la bonne chère et du bon vin ; enfin — comble d'ambiguïté chez un journaliste du *Figaro* —, c'était un socialiste militant. Il eut une influence considérable sur la formation et les goûts du jeune Pivot : « Sénard est la première personne que j'ai rencontrée en arrivant dans les locaux du *Figaro littéraire*. Comme nous étions tous deux de Lyon, nous avons immédiatement sympathisé, malgré la différence d'âge (j'avais 23 ans, il en avait quinze de plus). C'est lui qui m'a prévenu que Maurice Noël, le rédacteur en chef chez qui je devais me rendre pour être recruté, n'était guère commode. Il était en dessous de la vérité. Par la suite, il m'a toujours aidé de ses conseils, de son amitié. » A la mort de Jean Sénard, Bernard Pivot et Gilles Lapouge rendirent un dernier hommage à leur ami disparu, puis n'en parlèrent plus jamais entre eux — pudeur oblige. Le souvenir de l'absent les lie encore d'un invisible mais solide fil d'Ariane. Pivot confesse : « J'ai toujours été jusqu'ici préservé par la vie : tous mes proches sont encore en vie. La mort de Jean Sénard a été la seule grande peine de mon existence. » Son livre sur *les Critiques littéraires*, paru en 1968, est dédié à sa mémoire.

Gilles Lambert entra au *Figaro littéraire* en 1961 : vingt-six ans après — et quatorze ans après que Pivot eut quitté le *Figaro* — il retrouve encore Pivot sur les cours du Tennis de Longchamp, près de Roland-Garros, chaque dimanche matin. Il y a quelques années, Gilles Lambert, très souffrant, fut hospitalisé pendant un an. Cette année-là, Pivot cessa de jouer. Lorsqu'un copain lui proposait d'échanger quelques balles, il répondait :

— Désolé, mais d'habitude c'est avec Gilles que je joue. Je ne taperai plus dans une balle tant qu'il ne sera pas de retour.

Sachant la gravité de la maladie qui avait frappé son ami, une telle déclaration risquait de devenir définitive. Mais les miracles existent. Au bout d'un an, Gilles Lambert, guéri, fréquenta à nouveau les cours de Longchamp où, chaque dimanche matin, il retrouve son ami Bernard Pivot.

4. *Le courriériste du* Figaro

« Je persifle et signe. »

Bernard Pivot

Bernard Pivot entra au *Figaro littéraire* en 1958. Il était le benjamin de l'équipe. Tous les journalistes déjà en place avaient l'âge d'être son père. Quant au rédacteur en chef, Maurice Noël, c'était tout bonnement le Père Fouettard. Depuis quarante ans, ce solide Jurassien aux colères homériques présidait aux destinées des pages culturelles du *Figaro*, puis, à partir de 1946, du *Figaro littéraire* — année de la création de ce supplément autonome consacré à la vie littéraire et artistique.

Maurice Noël fut, avant-guerre, un découvreur et défenseur des poètes. C'est lui qui proposa au *Figaro* la collaboration régulière de Paul Claudel, André Gide (et ses « Interviews imaginaires »), puis de Léon-Paul Fargue, Colette, Henri Calet, Jean Guéhenno. Durant l'Occupation, il supervisa la page « littéraire » du *Figaro* replié à Lyon, organisa la diffusion des « Editions de Minuit » en zone Sud, ainsi que la recherche des manuscrits auprès des écrivains réfugiés, tout en assurant à la Résistance quelques services de passeur d'armes !

Dix ans après la mort de Maurice Noël, survenue en 1975, Bernard Pivot rendit hommage à son « patron » dans les colonnes du *Figaro :* « Pourquoi cet homme aux mains de bûcheron, qui piquait des colères, ironisait parfois avec cruauté et qui n'acceptait pas toujours d'entrer dans le raisonnement des autres, fut-il le plus captivant et le plus stimulant des rédacteurs en chef ? Parce que Maurice Noël n'exigeait de ses collaborateurs que la seule qualité qu'il se reconnût à lui-même : l'authenticité. Plus un peu de talent, bien sûr. » (*Le Figaro,* 3 septembre 1985.)

Pivot se souvient de son premier contact avec l'ogre du *Littéraire,* alors que, sorti depuis quelques mois du Centre de Formation des Journalistes de la rue du Louvre, et après avoir accompli un stage au *Progrès de Lyon,* où il mettait en pages la « locale » de Saône-et-Loire (la réunion de boulistes de Gueugnon, la fête des Sapeurs Pompiers du Creusot...), un autre stage comme journaliste économique, puis le service militaire, il arriva dans l'antre de Maurice Noël qui souhaitait adjoindre un jeune journaliste à son équipe de vétérans : « Quand il me questionna sur mes lectures, malheur à moi si j'avais essayé par quelque artifice de lui donner à croire que j'étais le jeune journaliste débutant et cultivé qu'il espérait pour *Le Figaro littéraire.* Je ne savais rien. Je le lui avouai. Ma sincérité lui plut. Il m'engagea et il prit sur un radiateur deux ou trois livres qu'il m'incita à lire sans tarder. » (*Le Figaro,* op. cit.)

Dans d'autres interviews, données notamment à Philippe Bouvard (*Paris-Match,* 24 avril 1981) et Claude-Jean Philippe (*Télérama,* 9 janvier 1980), Pivot a fourni une version légèrement différente du fameux entretien ; Maurice Noël, bougon comme à son habitude, ne se serait pas laissé gagner aussi facilement :

« — Bernard... Pivot ?
— Oui, c'est ça, Pivot.
— Est-ce que vous lisez beaucoup, monsieur Pivot ?
— Oui... bien sûr... je lis.
— Est-ce que vous avez lu Malcolm Lowry ?
— Ah non, jamais entendu parler.
— Est-ce que vous avez lu Denis de Rougemont ?
— Non...
— Est-ce que vous avez lu Marguerite Yourcenar ?

— Non...
— Vous ne lisez rien, alors ?
— Si, si, mais pas ceux-là... »

Prêt à mettre fin à l'entretien, Maurice Noël aurait alors interrogé Bernard Pivot sur sa famille. Plus à l'aise que sur le chapitre de la lecture, Bernard Pivot aurait répondu :

« — Eh bien, mes parents sont épiciers à Lyon et ils ont une propriété dans le Beaujolais, où j'ai passé mon enfance. »

Le visage de Maurice Noël se serait alors subitement déridé, comme sous l'effet d'un « sésame ouvre-toi » providentiel :

« — Vos parents ont une propriété dans le Beaujolais ? Et ils font du vin ?
— Oui, mon père a un vigneron qui fait du vin pour lui.
— Et il est bon, le vin de vos parents ?
— Evidemment, il est excellent.
— Est-ce que votre père pourrait me procurer un petit tonneau de beaujolais ?
— Bien sûr. »

Le soir même, le jeune Pivot était engagé.

Au vrai, il est bien difficile d'imaginer Maurice Noël se laissant soudoyer par un simple tonneau de beaujolais. Il est tout aussi étonnant qu'il ait recruté pour son journal à hautes ambitions culturelles un journaliste débutant et qui n'avait rien lu. La solution de l'énigme, il faut sans doute la trouver — une nouvelle fois — dans la chance indécrottable qui n'a jamais abandonné Pivot dans les moments clés de sa vie : Noël l'a tout simplement embauché « au feeling ».

« Maurice Noël détestait le bluff, le snobisme ; il se méfiait, trop peut-être, des modes », écrit encore Bernard Pivot dans son hommage. En revanche, le rédacteur en chef du *Figaro littéraire* ne goûtait rien tant que les échos, billets, chroniques où sont révélés les petits secrets de la vie parisienne. Lui-même pratiquait ces exercices courts mais périlleux, écrivant de façon anonyme des « billets académiques », intitulés « Aux quatre vents » et signés « La girouette ». Journaliste du *Littéraire* spécialisé dans les arts, Pierre Mazars écrit (dans le Bulletin de l'Association des Amis de Maurice Noël, juin 1982) que son « style était sinueux, truffé d'incidentes, orné d'épithètes rares, " coruscant ", comme aimait à dire Maurice Noël ».

Maurice Noël, d'une sévérité et d'une exigence rare dans le travail, prônait également l'humour et le libre parler. En lisant ce qu'écrit de lui Pierre Mazars, on imagine l'influence prépondérante qu'il a eue sur la formation, les méthodes et l'éthique du jeune Bernard Pivot : « Maurice Noël estimait qu'un interviewer ne doit jamais rester passif mais tarabuster sans relâche son interlocuteur, juger parfois ses œuvres sans complaisance afin de mettre leur auteur dans l'embarras et de l'obliger à une analyse en profondeur. Ainsi procéda Noël avec François Mauriac au lendemain de la sortie de ses *Anges noirs* et même avec Paul Claudel à qui il déclara tout à trac : " Dieu ne me paraît pas un facteur nécessaire dans votre théâtre ! " Le grand poète, abasourdi, balbutia que ce n'était pas très gentil ce qu'on lui disait là. Ces très libres propos étaient dans le ton des billets académiques. Maurice Noël était taquin, frondeur comme tout bon Franc-Comtois et il professait qu'une des vertus cardinales du journaliste est l'impertinence. » (Bulletin de l'Association des Amis de Maurice Noël, *op. cit.*)

Taquin, frondeur, impertinent : ces épithètes pourraient aussi bien définir Bernard Pivot que Maurice Noël. Mais, pour être honnête, il faudrait interroger plus avant l'histoire des idées pour retrouver les sources d'une telle définition du journalisme. Ayant fait ses classes sous la férule de Maurice Noël, Bernard Pivot s'ancre dès le début de sa carrière dans une vieille tradition d'impertinence, de liberté de ton et de pensée, de refus de se coucher devant aucun pouvoir, de rigueur morale, de déontologie professionnelle mais aussi d'humour, d'ironie et de goût de la satire.

Aussi étrange que cela puisse paraître aujourd'hui, *Le Figaro littéraire* était, à cette époque-là, sinon un brûlot gauchiste ou anarchiste, en tout cas un journal beaucoup moins inféodé aux idées bourgeoises que ne l'était *Le Figaro* quotidien. Ainsi, il était dans la tradition du *Figaro littéraire* de brocarder régulièrement l'Académie française. Maurice Noël, qui en voulait aux Immortels de n'avoir pas admis Paul Claudel dans leurs rangs en 1935, prenait un vif plaisir à décrire et moquer les travers et les tics des « Habits verts ». Ces insolences nous sembleraient aujourd'hui peu dangereuses, pourtant il ne faut pas oublier que, dans les années 50, la vie littéraire et l'Académie exerçaient auprès du public une fascination qui conférait tout son poids aux exercices de plume des tireurs de barbiches et chahuteurs de bicornes du *Figaro littéraire*. D'ailleurs, les académiciens offensés allaient régulièrement se plaindre auprès de Pierre Brisson, P.-D.G. du *Figaro*. Ce dernier, levant les yeux au ciel et dissimulant un sourire amusé, répondait du bout des lèvres : « Ah ! Il s'agit du domaine réservé de Noël. » Ce qui n'empêchait pas, en d'autres occasions fort nombreuses, Noël et Brisson de se crêper énergiquement le chignon.

Au Rond-Point des Champs-Elysées, où s'érigeaient les locaux du *Figaro*, dans les salons et sous les lambris dorés d'un hôtel particulier, le *Littéraire* logeait au premier, tandis qu'au dernier étage, semblable à la cour du Roi-Soleil, se trouvait le rutilant bureau en rotonde de Pierre Brisson. Pierre Brisson et Maurice Noël formaient un couple étrange où la haine le disputait à l'estime. Ils avaient longtemps travaillé de conserve, et c'est Pierre Brisson qui avait nommé Maurice Noël rédacteur en chef du *Figaro littéraire* à la Libération. Au fil des ans, des conflits de pouvoir incessants opposèrent ces deux hommes à fort caractère, jusqu'au départ de Maurice Noël en 1961 (il demeura néanmoins conseiller de la direction du *Figaro* jusqu'à l'âge de la retraite).

Dans ses « carnets » de *Lire*, Bernard Pivot décrit ces heurts sempiternels : « Je ne crois pas trahir les secrets de mon ancienne boutique en écrivant qu'entre Pierre Brisson, directeur du *Figaro*, et Maurice Noël, rédacteur en chef du *Figaro littéraire*, les engueulades étaient fréquentes, violentes — Maurice Noël n'avait pas son pareil pour rugir et claquer les portes — mais toujours motivées par le souci de faire un bon journal. Là-dessus, simplement, ils n'étaient pas d'accord. Le rédacteur en chef voulait que la place faite aux écrivains et aux livres justifiât la qualité de " littéraire " accolée au titre de l'hebdomadaire culturel du *Figaro;* le directeur — romancier, ancien critique dramatique — appréciait lui aussi la littérature mais, voyant les ventes baisser, désirait que son journal s'ouvrît davantage à l'actualité qui se fait ailleurs que dans les livres. » (*Lire,* septembre 1981).

Bernard Pivot fut la cause directe d'une de ces empoignades. C'était en 1960, et Jean Cocteau avait été sacré « Prince des poètes », ce qui avait mis en rage les surréalistes qui lui étaient hostiles. Le jeune courriériste de 25 ans (qui n'avait que deux ans de maison) fit un papier dans lequel il décrivait l'élection, puis, dans une deuxième partie, donnait libre cours à la rancune des Surréalistes. Brisson, qui était un grand ami de Cocteau, décida unilatéralement de supprimer cette deuxième partie. Pivot, piqué au vif, demanda l'arbitrage de Noël, menaçant de démissionner si l'article ne paraissait pas en entier. Noël, qui supportait mal la censure, surtout lorsqu'elle émanait de son supérieur hiérarchique, exigea de Brisson que le papier ne fût pas amputé d'une virgule. L'autre commença par refuser, et il s'ensuivit une engueulade sans précédent. Noël, en vrai rédacteur en chef, ne désarma pas tant que Brisson n'eût enfin cédé. Et l'article de Pivot sortit sans une rature, le 8 octobre 1960.

L'année suivante, en 1961, Maurice Noël se démettait volontairement de sa fonction. Michel Droit le remplaça, renouvela et modernisa la formule, embaucha des journalistes. *Le Figaro littéraire,* d'hebdomadaire purement culturel qu'il avait été durant quinze ans, se transforma en « news magazine » qui traitait de beaucoup d'autres sujets que de littérature. Brisson estimait que le supplément devait se vendre à 150 000 exemplaires pour amortir les frais (il ne se vendait qu'à 100 000 du temps de Noël), et que pour parvenir à ce score il fallait être plus attentif aux goûts du grand public. Avec un Michel Droit qui lui était tout dévoué, Brisson espérait parvenir à ses fins. Dix ans après, pourtant,

Le Figaro littéraire disparaissait, avec son 1292[e] numéro daté du 22 au 28 février 1971. Dans son ultime éditorial, Michel Droit déplorait : « il est hélas évident, et plus qu'amplement démontré, qu'un périodique littéraire et artistique comme l'a été jusqu'ici *Le Figaro littéraire* ne peut plus trouver en France une clientèle en nombre assez élevé pour assurer son équilibre et sa vie, et donc son indépendance ».

Peiné par la mort du journal qui l'avait accueilli, et dans lequel il avait œuvré durant treize ans, Pivot ne partage pas le même fatalisme que Droit. Il s'en explique dans ses « carnets » de *Lire,* et impute la faute à Brisson :

« Ayant vécu l'agonie et la mort du *Figaro littéraire,* je puis dire [pourquoi il a disparu]. Par conformisme et aveuglement. D'abord par son contenu. La culture bouge sans cesse. Son instabilité, ses remises en question, ses échappées, ses crises, ses excentricités en font le charme et l'intérêt. (...) *Le Figaro littéraire,* dans ses dernières années, s'il avait évolué et rajeuni dans sa forme, continuait de fonctionner sur un mode ancien, en appliquant des recettes usées et en prônant des valeurs académiques. (...) Sur ses vieux jours, le directeur du *Figaro,* Pierre Brisson, n'avait plus pour la culture la clairvoyance et la combativité qu'il avait manifestées après la guerre. Naturellement enclin à se méfier de ce qui dérange, il encourageait dans les années soixante ce qui ne dérange plus du tout. (...) Il y avait à la direction du journal le sentiment qu'avec un éditorialiste aussi prestigieux que François Mauriac rien de grave ne pouvait nous arriver. Or une grande signature, si flatteuse et commentée soit-elle, ne suffit pas à imposer un magazine culturel. Elle n'en est que le fleuron. Si le corps même du journal est défaillant, si son contenu s'essouffle dans l'information ou, plus grave, en néglige ou en ignore les modernes avatars, même un académicien, prix Nobel de littérature, ne peut en empêcher la chute. » (*Lire,* juin 1986.)

Fidèle jusqu'au bout, Pivot semble regretter encore, 25 ans après, son « patron », Maurice Noël, dont Pierre Mazars écrit (dans le « Bulletin de l'Association des Amis de Maurice Noël », juin 1982) : « Les gens d'esprit forment une espèce rare et beaucoup d'hommes perdent le peu d'humour qu'ils ont à mesure qu'ils se chargent d'honneur. Maurice Noël ne ressemblait pas seulement physiquement à Alain (...), il avait en commun avec l'auteur des *Propos* le mépris des importants. »

En 1971, Bernard Pivot se retrouve donc hébergé dans les colonnes du *Figaro* quotidien, pour lequel il assure les fonctions de chef du service littéraire — sous la direction d'André Brincourt qui dirige l'ensemble du « supplément littéraire » —, tout en perpétuant ses chroniques publicitaires (« Un art nommé désir ») et gastronomiques (« A la carte »). L'ambiance de la rédaction n'a plus rien à voir avec celle qui régnait dix ans plus tôt, du temps de Maurice Noël. Des querelles de pouvoir et de succession concernant la direction du *Figaro* viennent encore polluer une atmosphère déjà tendue. Pivot ne va pas s'attarder.

D'ailleurs, le voici tenté par autre chose que la presse écrite. De 1970 à 1973, il anime une chronique quotidienne d'humour sur Europe n° 1 ; en 1973 et 1974, il fait ses premières expériences de télévision en produisant l'émission littéraire de la 1re chaîne, « Ouvrez les guillemets. » S'il n'est pas encore la star qu'il est devenu aujourd'hui, Bernard Pivot, en 1974, n'est pas un inconnu : ses talents divers sont appréciés des professionnels et du public, ainsi que son humour et ses qualités humaines. A 38 ans, il est en outre plein d'ambitions, prêt à accéder à des postes de pouvoir au sein de son journal. Une fois de plus, l'ange gardien de Bernard Pivot va, au dernier moment, lui faire un croc-en-jambe pour l'obliger à obliquer dans des voies tout autres.

Cet ange gardien farceur prendra cette fois-ci l'apparence de... Jean d'Ormesson, qui plus tard sera le petit chouchou d' « Apostrophes ». En ce début de l'an 1974, l'heure n'est pourtant pas aux embrassades entre l'académicien et le journaliste.

Reprenons les faits. En février 1974, Jean d'Ormesson est nommé directeur du *Figaro :* il en a le profil (Académie française, quelques livres publiés, un nom qui sonne), mais pas exactement les compétences. De son propre aveu (il s'en est longuement expliqué dans *le Vagabond qui passe sous une ombrelle trouée,* Gallimard 1978), la gestion d'un journal aussi gigantesque était beaucoup trop lourde pour les frêles épaules de d'Ormesson, brillant causeur bien que piètre patron de presse. Pourquoi, dans ces conditions, avait-il accepté une charge aussi démesurée ? Pour honorer la mémoire de son père, répond-il dans *le Vagabond.* Peut-être. Gageons qu'il entrait aussi dans cet acte la subtile satisfaction de prendre sa revanche sur un rival. Car à la fierté de se retrouver installé dans le splendide bureau ovale de Pierre Brisson se mélangeaient les vapeurs exquises de la vengeance. Pierre Brisson, lorsqu'il était directeur du *Figaro,* avait inscrit Jean d'Ormesson sur une liste noire et durant des années les journalistes du *Figaro* avaient l'interdiction formelle de prononcer le nom ou de citer un seul livre du pauvre Jean. Cette punition extrême lui avait été infligée depuis 1956, après que, bouillant jeune homme de 31 ans, il eut formulé des insolences à son cousin germain, fils de Wladimir d'Ormesson, ambassadeur de France et académicien, et ayant à ce titre ses entrées au *Figaro* et chez Brisson ! La peine était si sévère que l'éditeur du jeune impertinent, René Julliard, se vit refuser par *Le Figaro* et *Le Figaro littéraire* un ordre de publicité pour *l'Amour est un plaisir,* roman de Jean d'Ormesson paru cette année-là ! Jean d'Ormesson partageait donc avec quelques-uns de ses confrères de plume — et notamment Hervé Bazin ! — le douloureux privilège d'appartenir à cette caste d'écrivains maudits — et certainement un peu canailles : les censurés du *Figaro !*

On imagine bien, dans ces conditions, le plaisir que ressentit d'Ormesson, après bien des années de désert, à s'asseoir dans le bureau même de son ancien rival, et dirigeant le journal qui l'avait si longtemps voué aux gémonies. Hélas, assouvir une vengeance ne suffit pas pour savoir diriger, et bien vite, jouant à l'apprenti sorcier, d'Ormesson allait appeler à l'aide un certain Robert Hersant, qui n'en fit qu'une bouchée et s'appropria l'ensemble des droits sur *Le Figaro.* Dans sa rubrique du *Point* intitulée

« Riez, nous ferons le reste », Bernard Pivot raconte d'ailleurs la blague suivante (le 30 août 1976) : « Quelle différence existe-t-il entre Robert Hersant et un berger de Haute-Provence ? Aucune. Tous deux achètent un journal environ tous les six mois. Simplement, Robert Hersant le paie un peu plus cher, car en même temps que le papier, il acquiert les rotatives, les journalistes, les voitures, les cadres administratifs, les chaises, les téléphones et la moquette. » En juin 1977, le comte d'Ormesson quitta le bureau de Pierre Brisson et les rênes du *Figaro*. L'humoriste du *Point* commenta ainsi son départ : « Robert Hersant était jusqu'à présent directeur du papier, Raymond Aron directeur des papiers et Jean d'Ormesson directeur sur le papier. Robert Hersant désirant tout à coup diriger les papiers en plus du papier, Aron et d'Ormesson se retrouvaient sur le papier comme d'autres sur le carreau. Froissés d'abord, déchirés ensuite, ils ont décidé de rayer *Le Figaro* de leurs petits papiers. » (*Le Point,* 13 juin 1977.)

Revenons au mois de février 1974. Au moment même où d'Ormesson prend ses fonctions, Bernard Pivot est convoqué par le propriétaire du *Figaro,* Jean Prouvost. Aujourd'hui, Bernard Pivot explique : « En 1969 j'avais été l'un des meneurs de la grève de la société des rédacteurs du *Figaro ;* nous réclamions une place plus importante au sein de la rédaction. A ce titre je m'étais opposé directement à Prouvost, qui m'avait catalogué comme forte tête et m'avait inscrit sur sa liste noire. » Si, à l'occasion de la restructuration du *Figaro,* Prouvost convoquait le fougueux chef du service des Lettres, ce ne pouvait être — pensait ce dernier — que pour le licencier. Or, surprise ! Bien loin de lui signifier son congé, Prouvost proposa à Pivot la responsabilité de l'ensemble des pages culturelles du journal, en lui disant : « Nous avons été en désaccord dans le passé, pourtant j'apprécie votre professionnalisme. J'en ai parlé à d'Ormesson, qui est d'accord. Nous n'attendons plus que votre réponse. » Pivot, enchanté d'une attitude aussi « sport », se fit un plaisir d'accepter une aussi alléchante proposition.

Car — même pour un Pivot — une telle promotion n'était pas une mince affaire : il s'agissait de superviser non seulement la partie littéraire du journal, mais encore les arts, le sport, les loisirs, les voyages, etc. Pivot devenait d'un coup le maître d'œuvre de toute la partie non politique du journal.

Le bruit de sa bonne fortune ne tarda guère à faire le tour, non seulement du *Figaro,* mais du Tout-Paris. « Je recevais des télégrammes de félicitations provenant des galeries de peinture, des agences de voyage... Alors même que ma promotion n'avait pas encore été officialisée, tout le monde était déjà au courant », raconte Pivot.

Seulement, voilà : les semaines passent, et Bernard Pivot ne voit toujours rien venir. Officieusement, ses attributions sont immenses, bien qu'officiellement il ne soit toujours que chef du service littéraire. Sa position commence à devenir difficile à tenir. « J'étais dans une situation ridicule. Autour de moi, on commençait à douter, à croire que je m'étais vanté. Cela devenait intolérable », explique Pivot. Il finit par exiger une entrevue avec son directeur, Jean d'Ormesson, afin de mettre les choses au clair. Ce dernier, visiblement gêné, tergiverse :

— Comprenez-moi, Bernard, ce n'est pas si simple... Votre candidature ne fait pas l'unanimité... Laissez-moi encore un peu de temps... Patientez...

— Patienter ? C'est impossible ! Il me faut une réponse tout de suite : êtes-vous, oui ou non, disposé à honorer votre promesse ?

— Il faut me comprendre : je ne peux pas me mettre certaines personnes à dos : Lacretelle et Mauriac, notamment, font pression sur moi, contre vous... Vous confier l'ensemble du culturel, ce serait une provocation aux yeux des académiciens. Je ne peux même pas vous promettre le « littéraire »... Eventuellement, je peux peut-être vous avoir la rubrique « tourisme »... Qu'en pensez-vous, mon cher Bernard ?... A condition, bien entendu, que vous cessiez d'animer « Ouvrez les guillemets » à la télévision : vous comprendrez bien que ceci est inconciliable avec votre statut de journaliste de presse écrite..

— Comment ? Vous vous moquez de moi ! Puisque c'est ainsi, je m'en vais !... Avec mes indemnités, bien entendu...

— Voyons, mon cher Bernard, ne le prenez pas ainsi... Quant à vos indemnités, n'y songez pas : c'est vous qui partez de votre propre chef, *Le Figaro* ne vous doit rien...

Décidé à ne pas se laisser faire, Pivot demande alors l'arbitrage de Prouvost : si ce dernier donne raison à Pivot, d'Ormesson lui versera ses indemnités ; sinon, Pivot partira sans rien.

Nos deux plaideurs allèrent donc consulter Prouvost, qui jugea que d'Ormesson, s'étant désisté, devait verser à Pivot l'intégralité de ses indemnités. C'est ainsi que Bernard Pivot quitta, le 31 mai 1974, avec 14 millions de centimes en poche, le journal qui avait connu ses débuts et dans lequel il avait officié durant seize ans.

Comme toute bonne histoire, celle-ci a sa morale : Bernard Pivot fit un usage peu banal de ses indemnités de départ. Elles servirent à la construction d'une piscine, à côté de sa maison de vacances à Quincié-en-Beaujolais. Sur l'un des murets qui bornent le bassin, Pivot fit apposer une plaque en tôle émaillée, façon plaque de rue, sur laquelle on peut lire : « Piscine Jean d'Ormesson ». Et à tous ses copains qui viennent plonger avec lui dans l'eau bleue, aussi bleue que les yeux de l'académicien parrain, ce farceur de Pivot rappelle d'un air mutin : « Ma piscine, c'est *Le Figaro* et Jean d'O qui me l'ont payée ! » Son ami Pierre Grobel (*Télé 7 jours*) y voit là un bel exemple de « vengeance lyonnaise » : « Il s'agit d'un geste d'humour, bien entendu. Pourtant Bernard ne manque jamais une occasion de rappeler les conditions dans lesquelles cette piscine fut construite. Tous les visiteurs qui passent par Quincié y ont droit. Moi, j'ai entendu vingt fois Bernard raconter l'histoire des indemnités du *Figaro !* Depuis longtemps c'est devenu une blague entre amis mais aussi, pour Bernard, une façon de ne pas oublier l'affront subi. » Jean d'Ormesson, quant à lui, interprète cette piscine comme un geste de connivence entre Pivot et lui, et s'en trouve ravi.

Vengeance lyonnaise ou absence de rancune ? Une chose est sûre, en tout cas : dès qu'il fut installé aux rênes d'« Apostrophes », Bernard Pivot n'eut de cesse que son ancien patron se rendît à ses convocations du vendredi soir. Finalement, ils mirent ainsi au point un parfait numéro de duettistes dont ils s'accommodent depuis plus de douze ans (au cours desquels Jean d'Ormesson est venu douze fois sur la plateau d'« Apostrophes » !). Fort satisfait de son hôte du vendredi soir, Jean d'Ormesson contribua à lui faire décerner le Prix de la critique de l'Académie française en 1983. Désormais les voici inséparables (médiatiquement parlant, en tout cas), et le symbole de la piscine a changé de sens. Jean d'Ormesson a eu ce mot : « J'espérais qu'après ma mort un lycée porterait mon nom ; je ne me doutais pas que cet honneur me serait accordé de mon vivant, mais avec une piscine ! » Grâce à l'aide d'« Apostrophes », la postérité hésitera peut-être à jeter d'Ormesson avec l'eau du bain.

5. *Le farceur*

> « On rit mal des autres, quand on ne sait pas d'abord rire de soi-même. »
>
> Paul Léautaud, *Journal littéraire*

« Critique littéraire ? Ah non ! Moi, je suis un courriériste ! », a souvent proclamé Pivot. Courriériste : vieux terme qui désigne le journaliste qui s'en va fouiner partout, à la recherche de nouvelles, échos, ragots. La vie littéraire dans les années 50 et 60 parvenait encore à intéresser un public friand d'anecdotes concernant les écrivains, d'indiscrétions touchant à l'Académie ou aux prix littéraires. Ces potins prenaient la forme de billets, chroniques, brèves ou interviews qui fournissaient matière à un abondant courrier littéraire. Bernard Pivot en fut chargé à son arrivée au *Figaro littéraire*, et y demeura fidèle jusqu'à son départ, quinze ans après.

Engagé par Maurice Noël, Bernard Pivot commença donc sa carrière en faisant les chiens écrasés de la littérature. Il se mit à la tâche sans rechigner et y trouva même un vif intérêt. « La plus grande chance de ma vie, ce fut probablement d'avoir débuté sous la férule de ce rédacteur en chef cultivé, généreux et exigeant. Longtemps, mes petits papiers, il ne les estima pas dignes de la signature. Et puis, un jour, au bas d'un article très modeste, mais dans lequel il s'avisa que ses conseils avaient eu des effets prometteurs, il traça mes initiales. » (*Le Figaro*, 3 septembre 1985.)

L'article en question, paru dans *Le Figaro littéraire* du 15 novembre 1958 (un vendredi, jour du futur « Apostrophes » !), s'intitulait — avec une grande clairvoyance — « Au seuil de la gloire littéraire »... C'était alors le bon temps des cocktails Gallimard et du Seuil, où les échotiers venaient chercher des indiscrétions, et les écrivains de quoi boire.

Pour son premier article signé « B. P. », Pivot se glisse près du buffet du cocktail organisé par les Editions du Seuil, faisant ainsi la connaissance de jeunes gens qu'il n'était pas près d'oublier : « Monsieur Sollers, de grâce, un mot ! — Philippe, c'est mon tour ! Pour contenter ses admirateurs qui se pressaient, jeudi 7 novembre, au cocktail des Editions du Seuil, il eût fallu au moins quatre Philippe Sollers. Un par buffet !... Bertrand Poirot-Delpech, jeune vedette d'une autre maison, tenait des assises concurrentes, trois petits fours plus loin. » Trois ans plus tard, fréquentant le même cocktail rituel, il note : « Le désir d'humidifier la littérature est si grand chez nos écrivains, ils sont si prompts, dès que l'occasion s'en présente, à arroser les terres souvent sèches de l'imagination, que le cocktail donné par le Seuil rassemble immanquablement le gros des gens qui font profession d'écrire. La densité au décimètre carré des romanciers et des poètes augmente chaque fois. L'année dernière on avait manqué de verres ; cette année de portemanteaux, ce qui est moins grave. » (*Le Figaro littéraire*, 18 novembre 1961.)

Pierre Mazars écrit : « Ces menus détails, collectés par les historiographes du *Figaro* ou du *Figaro littéraire*, mettaient Maurice Noël en joie quand il déchiffrait la copie. Il y ajoutait d'un robuste stylo à l'échelle de sa poigne de bûcheron, ce qu'il appelait son grain de sel. Il appréciait avant tout la chose vue, le croquis. Et une réception académique en offrait à foison. » (Bulletin de l'Association des Amis de Maurice Noël, juin 1982.)

Bernard Pivot faisait partie de ces limiers ; il avait notamment pour spécialité d'être le premier arrivé chez un nouvel élu à l'Académie française. Lorsqu'il apporta la bonne nouvelle chez l'écrivain chrétien Jean Guitton, il s'entendit répondre : « C'est un miracle ! »

Le monde de la presse était aussi fort différent de ce qu'il est maintenant : à l'époque, il n'était pas question de photocomposition ni de micro-ordinateurs. Bernard Pivot raconte : « Je faisais une page d'échos que je montais moi-même à l'imprimerie à six heures du matin. Je connaissais les ouvriers typos et le chef prote : ils avaient toujours une bouteille avec eux et il n'était pas question de refuser de boire le coup. Si on ne se méfiait pas, on picolait toute la journée : à l'imprimerie, dans les salles de rédaction, au bistrot. » Les couloirs étaient encore remplis de ces Rouletabille d'avant-guerre, grandes gueules, m'as-tu-vu, bons camarades et francs buveurs. « Ces journalistes étaient plus âgés que moi, la plupart étaient alcooliques, mais je les admirais », confesse Pivot.

En 1961, après le départ de Maurice Noël et l'arrivée de Michel Droit, de jeunes journalistes de l'âge de Pivot furent engagés : Jean Chalon, Gilles Lambert, Geneviève Dormann... Dans un portrait de son condisciple Pivot, donné à *Vogue Hommes* en 1979, celle-ci écrit : « Pour avoir été sa voisine de table, il y a plus de dix ans, dans le pompeux salon du Rond-Point qui servait de salle de rédaction au *Figaro littéraire*, je pense toujours à Pivot comme à un aimable copain de classe, celui à qui on peut se fier en cas de bagarre, qui prête sa gomme sans rechigner et qui, bien qu'étant un excellent élève, n'a rien du fayot immonde, toujours prêt à lever le doigt pour se faire valoir et humilier la cancritude de ses congénères. » Le bureau de Pivot était tout au fond de l'immense salle, et Geneviève Dormann se souvient que « dès que Pivot paraissait, le journal s'éclairait et les petits anges aux culs nus qui décoraient nos plafonds du XIXe siècle se mettaient à sonner de la trompette. Ses faux airs de Jean Yanne et de Dargelos [héros des *Enfants terribles* de Jean Cocteau], ses yeux pétillants de malice, sa cravate qu'une démarche rapide faisait voler sur ses revers, déclenchaient immédiatement un courant de sympathie et de rigolade. (...) Pivot réussissait tous les miracles : écrire un article étincelant en vingt minutes, rendre humain un rédacteur en chef, faire rire un académicien ou, plus difficile, un académisable ».

Menés par Pivot (qui avait plus d'ancienneté), les journalistes du *Figaro littéraire* organisaient des saynètes, montaient sur les tables, faisaient des farces, imaginaient des canulars. « On passait notre temps à rire ; et puis il y avait des rites : le jeudi, après le " bouclage " du *Littéraire,* on s'en allait tous faire un gros déjeuner », se rappelle Jean Chalon. Tous les ans, au mois de novembre, Pivot se faisait adresser un tonneau de beaujolais nouveau de l'exploitation familiale de Quincié, et le mettait en perce dans la vaste salle de rédaction du *Figaro littéraire.* « Un jour, raconte Gilles Lambert, nous avons décidé de faire une farce à Bernard : nous avons vidé le tonneau qui contenait le beaujolais et nous l'avons remplacé par une vulgaire piquette. Eh bien personne, pas même Pivot, n'a vu la différence !... Ah, si, tout de même : Pierre Mazars, qui était un grand connaisseur en vin, et qui a murmuré : " Eh bien, il n'est pas fameux, le beaujolais, cette année... " »

Cette ambiance de fête permanente — qui n'empêchait pas le travail — a bien entendu contribué à rapprocher humainement ces journalistes. Confrères, ils étaient moins des concurrents que des amis, des complices. On travaillait ensemble, au coude à coude dans la même salle de rédaction ; on déjeunait ensemble (c'est de cette époque que date le club du « P.C. »); on buvait ensemble. L'époque se prêtait à l'amitié, à la farce, au rire.

Les prétextes, disons-le, ne manquaient pas :

Ainsi, le deuxième livre publié par Bernard Pivot, *la Vie oh là là !* (Grasset, 1966), recueil de chroniques données pour la plupart au *Figaro,* fut récompensé par le Prix de la chronique parisienne. Le prix en question revenait à remettre à l'heureux lauréat l'équivalent de son poids en bouteilles de champagne. Bernard Pivot, qui pesait alors 64 kilos (il avait 29 ans ; aujourd'hui, à 52 ans, il en pèse 71), reçut ainsi 36 bouteilles de champagne qu'il sabra en compagnie de Georges Conchon, Paul Guth, Robert Sabatier, Philippe Bouvard et Jacques Brenner.

En 1962 fut inauguré, sur l'initiative de l'auteur et humoriste François Caradec, un « congrès des farces et attrapes » à la Roche-Canillac (Corrèze). Bernard Pivot, on s'en doute, ne pouvait manquer de s'y rendre comme envoyé spécial du *Figaro littéraire*.

Ce fut pour lui un week-end d'extravagances : « Poudre à éternuer, boules puantes, pétards de tous calibres — pendant 48 heures, une moyenne d'un pétard toutes les 3 secondes. A mes petits-enfants je dirai : " J'y étais. " Bidons et casseroles accrochés aux voitures, fluide glacial, poil à gratter, jets de farine, etc. C'était un village curieux où sans cesse les gens couraient, se débattaient, se cachaient, se grattaient, éternuaient, hurlaient, guettaient, lançaient, s'essuyaient, s'esclaffaient, sursautaient, imploraient, se bouchaient le nez, se déguisaient, se méfiaient et surtout s'amusaient. Des Martiens qui seraient arrivés inopinément à la Roche-Canillac (Corrèze) y auraient vécu ces heures pétaradantes, et s'en seraient retournés aussitôt chez eux, [auraient prêté] à l'ensemble de l'humanité des mœurs fort curieuses. » (*Le Figaro littéraire*, 16 juin 1962.)

Plus loin, il décrit le banquet qui clôtura ce congrès délirant : « Les convives allaient gagner leurs places sous un déluge de pastilles explosives. La moitié des fourchettes se brisaient, les couteaux pliaient, les verres bavaient. Du faux saucisson était mélangé au vrai, des cafards artificiels nichaient dans le pain, la moutarde était piégée. Tourniez-vous la tête pour éviter une explosion ou lancer un pétard, on allait profiter de cette seconde d'inattention pour remplacer dans votre assiette le jambon du pays par une imitation en caoutchouc », tandis que « des vols d'araignées jetaient les femmes sous les tables où elles découvraient des serpents, des crapauds, des crocodiles, de grosses mouches et cette faune inquiétante les obligeait promptement à refaire surface au moment même où elles eussent dû se protéger d'un nuage de poudre à éternuer. Ainsi, jusqu'au cassoulet, dont un chaudron explosa. Alors les congressistes qui avaient encore faim se ruèrent sur les autres marmites, remplirent de cassoulet leurs assiettes, empoignèrent des bouteilles de vin de Bordeaux, et en toute hâte, au milieu d'un vacarme épouvantable, quittèrent cette salle des fêtes qui sentait la poudre » (op. cit.).

Le jeune reporter, subjugué par une telle ambiance de pure démence, fut aussitôt coopté par les membres de l'I.F.F.A. (Institut Français des Farces et Attrapes), et proposa d'organiser le futur congrès à Quincié-en-Beaujolais, le village de son enfance.

L'événement eut lieu en 1964, durant le long week-end de la Pentecôte, et l'on peut affirmer que les témoins et acteurs de ces trois jours de fantaisie s'en souviennent encore et s'en souviendront toute leur vie.

Il y avait là, bien évidemment, l'équipe du *Figaro littéraire* au grand complet, Robert Sabatier, Gilles Lapouge et aussi le chanteur Guy Béart, qui avait composé pour la circonstance un « Chant du Pétard »... Et toute la population de Quincié-en-Beaujolais qui assura son précieux concours à la manifestation.

A l'entrée du village, les visiteurs devaient s'arrêter à une douane improvisée, payer un péage de 3 francs par personne et boire un bon coup de beaujolais, afin de continuer leur route dans des conditions idéales. Une famille de Lyonnais, qui venait se recueillir sur la tombe d'un défunt, dut également payer son écot après s'être entendu répondre par les douaniers avinés : « Le coup du cimetière, on nous l'a déjà fait vingt fois depuis ce matin ! Il faut payer ! » Un inspecteur principal des contributions de la région lyonnaise, de passage, s'étonna de la résurgence de cette taxe douanière, et, prenant la blague très au sérieux, fit parvenir par la suite à la mairie de Quincié-en-Beaujolais un redressement fiscal énorme, qui fut finalement levé après intercession de Bernard Pivot auprès de l'Administration à Paris !

Après avoir acquitté son dû, le visiteur pénétrait alors dans un monde surréaliste et dingue. Il croisait des vaches bleu-blanc-rouge (peintes au bleu de méthylène ou au mercurochrome) ; il assistait, à la mairie, à des discours prétendument politiques que tenaient des orateurs au visage couvert de masques à l'effigie du général de Gaulle — alors président de la République ; il participait à des courses en sac ou à des courses à l'œuf; il s'inscrivait au jeu de « cuite ou double » et, si le beaujolais lui montait trop vite à la tête, s'affalait dans une brouette dont les bras étaient fermement tenus par Robert Sabatier.

Parfois, on entendait une voix hurler : « On n'est pas ici pour rigoler ! » Alors les plus sérieux des congressistes se réunissaient autour de François Caradec pour évoquer la philosophie de l'attrape ou disserter sur « farcisme et sadisme », au mépris du déluge de pétards qu'ils recevaient en pleine figure.

Le premier soir, il y eut une retraite aux flambeaux et un feu d'artifice. Un olibrius éméché lança un pétard sur la caisse de l'artificier. Celle-ci prit feu et les pétards en jaillirent durant un bon quart d'heure, menaçant à chaque fois d'enflammer la pompe à essence qui se trouvait à 50 mètres de là. On tenta d'appeler les pompiers à la rescousse. Ces derniers, confortablement attablés dans un bistrot où ils jouaient aux cartes tout en buvant, se contentèrent de répondre : « Ce coup-là, on nous l'a fait cinquante fois; on bouge plus. »

Le dimanche matin, tout le monde se rendit sur les coteaux de Juliénas car François Caradec avait décrété que le beaujolais, comme le pétrole, était enfoui sous la terre, et qu'il suffisait de creuser pour en trouver. Au premier coup de pioche, un geyser de vin jaillit en effet du sol et arrosa les congressistes qui s'écrièrent : « Miracle ! » En réalité, cette fontaine miraculeuse provenait d'un tonneau enterré nuitamment, à cet endroit précis, par Caradec et ses complices.

L'après-midi, le curé sortit avec un drapeau blanc pour demander une trêve d'une heure : il devait enterrer un paroissien. Sitôt le défunt inhumé, le prêtre se changea et vint lancer des pétards en compagnie de ses ouailles.

Un reporter de *Time Magazine*, spécialement dépêché pour couvrir le Congrès, en fut secoué pour le restant de sa carrière : « Nous nous en doutions, mais à présent nous en avons les preuves formelles : ils sont vraiment fous, ces Français ! », écrivit-il à l'intention de ses lecteurs américains.

« On était en pleine régression infantile; on s'amusait de

farces vraiment idiotes », confesse aujourd'hui Gilles Lapouge. « Ce sont les trois jours pendant lesquels j'ai le plus ri de toute ma vie ! », avoue Robert Sabatier, qui revint chez lui en loques, tous ses vêtements brûlés par les pétards.

Bernard Pivot éprouve également la nostalgie de ces frasques enfantines : « Aujourd'hui, hélas, ce ne serait plus possible d'organiser de telles kermesses : la télévision s'en mêlerait, et certains en profiteraient pour manifester et revendiquer. Aujourd'hui, les gens prennent tout au sérieux. On ne sait plus rire et le goût du canular s'est perdu. »

Dans ses chroniques, billets et échos, Pivot manie constamment l'ironie, la farce, le pied de nez. Il se trouve dans la pure tradition d'Alphonse Allais ou d'Art Buchwald, l'humoriste américain. D'ailleurs, il rencontra ce dernier à l'occasion d'un de ses passages à Paris, et en brossa un portrait où le modèle semble refléter le peintre : « Art Buchwald joue avec sa naïveté, son joyeux ahurissement. Les petites choses de la vie ont toujours étonné cette tête ronde comme une lune surmontée de cheveux bruns. » (*Le Figaro littéraire,* 10 septembre 1960.)

Quant à l'humoriste et écrivain français, Pivot lui prêta volontiers sa plume pour rédiger une lettre apocryphe au lieutenant-colonel Alphonse Alley (avec un « e »), nouveau président de la République du Dahomey : « Vous avez été choisi — allons, ne soyez pas modeste — parce que vous portez un nom célèbre et marrant. Vous avez usurpé mon identité pour faire rire vos petits camarades, et ils se sont dit : " Tiens, elle va être chouette, la République, sous le président Alley ; qu'est-ce qu'on va rigoler avec Alphonse ! " Bravo, bien joué ! Ce n'est pas moi qui vous reprocherais cette mystification. Signé : Alphonse Allais p.c.c. Bernard Pivot. » (*Le Figaro littéraire,* 1er janvier 1968.)

Facétieux, certes, mais courageux, Bernard Pivot n'hésite pas, lorsque la cause en vaut la peine, à s'ériger en redresseur de torts et à brocarder les injustices et les escroqueries. Ainsi, dans *Le Figaro littéraire* du 7 avril 1962, il laisse éclater la

« révolte des pigeons », et part en guerre contre le système des comptes d'auteur, qui sont le plus souvent des « mécomptes d'auteur ». Il s'en prend nommément à M. Jean d'Halluin, directeur des Editions du Scorpion, officine spécialisée dans l'édition payante. Bernard Pivot ouvre sa tribune à de nombreux auteurs floués, plumés, traités comme des gogos. L'affaire fit quelque bruit, puisque Jean d'Halluin, ainsi incriminé, exigea un droit de réponse dans le numéro du 21 avril 1962, tandis qu'un abondant courrier de « pigeons » illustrait l'étendue du scandale.

Vingt ans après, dans son journal *Lire* (novembre 1982), Bernard Pivot lance à nouveau une croisade pour préserver les auteurs naïfs des « pièges du compte d'auteur », en s'en prenant cette fois-ci à La Pensée Universelle et son directeur Alain Moreau.

D'une plume légère mais pointue, le jeune courriériste aime à égratigner les personnalités du jour, les écrivains à la mode, les mouvements de pensée en vue. Devant la célèbre photographie qui montre les écrivains du « Nouveau roman » en train de prendre l'air devant les Editions de Minuit (parmi lesquels on reconnaît Alain Robbe-Grillet, Nathalie Sarraute, Claude Simon et Samuel Beckett), il écrit : « On dirait des chômeurs attendant patiemment à l'entrée du bureau d'embauche. Ou encore des élèves chenus d'une école privée mixte qu'on a envoyés en récréation sur le trottoir et qui n'ont pas envie ce jour-là de jouer à la marelle. » (*Le Figaro littéraire,* 9 juin 1962.)

Parti en reportage chez les écrivains en vacances, durant l'été 59, il met davantage en avant leur paresse, leurs tics et leurs poses que leur ardeur à écrire. Il parle d'Alain Robbe-Grillet comme d' « un homme qui se lève entre dix heures et midi, plutôt vers midi, boit en bâillant trois tasses de thé, déjeune vers 17-18 heures, et dîne à... » (*Le Figaro littéraire,* 15 août 1959.) Lorsque, en 1962, Alain Robbe-Grillet présente son film *La jalousie* à Istambul, Pivot rapporte que quelqu'un se leva et dit : « Je trouve votre film beaucoup trop intellectuel. » C'était le professeur de philosophie du lycée (*Le Figaro littéraire*, 24 mars 1962.)

Quant au jeune romancier du *Grand dadais*, prix Interallié, futur feuilletoniste du *Monde des livres* et membre de l'Académie française, Bertrand Poirot-Delpech, il se fait surprendre en flagrant délit de farniente par le redoutable reporter du *Figaro littéraire :* « Il n'écrit pas. Il dort. Depuis dix jours. Parfois, il reprend vigueur. Alors, il se baigne, il joue une partie de tennis, il se rendort dans la maison de Saint-Pierre-sur-mer, où il a toujours passé ses vacances. Il n'y a ni télévision, ni téléphone, ni réveille-matin. (...) " Vous ne devriez peut-être pas insister sur ma paresse. " Au contraire, il faut insister. C'est si rare, un écrivain qui n'écrit pas. Voilà qui est neuf. Bertrand Poirot-Delpech se repose pendant ses vacances. Quoi de plus inattendu et de plus sympathique ? O, jeunes gloires, n'ayez point souci de l'opinion. Dormez en paix ; on vous lit pendant que vous dormez. » (*Le Figaro littéraire*, 15 août 1959.)

L'année suivante, ce dormeur invétéré publie — faut-il s'en étonner ? — *la Grasse Matinée*. Pivot retourne l'interviewer, mais le surprend à nouveau les yeux dans le vague : « Pendant la conversation, Bertrand Poirot-Delpech ne regarde pas son interlocuteur. Il fixe le mur. Peut-être le ciel de l'autre côté du mur, ou son destin qu'il suit de ses yeux bleus. » (*Le Figaro littéraire*, 10 septembre 1960.)

Les jeunes loups de la revue *Tel Quel*, Philippe Sollers et Jean-Edern Hallier, excitent aussi la verve de notre courriériste. Sollers était alors la mascotte des Editions du Seuil, dont les fameux cocktails fournissaient des occasions de parades : « Philippe Sollers était présent, la mine radieuse et l'échine en bon état, malgré les coups que les critiques y ont porté avec des bâtons taillés dans le meilleur bois du *Parc* [son dernier roman]. Apparemment il n'en était guère affecté. Il projetait cependant de tordre le nez à un jeune commentateur de son œuvre et de fesser en public une femme qui lui avait paru vraiment trop sotte. Hélas, ni le nez, ni la dame ne sont venus. » (*Le Figaro littéraire*, 18 novembre 1961.)

En 1963 éclate entre Hallier et Sollers une profonde querelle à propos de la direction de la revue *Tel Quel.* Le premier est en effet accusé par le second de se conduire en « autocrate intellectuel, en despote littéraire, en Staline du papier ». Pivot narre les circonstances de la rébellion fomentée par Sollers contre Hallier : « Pendant que le dictateur s'adonnait imprudemment aux joies du ski sur la neige suisse, le comité a voté une motion de défiance à son adresse. Etait-ce pourtant une dernière conciliation en terrain neutre ? Cinq membres du comité conduits par Philippe Sollers franchirent les Alpes et vinrent s'expliquer à l'ombre des remonte-pentes. Mais ce jour-là la Suisse était plus glissante que stable. On ne se réconcilia pas, on se dit même de vilaines choses. Jean-Edern Hallier donne sa démission : " J'étais autocrate au point de me renverser moi-même ", dit-il maintenant avec une superbe réjouie. » (*Le Figaro littéraire*, 16 mars 1963.)

Jamais à court, Jean-Edern Hallier fonde quelques années plus tard un journal gauchiste nommé *L'Idiot international.* Sous le titre « Jean-Edern Hallier : " pourquoi j'ai fait *l'Idiot* " », Bernard Pivot ne manque pas de stigmatiser une fois de plus l'hypocrisie du fougueux pamphlétaire : « Jean-Edern Hallier et ses amis gauchistes ne se sont pas lancés dans le journalisme révolutionnaire sans biscuits. Ils ont de l'argent, beaucoup d'argent. Des gens très riches leur ont donné des sommes considérables. Est-ce par crainte de lendemains rouges de sang ? Par opportunisme ? Dans la plupart des cas, les généreux donateurs ont des fils qui militent dans le gauchisme, et ces héritiers maoïstes sont parvenus à convaincre leurs affreux bourgeois de papas que leurs idées méritaient d'être défendues par un chèque rondelet. » (*Le Figaro littéraire*, 29 décembre 1969.)

Dans le choix de ses cibles, Bernard Pivot n'oublie pas, il est vrai, qu'il n'écrit pas dans un journal de gauche (bien que, comme on l'a vu, *Le Figaro littéraire* fût moins à droite que *Le Figaro* quotidien). Il est de bon ton, dans le milieu qui l'entoure, de brocarder en priorité les écrivains à idées progressistes. Ainsi, lorsque Simone de Beauvoir fait paraître un roman, *la Femme rompue,* en cinq livraisons dans le journal féminin *Elle,* Pivot se moque sans concessions de cette « vraie femme de lettres pour courrier du cœur » : « D'emblée, elle prend place parmi les meilleures spécialistes de la presse du cœur. Jamais débutante ne s'est révélée aussi douée. Elle a tout compris du premier coup, elle a tiré toutes les ficelles, appliqué toutes les recettes du genre. (...) D'abord, je l'ai dit, le sujet : l'adultère. Très public, l'adultère. La narratrice : une femme qui souffre. Excellent : toutes les femmes souffrent. Et qui souffre à cause d'un homme volage. Bien trouvé : ces hommes, allez, tous les mêmes. Le mari médecin ? Oui, indispensable. Dans toutes les bandes dessinées à l'eau de rose, avez-vous remarqué qu'il y a toujours des médecins, des chirurgiens, des infirmières, des cliniques. Et un médecin savant qui fait des recherches sur la leucémie ? Génial ! Peut-être, avant la fin du roman, aura-t-il trouvé le moyen de vaincre ce terrible fléau. » Après les thèmes, Pivot s'en prend au style : « Même réussite dans le choix des expressions : " solitude à deux ", " j'ai besoin de toi et tu n'es pas là ", " si tu me trompais je n'aurais pas besoin de me tuer ; je mourrais de chagrin "... Et si, après cela, des lectrices n'étaient pas convaincues de l'intérêt humain de ce document, qu'elles sachent que dès le premier numéro il y fut question de la recette du poulet aux écrevisses, de somnifères (deux fois), d'étalagiste, d'assistante sociale et du courrier du cœur. Au menu du second numéro, le problème de la femme de ménage, des brassées de fleurs, la foire aux puces, une ride, cet autre problème : peut-on boire du vin rouge avec du poisson, cette merveilleuse découverte : " coucher, ce n'est pas seulement coucher ", et du tricot à tout va. » Et le cruel chroniqueur de conclure : « En vérité, *La Femme rompue* est à elle seule un magazine féminin complet. C'est *Elle* dans *Elle.* Jusqu'à présent, il n'y manque que l'horoscope. » (*Le Figaro littéraire,* 30 octobre 1967.)

Cet article peu respectueux envers la compagne de Sartre, auteur du *Deuxième Sexe,* provoqua un beau tollé auprès des lecteurs, et surtout des lectrices du *Figaro*, qui écrivirent en masse pour se plaindre. Ainsi, M. Henri, de Zurich : « L'article de Bernard Pivot consacré à Simone de Beauvoir n'est pas drôle du tout, et peu digne du *Figaro littéraire*. *Le Canard enchaîné* n'est pas plus méprisable quand il attaque François Mauriac. » (*Le Figaro littéraire*, 13 novembre 1967.) Ou encore Mme A. Sédo, de Megève : « Fidèle lectrice du *Figaro littéraire*, je viens vous dire mon profond mécontentement au sujet de l'article de Bernard Pivot consacré à Simone de Beauvoir. A mon avis, Monsieur, c'est justement parce que cette grande dame est un grand écrivain, une intelligence hors pair qui a donné maintes fois ses preuves, qu'il lui est permis de traiter des sentiments pour midinettes, genre courrier du cœur, mais avec quelle finesse et quelle profondeur. » Pour cette dame, visiblement, Pivot n'a rien compris : « Vous, étant un homme, et certainement jeune encore, ne pouvez le comprendre. Mais pour les femmes au-delà de la quarantaine, dont la grosse majorité souffre de cet état et état d'esprit que décrit Madame de Beauvoir, il est extrêmement réconfortant de savoir que le grand malheur qu'est un ménage brisé n'est pas un cas isolé mais une véritable maladie par où il faut passer comme les enfants par la rougeole, tant qu'il y aura des secrétaires, des ouvrières, des bonnes amies ou des bonnes tout court. En lisant *la Femme rompue*, on sent une main d'amie caresser notre front pour effacer la douleur. Aussi bon critique que vous soyez, Monsieur Pivot, ne touchez pas à ce que vous ne pouvez comprendre. Le nuisible, c'est vous ! » (*Le Figaro littéraire*, 27 novembre 1967.)

Bernard Pivot a tenu compte de ce jugement lorsqu'il invita à « Apostrophes » Madeleine Chapsal et sa *Maison de jade* (le 7 novembre 1986), en évitant soigneusement de la moquer sur le choix de son thème (comparable à celui de *la Femme rompue*), comme il s'était permis de le faire, vingt ans plus tôt, avec Simone de Beauvoir. C'eût été se mettre à dos, par pur goût de la satire, la masse immense des lectrices de romans sentimentaux (et n'oublions pas que l'épouse de Pivot, Monique, est rédactrice en chef d'*Intimité* et *Nous*

Deux !). Les quadra et quinquagénaires délaissées apprécient les romans d'amour et regardent souvent la télé : faudrait-il les priver, pour la satisfaction de quelques intellectuels ricaneurs, des confessions de Madeleine ou de Simone ?

Le Pivot des années 60 manque parfois de diplomatie, et mécontente les susceptibles. Pour un peu, il sacrifierait sa réputation pour le plaisir de faire un bon mot. Il met à mal les sentiments religieux de ses lecteurs en prônant le culte de Notre-Dame du Rugby : « " Notre-Dame du Rugby, protégez-nous, et faites qu'il y ait beaucoup plus de prêtres et beaucoup plus de chrétiens. Faites que les Français gagnent. " Cette prière a été écrite par une sainte âme chauvine (...), un jeune abbé vif comme un trois-quarts centre (...), sur le livre d'or de l'oratoire de Notre-Dame du Rugby, sis à Larrivière, aux confins des Landes et du Béarn. (...) Quant à la prière qu'il a composée pour les joueurs, elle commence ainsi : " Vierge Marie, qui avez enseigné votre enfant Jésus à jouer sur vos genoux, veillez maternellement sur nos jeux de grands enfants. (...) Mais aussi soyez avec nous dans la terrible mêlée de l'existence. " » Plus loin, il évoque une « Notre-Dame des Cyclistes », et conclut : « Je me permettrai respectueusement d'ajouter qu'eussent-ils connu le vélo, Marie et Joseph l'auraient également choisi de préférence à l'âne pour se rendre à Bethléem lors de la Noël. (...) La Sainte-Vierge est assez bonne et l'Evangile assez riche en justifications de toutes sortes pour qu'on s'avise bientôt de créer Notre-Dame du Catch, Notre-Dame du Water-Polo (dans la chapelle d'une cité lacustre), ou Notre-Dame du Ping-Pong. » (*Le Figaro littéraire*, 28 août 1967.)

Ce ton anticlérical et provocateur évoque l'humeur insolente d'un Boris Vian ou d'un Jean Yanne, et cela n'est pas du goût de tout le monde. Un lecteur écrit : « Votre article sur les madones des sports, Bernard Pivot, m'a irrité. (...) Il ne faut pas se moquer d'une certaine piété populaire, qui cache une réelle ferveur pour la mère de Dieu, et pour Dieu lui-même. Nous ne sommes pas de purs esprits, il faut des réalisations concrètes, grandioses ou naïves pour accrocher les sens et par là entamer le colloque avec la Médiatrice. » (*Le Figaro littéraire,* 4 septembre 1967.)

Dix ans plus tard, à « Apostrophes », Bernard Pivot ménagera la foi de son public, en programmant rituellement des émissions à thèmes religieux pour Pâques ou la Toussaint.

On parle déjà, à l'époque, des « magouilles » qui entourent l'attribution des prix littéraires. Une nouvelle occasion pour Bernard Pivot de commettre des irrévérences. « Les chefs-d'œuvre couronnés confèrent du prestige à l'Académie Goncourt, les navets choisis chez Drouant la ridiculisent. Selon ses choix, on l'applaudit ou on la moque. C'est-à-dire que les lauréats, qu'ils soient de bons ou de mauvais romanciers, lui apportent toujours quelque chose. Ils lui rendront plus tard, sous une autre forme, ce qu'elle leur avait donné. » (*Le Figaro littéraire,* 20 novembre 1967.)

Si elles agacent beaucoup de monde, ces insolences ravissent les gens d'esprit. Et, parmi l'abondant courrier d'injures que suscite au *Figaro* ce garnement de Pivot, il arrive qu'une voix s'élève, et prenne avec humour sa défense. Ainsi, M. René Pichon, de Maisons-Laffitte, qui adressa cette ironique supplique à Michel Droit : « Je vous supplie de faire escorter Bernard Pivot par quatre solides gaillards lorsqu'il quitte les bureaux du *Figaro.* Je tiens en effet de source sûre que des dames, nombreuses, qui ont eu des déboires conjugaux, et que ses propos sur *la Femme rompue* ont révoltées, projettent d'aller l'attendre un de ces soirs au coin du Rond-Point avec un parapluie pour lui rompre à son tour les os. D'autant plus qu'il aggrave encore son cas dans le dernier numéro du *Figaro littéraire,* et qu'une demi-douzaine de carabiniers Goncourt ou autres motards juchés sur les porte-bagages de leurs machines pourraient fort bien encadrer le cortège de ces dames et réduire à rien la marge de sécurité de votre collaborateur. Pour l'amour des Lettres, Monsieur Droit, conservez-nous Bernard Pivot. Au beau milieu du concert abscons et structuralisé qu'est en train de devenir, à l'exemple du Nouveau roman, la critique littéraire, voici la voix d'un homme d'esprit et qui fait rire. C'est si bon ! » (*Le Figaro littéraire,* 11 décembre 1967.)

Avant l'explosion de 1968, qui viendra quelque peu chahuter les habitudes et les mentalités, la presse ressemble au fond beaucoup à ce qu'elle était au temps de Balzac. D'ailleurs, si l'on ouvre la *Monographie de la presse parisienne,* que l'auteur de *la Comédie humaine* a écrite en 1843, on peut y lire un portrait du « Jeune Critique blond » qui pourrait s'appliquer de façon fort plausible au Pivot des années 60. Balzac prend même la précaution d'observer qu' « il n'est pas nécessaire d'être blond pour être un critique blond, il y en a de fort noirs », avant de distinguer, parmi ces jeunes critiques blonds, une variété qui intéresse plus spécialement le courriériste du *Figaro :* le Farceur (entre le Négateur et le Thuriféraire). En voici le portrait : « Cette belle variété se livre à des plaisanteries continuelles, comme de rendre compte d'un livre en travestissant les faits et confondant les noms des personnages ; comme de faire croire au talent d'une personne médiocre. Le farceur aime à *faire* des acteurs, des auteurs, des danseuses, des cantatrices, des dessinateurs. Il travaille partout, il écrit sur tout ; il parlera des arts sans en rien savoir, il rendra compte de l'expression de l'industrie, d'une séance de l'Académie, d'un bal de la Cour, sans y avoir mis le pied. En faisant la biographie d'un respectable vieillard, il lui donne trente-six ans, il déplore qu'il soit mort à la fleur de l'âge ; puis, dans celle d'un jeune homme, il le dit presque centenaire. Si quelque familier prend la liberté de lui faire observer que Raphaël n'a pas fait la *Judith* du palais Pitti : — Pédant ! répond-il en souriant. Le Jeune Critique blond a des amis qui lui chantent les hosannas continuels et qui partagent sa vie débraillée, il dîne et soupe, il est de toutes les parties et de tous les partis, il fait un carnaval qui prend au 2 janvier et ne finit qu'à la Saint-Sylvestre ; aussi le Jeune Critique blond dure-t-il très peu. Vous l'avez vu jeune, élégant, passant pour avoir de l'esprit, ayant fait un premier livre — car toutes ces *fleurs des pois* littéraires ont, au sortir du collège, publié soit un roman, soit un volume de vers — et vous le retrouvez flétri, passé, les yeux aussi éteints que son intelligence ; il cherche une position, et, chose étrange, il en trouve une ; il est consul général dans le pays des *Mille et une Nuits* ou, bravement établi, ni plus ni moins qu'un bonnetier, à la campagne, il a des propriétés. Mais, selon un mot de l'argot journalistique, *il n'a plus rien dans le ventre*, que l'impuissance, l'envie et le désespoir. » (Balzac, *Monographie de la presse parisienne*, réédition J.-E. Hallier / Albin Michel, 1981.)

Tout y est, ou presque — fort caricaturé, il est vrai : le goût de la galéjade, la fête continuelle, les farces, mais aussi le « premier roman publié au sortir du collège » (pour Bernard Pivot, cela a été *l'Amour en vogue*, publié par Calmann-Lévy en 1959), la « position » de « consul général dans le pays des Mille et une nuits » (« Apostrophes »), la « propriété à la campagne » (Quincié-en-Beaujolais), etc.

Guy Hocquenghem ne s'y trompe pas, lorsqu'il écrit dans sa *Minigraphie*, qui sert de préface à la réédition de la *Monographie* de Balzac : « Comme tout est à perpétuité dans la Presse française, ainsi qu'en un cimetière génois, le Jeune Critique blond se retrouve toujours dans le même rôle pour vingt ans (comme le bagne). Malheureux jeune homme à perpétuité, comme il doit regretter de n'avoir su passer à temps dans la catégorie des Monobibles ! Bernard Pivot-lubilis, servant pour la deux centième fois le même numéro de brave ahuri finaud, aura toujours trente-cinq ans dans l'esprit des pharmaciennes de province. » (Op. cit.)

Chez Balzac, toutefois, le Jeune Critique blond dure peu et finit mal, ce qui, jusqu'à présent, n'a pas été le cas de Bernard Pivot. S'il avait connu « Apostrophes », Balzac aurait-il modifié et adouci son portrait ?

6. *Le critique*

« Le critique ne sert plus
qu'à une seule chose :
à faire vivre le critique. »

Balzac, *Monographie de la presse parisienne*

Courriériste, chroniqueur, interviewer, animateur, le rôle de Bernard Pivot est moins de porter un jugement sur les œuvres des auteurs dont il parle que de les faire connaître. Il avoue pourtant priser, comme lecteur, la critique littéraire, et les articles que Nourrissier, Rinaldi ou Poirot-Delpech rédigent pour *Le Figaro magazine, L'Express* ou *Le Monde* attirent souvent son attention sur tel ouvrage ou tel auteur qu'il aurait sans cela laissé passer. A « Apostrophes », il ne perd d'ailleurs jamais une occasion de citer les « petites phrases » de ses collègues de la presse écrite. Bernard Pivot aime la critique, d'une certaine façon il en vit, et souvent — plus souvent, en tout cas, qu'il ne le prétend — il s'avise d'en tâter.

Il n'est pas nouveau que les critiques soient mis à la question : Balzac, Flaubert et consorts ne se sont pas fait faute d'en dire pis que pendre. En 1968, Bernard Pivot écrivit un essai sur ce sujet éternellement brûlant, qu'il intitula tout simplement *les Critiques littéraires*, et qu'il publia chez Flammarion, dans une collection qu'il dirigeait alors : « Le procès des juges ». Cet essai est aujourd'hui épuisé, et une attachée de presse, transfuge de Flammarion, nous a affirmé que les exemplaires restants avaient été mis au pilon en 1973, à la demande de Pivot lui-même, de manière à ce que les propos parfois excessifs que sa plume lui avaient inspirés ne pussent lui être renvoyés à la figure.

Au service de presse de Flammarion, on se contente de dire que le livre est épuisé, mais on réfute le pilon. Pierre-Antoine Dupuy, le directeur commercial, confie : « J'ai entendu parler de ce livre, mais je n'ai jamais pu mettre la main dessus. Il paraît qu'il n'y en a plus un seul exemplaire dans la maison. Il est toujours au catalogue et une fois ou deux nous avons envisagé de le rééditer : cela n'a jamais abouti. »

Quant au principal intéressé, Bernard Pivot, il nie farouchement avoir conspiré à l'euthanasie de son œuvre : « C'est complètement ridicule ! Déjà que je n'ai pas écrit beaucoup de livres, je me demande bien pourquoi je demanderais à ce qu'on les pilonne ! »

En effet, il est vrai aussi que le livre date, car de nombreuses pages sont consacrées à des portraits de critiques de l'époque dont beaucoup ont disparu depuis. Beaucoup, mais pas tous. Certains, vingt ans après, tiennent encore fermement la rampe, et pourraient ne pas apprécier qu'on leur rappelle certaines impertinences proférées jadis par le maître d'œuvre d' « Apostrophes ». A sa sortie, le livre fit d'ailleurs un joli scandale dans la profession, et certains firent pression — en vain — auprès de la direction du *Figaro* pour que l'auteur fût bouté hors des murs.

Ayant finalement déniché un exemplaire du livre fantôme (dans une bibliothèque municipale de prêt de Paris), nous pouvons aujourd'hui rafraîchir notre mémoire. Que pensait Pivot de ses confrères il y a vingt ans ?

« Bernard Frank : A introduit la critique au cirque : incomparable jongleur de mots et d'idées, clown, prodigieux escamoteur, acrobate, fildefériste, enfin dompteur qui ne nourrit ses lions que d'écrivains. (...) En vérité, même quand il donne à entendre qu'il parle des autres, il ne parle que de lui. (...) Volontairement, il n'écrit que pour un public restreint — la galerie du cirque. (...) De là-haut, il me semble apercevoir une chose singulière : Bernard Frank ne serait-il pas lentement dégusté par ses propres lions ? » (...)

« ALAIN BOSQUET : Pourrait être le meilleur critique de sa génération (c'est une de ses expressions favorites) s'il écrivait moins. (...) C'est vrai qu'il parle savamment de la poésie moderne, dont il est sûrement le spécialiste le plus passionné ; c'est vrai aussi qu'il distribue trop généreusement les médailles. (...) Il est non moins vrai qu'il ne mesure pas ses éloges à ses propres auteurs et à ses nombreux amis. Bref, s'il n'avait pas à vivre de la critique, la critique pourrait vivre de lui. » (...)

« JEAN-FRANÇOIS REVEL : Aura toujours l'immense mérite d'avoir été le premier à énoncer cette vieille évidence scandaleusement tue jusqu'à lui : que Roger Peyrefitte écrit comme un fer à repasser. » (...)

« FRANÇOIS NOURRISSIER : François Nourrissier est l'auteur d'un merveilleux petit pamphlet sur la vie littéraire : *les Chiens à fouetter*, dont, hélas ! on ne retrouve pas dans ses articles l'insolence, la joie de briser quelques vitres, l'anticonformisme malicieux, le courage. Lui aussi s'est laissé gagner, par exemple, au culte de la personnalité. C'est que, comme dit la chanson, on n'a pas tous les jours vingt ans. »

Evoquant les critiques qui écrivent dans la même chapelle que lui — *Le Figaro* —, Bernard Pivot modère un peu son ardeur satirique. D'André Billy, il dit tout de même : « Vous voudriez que j'écrive que les choix d'André Billy critique me paraissent souvent contestables ? Dites, permettez que moi aussi j'aie mes amis, non ? »

André Billy, bien que modérément égratigné, prit la peine de répondre dans sa rubrique hebdomadaire du *Figaro littéraire*, « André Billy raconte... » et titra son article « Querelle amicale avec Bernard Pivot » (le 27 avril 1968). Il écrivit : « Très affectueusement, Bernard Pivot me reproche ce qu'il appelle mes choix, ce qui revient à dire qu'il n'est pas d'accord avec moi sur les livres qui méritent ou ne méritent pas un compte rendu. Je vais être franc : je suis très sceptique sur la prétention qu'ont mes confrères de jouer de leur vivant le rôle de la postérité. Je ne m'efforce d'écrire que des articles qui se lisent avec plaisir. (...) J'écris pour mes lecteurs, non pour mes confrères. La postérité se débrouillera très bien toute seule et sans que nous lui ayons dicté d'avance ses jugements. » Au passage, il glisse cette peau de banane sous les pieds de son jeune confrère peu respectueux : « Je ne serai malheureusement pas là en 2018 pour voir la tête que fera Pivot en lisant son livre de 1968. »

Comme on le voit, lorsqu'il se mêle de critiquer les critiques, Bernard Pivot ne craint pas de citer des noms, quitte à se mettre à dos l'ensemble de la profession à une époque où il ne bénéficie pas encore de l'armure d'« Apostrophes ». Une telle attitude relève peut-être de l'inconscience, en tout cas du courage. Ce courage, il le dénie par exemple au critique dramatique de l'époque au *Monde*, Bertrand Poirot-Delpech, qui publie l'année suivante un pamphlet dirigé contre les intellectuels et commençant par cette phrase demeurée célèbre : « Boileau, un dindon lui a bouffé la quéquette » (le célèbre critique français ayant été, paraît-il, émasculé dans son jeune âge par un de ces volatiles). Pivot déplore : « Malheureusement, l'audace de Poirot-Delpech est restée coincée dans la braguette de Boileau, car il préfère ensuite s'attaquer à l'ensemble des critiques, à la communauté des intellectuels, au monde des littérateurs, plutôt que de les pourfendre nommément. Il cite bien encore Malherbe, Sainte-Beuve, Brunetière, c'est à peu près tout. Et puis aussi Danton, Littré et Odéon, parce que ce sont des noms de centraux téléphoniques. Poirot-Delpech tire sur la foule au revolver à eau salée comme au bazooka. Avec une méchanceté allègre ; (...) avec une férocité d'expert-comptable (...); avec une cruauté maligne (...); avec un talent impitoyable; avec toutes les qualités du monde sauf le courage. Car il n'est pas courageux de tirer sur la foule anonyme, de taper dans le tas et de n'ajuster que le seul Boileau, mort, le pauvre, en 1711. D'autant que lui, Boileau, ne craignait pas, comme on sait, d'appeler un chat un chat. Tout mutilé qu'il fût, il aurait prouvé à Bertrand Poirot-Delpech qu'il « en avait ». Il lui aurait dit, en alexandrins, que l'équité eût été de ne nommer personne ou d'en interpeller beaucoup. (...) Car enfin, qui sont-ils, les " intellectuels installés entre les avenues du pouvoir, les sentiers de la radio et les ruelles des arts et des lettres " ? Qui " dirige la grande maffia des arts et des lettres "? Des noms ! Des noms ! Hélas, nous n'en saurons jamais plus car le pamphlétaire s'en tient aux généralités, le tueur au mitraillage aveugle et le peintre aux lointains. » (*Le Figaro littéraire,* 14 avril 1969.)

La célèbre « apostrophobie » de Bertrand Poirot-Delpech daterait-elle de ces lignes vengeresses émises par son virulent collègue ? Pourtant, ces deux chiens fous de la critique, rivalisant d'audaces et d'impertinences pour stigmatiser les pouvoirs assis, ne se sont-ils pas rejoints depuis, l'un à « Apostrophes », l'autre au *Monde,* « entre les avenues du pouvoir, les sentiers de la radio et les ruelles des arts et des lettres » ?

Dans son livre, Bernard Pivot fait une distinction entre la critique et le critique. Autant la première est noble, autant le second peut être un fieffé coquin. Il reconnaît que « la critique est l'un des métiers qui exige le plus de qualités de toutes sortes. Entre autres l'honnêteté, une immense culture littéraire, la fermeté de caractère, la perspicacité, la curiosité, la tolérance, une sensibilité peu commune, la mémoire et l'imagination, la vivacité, le goût de la nouveauté mais la prudence devant les modes, tantôt un peu de fantaisie, tantôt un peu de sérieux, l'esprit d'analyse et l'esprit de synthèse, de l'esprit tout court, que sais-je encore ? Si, je sais, un formidable appétit de lecture, la boulimie des livres, la certitude physiologique et la conviction intellectuelle de n'en être jamais rassasié. Pour son plaisir, le critique vit entouré de livres, avec une bibliothèque dans la tête et une autre dans le cœur. » (Op. cit.) Dans le chapitre 5, intitulé « Ah ! les braves gens ! », Bernard Pivot s'adresse à lui-même une lettre signée Yves Scantrel — pseudonyme d'André Suarès lorsqu'il écrivait pour se louer —, présumé membre de la S.N.C.F. (Société Nationale des Critiques Français), et dans laquelle il se donne les gants de truffer son réquisitoire d'une plaidoirie qui est une merveilleuse défense et illustration de la critique.

En revanche, Pivot note que « les critiques ont en commun avec les percepteurs, les gendarmes et quelques autres métiers impopulaires, de susciter en abondance colère et mépris. Ne sont-ils pas à leur manière les percepteurs et les gendarmes de la République des Lettres ? Ils tirent leur copie du travail des autres, ils vivent de la sueur des écrivains ; et ils font la police sur l'ensemble du réseau routier littéraire ». (Op. cit.) Dans le chapitre 3, intitulé « Bouh ! Les vilains », l'auteur déplore : « Ah ! Il est bien révolu le temps (c'était en 1937) où André Lang abandonnait la critique littéraire des *Annales* parce qu'il était appelé à la direction littéraire d'une maison d'édition, cette fonction lui ayant paru incompatible avec celle de juger les livres ! Il est vrai qu'on s'était étonné de ce scrupule, des gens ayant avant lui cumulé les deux fonctions. Aujourd'hui, on ne s'étonnerait pas ; on en rirait. L'honnêteté paraît toujours un peu sotte. » (Op. cit.)

Ce pouvoir d'agent de la circulation du critique conduit à une collusion fort dommageable, pour l'éthique et l'esprit, entre le critique, le journal qui l'emploie et l'éditeur du livre dont il parle. Pivot, treize ans avant Hervé Hamon et Patrick Rotman (dans *les Intellocrates,* Ramsay), dénonce le scandale des « cumulards » : « Rallonge du métier d'écrivain, le métier de critique trouve son prolongement le plus naturel, le plus facile, dans le métier d'éditeur », et brocarde « ceux qui tout à la fois créent, fabriquent et jugent : les auteurs-éditeurs-critiques, ou plutôt les auteurs-critiques-éditeurs, car c'est suivant cet ordre chronologique que la majorité de ces heureux cumulards accèdent à leur trinité littéraire. Tout au long de la journée, dans un excitant désordre de l'esprit, ils passent par tous les sentiments que suscite un livre à faire, en train de se faire et fait » ; constate enfin que « ces critiques cumulards sont très nombreux et que la majorité sont des écrivains connus qui occupent dans les maisons d'édition des postes essentiels et qui collaborent à des journaux importants » (Bernard Pivot, *les Critiques littéraires*).

Pour demeurer fidèle à ces lignes, Bernard Pivot, à partir d'« Apostrophes », a refusé toutes les tentations éditoriales qui — vu son succès — l'auraient immanquablement transformé en prince des cumulards. Comme le notent Hamon et Rotman, « Pivot n'a pas de " fil à la patte ". A part un livre sur les footballeurs de Saint-Etienne, il n'a rien produit, depuis les débuts d'" Apostrophes ", qui le lie de près ou de loin à un éditeur. Pas de contrat, pas de mensualité, pas d'à-valoir. (...) Il n'existe, le concernant, aucune monnaie d'échange, aucun service à quémander en mémoire d'une préface trop bien rétribuée ou d'une réédition complaisante ». (*Les Intellocrates*, op. cit.)

Dans son livre, Bernard Pivot fait également le procès des prix littéraires, remarquant « qu'il y aurait beaucoup à dire sur cette prétendue démocratie [des prix] à laquelle l'amitié, les rivalités, la sénilité et le petit commerce ont depuis longtemps fait subir les derniers outrages ». A ces manquements à la déontologie, Pivot ajoute l'incompétence, car « tous ces lauriers sont distribués par des gens dont la fonction première et principale n'est pas de juger les livres. Ce sont des critiques d'un jour, des dilettantes mondains, des écrivains qui trouvent piquant de lire leurs confrères quelques heures par an, des dames que ce joli tintamarre amuse, de vieux hommes de lettres chargés d'honneurs qu'ils méritent peut-être et de pouvoirs qu'ils ne méritent pas, enfin n'importe qui ». (Op. cit.) Avec une insolence cruelle et bon enfant, Pivot s'en prend aux prix Goncourt, Interallié, Médicis, Fémina, et aussi à l'Académie française, « qui distribue les prix comme du grain à la volaille ». Quinze ans plus tard, en 1983, Bernard Pivot se prendra-t-il pour un poulet ? En tout cas il acceptera que cette Académie française, trop prodigue, certes, mais bonne fille dans le fond, lui décerne cette année-là son Prix de la critique !

Le Pivot de 1968 explique la disparition du « critique pur » par « le culte de la vedette que pratique assidûment la presse contemporaine. Ce culte s'exerce non seulement pour les gens dont on parle, mais aussi pour les gens qui en parlent. D'un certain point de vue, le meilleur article de journal est celui dans lequel une personnalité célèbre écrit sur une autre personnalité célèbre. Ce double " bang " de la renommée épate les populations qui ressentent l'ivresse d'être associées aux conversations des grands de la terre ». Comment l'auteur de ces lignes aurait-il jugé l'animateur d' « Apostrophes », recevant sur son plateau François Mitterrand ou Valéry Giscard d'Estaing ?

Ah ! il est bien hasardeux de s'en prendre, dans sa jeunesse, à ce que l'on deviendra un jour ! Pivot, contestataire en 68, aurait-il été tendre avec son double de 1987 ?

Pivot — et c'est presque inévitable —, n'est pas entièrement exempt des défauts qu'il dénonce chez les autres.

Ne sont-ce pas les critiques, en effet, qui, par déformation professionnelle, ont le plus à cœur de critiquer la critique ? Pivot notait déjà, dans un article de 1962 : « De même que probablement les plombiers se réunissent pour parler de tuyauteries, les pharmaciens de pénicilline, les secrétaires de leurs patrons, les critiques littéraires se rassemblent pour dîner et discourir sur la critique littéraire. » (*Le Figaro littéraire,* 14 avril 1962) ; et, en 1959 : « Tels les loups qui se mangent, les critiques se critiquent entre eux. » (*Le Figaro littéraire,* 25 avril 1959.) Si Bernard Pivot se mêle de critiquer les critiques littéraires, c'est parce qu'il est bien l'un d'entre eux. Et, se mêlant de pincer ses confrères en flagrant délit de collusion, cumuls de fonctions, copinage et autres renvois d'ascenseurs, il prend le risque de se voir à son tour épinglé.

Amusons-nous à juger la déontologie de Pivot critique au *Figaro* avec les yeux de Pivot auteur des *Critiques littéraires* :

Revenons tout d'abord à ses débuts au journal, alors qu'il écrivait ses premiers billets sur les cocktails du Seuil. Jeune auteur inconnu, il publie *l'Amour en vogue. Le Figaro littéraire* consacre à cette œuvre deux comptes rendus élogieux, dont l'un agrémenté d'une photographie (le 28 février et le 4 avril 1959). Les auteurs de ces deux critiques, Jean Sénard et Luc Estang, journalistes au *Figaro* et amis de

Pivot, ont-ils écrit des papiers de complaisance, ou bien ont-ils sincèrement aimé le livre de leur jeune collègue ? Copinage ou amitié ?

Examinons ensuite les « renvois d'ascenseurs », dénoncés par Pivot-essayiste, et dont Pivot-critique se serait rendu coupable :

En 1966, Bernard Pivot publie son recueil de chroniques, *la Vie oh là là !* Le 7 juillet, dans sa rubrique « Maurice Chapelan a aimé... », le critique du *Figaro littéraire* lui consacre un compte rendu dithyrambique qui commence ainsi : « Je ne présenterai pas M. Bernard Pivot aux lecteurs du *Figaro littéraire*. Il y a des années que chaque semaine, en page deux de leur journal, ils peuvent mesurer dans sa variété et son étendue la vertu d'un talent dont l'humour, à l'occasion féroce, offre la singularité sympathique de n'être jamais venimeux » et se conclut par : « C'est aussi bien vu, bien dit et drôle que du Jules Renard. »

Un an après, le 3 juillet 1967, c'est au tour de Bernard Pivot d'encenser un livre de Maurice Chapelan, *Amours, amour :* « Il y a en Chapelan un fameux bouilleur de cru. Tout lui est vendange, mais il a le temps, il laisse mûrir et fermenter, il ne garde que les meilleurs alcools qu'il distille ensuite avec soin et gourmandise dans ses alambics. » Estime réciproque des deux critiques du *Figaro* ou renvoi d'ascenseur ?

Huit mois plus tard, le 18 mars 1968, « Maurice Chapelan a aimé... *les Critiques littéraires* de Bernard Pivot. » L'article est accompagné d'une photo de ce dernier et porte cette légende : « Bernard Pivot ne ménage personne. » Maurice Chapelan, en revanche, ménage Bernard Pivot (contrairement à André Billy, comme on l'a vu plus haut). Bien sûr, il montre son embarras : « L'art est aisé, mais la critique est difficile : voilà le vrai. Quant à critiquer messieurs les critiques, lorsque soi-même on écrit, cela pouvait passer pour une gageure insoutenable. Et devoir critiquer qui les critiqua, si l'on appartient un peu à la confrérie... », mais il n'en conclut pas moins par cette phrase : « Pour moi, en résumé, un livre courageux, clairvoyant, tonique, qui nous enseigne avec justesse, justice, verve et bonhomie, que si la littérature est chose noble, la vie littéraire, presque toujours guignolade, est une chose méprisable, dont il faut se hâter de rire de peur d'être obligé d'en pleurer. »

Là s'arrête l'aller-retour des ascenseurs entre Bernard Pivot et Maurice Chapelan. Pour une bonne raison : Bernard Pivot cessa de publier. On ne peut en effet, dans les Lettres, concilier ces trois contraintes : à savoir juger l'œuvre des autres, solliciter le jugement des autres sur sa propre œuvre tout en s'érigeant en parangon de vertu. Après avoir lancé son boulet sur les critiques littéraires, Pivot devait dès lors faire un choix : écrire et publier, et dès lors s'abstenir de tout jugement de critique, ou bien devenir un critique vertueux, et dès lors se priver d'écrire et publier.

Ce cas de conscience doit paraître comique à plus d'un aujourd'hui, où l'ascenseur est devenu le principal moyen de transport dans la République des Lettres, et où les cumuls de fonctions (auteur, éditeur, critique, animateur d'émissions culturelles à la radio et la télévision) sont devenus la norme. Pourtant il représente une étape essentielle dans la carrière de Pivot, un point de non-retour (il est piquant de noter que cette métamorphose ait eu lieu en 1968, peu avant les barricades) : avant *les Critiques littéraires*, Bernard Pivot n'est guère plus qu'un courriériste, un « Farceur », un « Jeune Critique blond », dans l'acception de Balzac. Après cette date, la déontologie prend le pas sur la fantaisie : le courriériste auteur de jolis livres amusants fait le vœu de devenir un critique vertueux et incorruptible. Quelques mois après, en 1969, André Brincourt le charge d'ailleurs de diriger le service littéraire du journal. Sous l'auteur des *Critiques littéraires* perce déjà l'animateur d' « Apostrophes ».

7. *Le publicitaire*

« La publicité, c'est l'exploitation de l'homme pour l'homme. »

Bernard Pivot, *Le Figaro littéraire*, 6 janvier 1969

En plus de quinze ans (du 15 novembre 1958 au 1er juin 1974), au *Figaro littéraire* puis au *Figaro* quotidien, Bernard Pivot a écrit quelque 1 500 articles. Ses sources d'inspiration se sont déplacées au cours du temps. On peut distinguer deux périodes :

— jusqu'en 1968, en pur « courriériste littéraire », Bernard Pivot a écrit environ 800 chroniques, billets et interviews dont la majorité ont trait aux menus détails de la vie littéraire de l'époque ;

— après 1968, et surtout 1969, année où il fut nommé directeur du service des Lettres, et jusqu'au 1er juin 1974, il écrit encore 666 articles, pour lesquels la vie littéraire est loin d'être la source exclusive de curiosité. On peut classer ces articles en trois groupes :

- 230 chroniques littéraires, billets d'humeur, interviews (soit 35 % de sa production entre 1969 et 1974) ;
- 170 chroniques de « critique esthétique de la publicité », parues sous le titre de « Un art nommé désir » (soit 25 % de sa production) ;
- 266 rubriques gastronomiques sous le titre « A la carte » (entre le 3 novembre 1967 et le 31 août 1972),

publiées sous les pseudonymes d'Antoine Dulac et Jean-René Savernes (soit 40 % de sa production).

Il est sans doute bien aléatoire d'envisager sous l'angle statistique les écrits d'un journaliste, néanmoins les chiffres ci-dessus nous démontrent quelque chose : si Bernard Pivot n'a jamais cessé de s'occuper de livres ou de littérature au *Figaro,* d'autres centres d'intérêt sans aucun rapport (la publicité, la gastronomie) ont capté son attention dès que, ayant été promu au sein de sa rédaction, il a pu se payer le luxe de créer de nouvelles rubriques. Force est de constater qu'après 1968 — encore un effet du vent contestataire de cette époque-là ? — Bernard Pivot se passionne autant (et souvent plus) pour les nouveautés du monde moderne, l'actualité, la publicité, le sport, le vin, la gastronomie que pour les livres. Cette boulimie de nouveautés, cette fringale de découvertes ne pourra, quelques années plus tard, que servir l'animateur d' « Apostrophes », lui inspirer des idées de thèmes, lui souffler les techniques de promotions publicitaires ou les recettes de cuisine qui lui permettront, à la télévision, de faire déguster les livres comme de bons petits plats, et de les faire vendre comme des petits pains. Tout cela avec enthousiasme, malice, sensualité, curiosité. Lui-même concède : « Je me suis comporté avec les livres comme je me comportais avec le cinéma, la publicité, le sport, les restaurants. » Bernard Pivot, publicitaire et gastronome de la lecture, avait appris au *Figaro* son métier de concepteur-rédacteur et de gourmet...

« Bernard Pivot, que regardez-vous de préférence à la télévision ? », demanda un journaliste du *Figaro* à l'animateur d' « Ouvrez les guillemets » (le 1er avril 1974), qui répondit sans hésiter : « Les films publicitaires pour les lessives ! Je m'efforce de ne rater aucun de leurs très nombreux messages. Normalement, je devrais déjà être fou, ou mort. Ma résistance stupéfie les experts. Savez-vous qu'il y a de plus en plus de Français qui se suicident par absorption massive de spots sur les détergents ? »

Entre Pivot et la pub, c'est le grand amour. Dès sa première rubrique d' « Un art nommé désir », parue dans *Le Figaro littéraire* du 6 janvier 1969, Bernard Pivot situe l'enjeu : « Un art nommé désir, c'est la publicité quand elle s'élève, ce qui est parfois le cas, au niveau de l'art. »

Une telle proposition était bien hardie à formuler à l'époque, au beau milieu des chamboulements provoqués par les événements de 1968. La publicité ne bénéficiait pas encore de cette bonne conscience et omniprésence qui la caractérisent aujourd'hui et, dans le débat contestataire, elle n'incarnait qu'un avatar fardé et grimaçant du capitalisme bourgeois. Pivot reconnaît : « Seigneur, n'est-ce pas accorder une estime exagérée à la publicité ? Depuis mai 68, ne la charge-t-on pas de tous les péchés, de toutes les indignations, de tous les maux de notre civilisation ? » (*Le Figaro*, 4 mars 1971) et remarque malicieusement : « La publicité fut mise en accusation par les contestataires de mai. En condamnant ce qu'ils nomment radicalement et un peu simplement la “ société de consommation ”, ils visent surtout les moyens qu'elle se donne pour accroître des besoins qui aliènent sa liberté, l'un de ces moyens étant la publicité. Il est frappant de constater que la propagation de ces idées révolutionnaires empruntait les chemins les plus classiques de la publicité : graffitis, affiches, tracts et films. Décidément, la publicité est des deux côtés de la barricade. Et comme elle n'a pas froid aux yeux, elle s'installerait vite dessus ! » (*Le Figaro littéraire*, 6 janvier 1969.)

Aujourd'hui même — à en croire par exemple les thèses d'Alain Finkielkraut dans *Défaite de la pensée* (Gallimard) —, si la publicité n'est plus le diable, elle ne saurait pour autant accéder au panthéon de l'art et de la culture : « Quelle que soit par ailleurs la qualité de leurs réalisations, ni la mode ni la publicité ne peuvent faire partie de la culture. Pourquoi ? Parce que la culture vise la permanence, tandis que la mode et la publicité ont pour fonction explicite d'accélérer l'usure, l'obsolescence et la mort des objets. Plus il y a de mode et de publicité, plus s'étend l'empire de l'éphémère et plus les œuvres de culture laissent place aux produits de consommation », confie Finkielkraut au journal *Lire* (juillet-août 1987) qui publie un sondage selon lequel 39 % des Français estiment que la publicité fait partie de la culture (tandis que 54 % jugent qu'elle doit en être exclue).

A l'aube des années 70, pratiquant joyeusement ce que d'aucuns nomment l' « amalgame des valeurs », Bernard Pivot s'amuse davantage à déchiffrer une publicité qu'à se plonger dans un livre, tout comme il préfère visiter les restaurants que les musées : « La publicité descend dans la rue, grimpe sur les murs, parle à la radio, entre chez chacun de nous par la télévision, les catalogues, etc. C'est un art d'accompagnement permanent qui vient à nous plus que nous allons à lui. » Et de décréter : « Art mineur, soit, comparé à la littérature ou à la peinture, mais art de masse, le plus accessible des arts, le plus contraignant aussi, le plus social. La publicité est le plus populaire des arts. C'est pourtant le plus délaissé par les intellectuels. » (*Le Figaro*, 4 mars 1971.)

Pour l'amour de la publicité, Pivot se fait piéton de Paris, errant inlassablement de rue en rue, à la recherche de l'affiche qui saura l'accrocher, ne manque aucun spot à la radio ou à la télévision : « Je prenais le métro, j'écoutais la radio, je regardais la télévision. J'étais devenu un " promeneur de la publicité ". Un consommateur de campagnes. Et je disais ce qui me plaisait et ce qui me déplaisait », confie-t-il au journal *Stratégies*. Pendant cinq ans, Pivot devient un boulimique de la pub, il baigne dedans, il s'en délecte : « Dès le réveil, ça commence. On tourne le bouton de la radio, et c'est parfois la même publicité sur laquelle, à la télévision, on s'était couché la veille. Dans la boîte aux lettres, quelques prospectus, de somptueux catalogues. Sitôt dehors, on entre dans le royaume de l'affiche et de l'enseigne lumineuse. Si je prends ma voiture, la publicité m'accompagne, par la radio et les panneaux disposés le long de la route. Si je saute dans le train de banlieue, l'autobus ou le métro, la publicité voyage avec moi sous la forme de pancartes à l'intérieur et à l'extérieur du véhicule et de placards dans mon quotidien habituel. Où que vous viviez, sur les Champs-Elysées ou en

Lozère, qui que vous soyez (...), que vous en soyez ravi ou fâché, que vous y soyez sensible ou indifférent, la publicité est autour de vous, devant vous, chez vous, en vous. Cet humus du monde moderne recouvre non seulement les murs, le papier, les ondes, les écrans mais aussi et surtout, car telle est sa vocation, nos yeux, notre conscience et jusqu'à notre inconscient. » (*Le Figaro littéraire*, 6 janvier 1969.)

C'est en effet l'époque où la publicité découvre de nouveaux champs d'application, conquiert de nouveaux supports : après la radio, c'est la télévision, puis les maillots des joueurs de football, les couvertures des livres de la « Série noire », les journaux gratuits. C'est aussi l'époque où Jacques Dutronc chante « La publicité » (sur les paroles de Jacques Lanzmann) ; où le dessinateur Sempé en fait son thème favori de caricature ; où un film, *Erostratus*, raconte les aventures d'un homme qui confie à une agence la publicité de son suicide ; où des sociologues et des philosophes commencent à s'interroger sur les « mass médias » et la culture de masse : Marshall McLuhan au Canada, Edgar Morin en France. Bien que décriée par la plupart des intellectuels, la publicité est incontestablement dans l'air du temps. « Comme on critique un livre ou un film, je critiquerai une campagne de publicité. Les pièces étant publiques, tout le monde pourra en juger », déclare quant à lui Pivot avant de préciser : « Il est bien évident que cette chronique sera écrite en toute indépendance. Selon la formule consacrée, elle sera libre de toute publicité. »

Ainsi, s'il refuse celui de critique littéraire, Bernard Pivot revendique le statut de critique publicitaire. Dans la querelle des Anciens et des Modernes, il opte pour ces derniers. En homme de son temps, il ressent un formidable appétit de nouveau, même si ce nouveau s'avère éphémère. Il préfère encore le « miroir aux alouettes » à la « galerie des glaces ».

Comme tout « art » neuf, la publicité fait côtoyer le pire et le meilleur. Prenant très au sérieux son rôle de critique, Bernard Pivot n'hésite pas à partir en guerre contre la mauvaise publicité, à vilipender les campagnes mensongères, à agonir de sottises les publicitaires sans goût ou sans imagination. Le voici, par exemple, qui s'attaque à une publicité pour les produits de toilette « Brut for Men » de Fabergé : « Un anthropoïde nu, vulgaire et prétentieux, une serviette sur le bas-ventre, a étalé devant lui des portraits de jeunes femmes et tient dans une main un flacon dont la forme et la position ne laissent aucun doute sur le symbole viril ainsi exprimé. Cette publicité ne sent pas bon. Pour une eau de toilette, c'est dommage. » (*Le Figaro littéraire,* 31 mars 1969.) Se rendant au Salon des arts ménagers, il remarque : « De toutes les publicités, l'une des moins plaisantes et des moins artistiques est celle des Arts ménagers. 99 fois sur 100, les films, affiches et placards de presse qui vantent les mérites des équipements sanitaires et électroménagers sont d'une laideur si attristante et diffusent une rhétorique si banale et si pesante qu'on a presque envie de plaindre les malheureux publicitaires qui, sûrement dans l'ennui et les migraines, ont conçu de telles fadaises. De la publicité de pépères pour des mémères. » (*Le Figaro littéraire,* 9 mars 1970.) Commentant le slogan : « J'aime ma femme, j'aime la Kronenbourg. Ma femme achète la Kronenbourg par six, c'est fou ce que j'aime ma femme », il parle d'un « syllogisme mousseux et pépère, sorte de publicité à la Delly » (*Le Figaro littéraire,* 23 mars 1970). Devant une publicité pour le tabac Narval rouge, donnant à voir un jeune cadre dynamique assis à son bureau, un loup à ses pieds, en plein champ, et cadré entre les jambes d'une fille en minijupette qui se trouve au premier plan, Pivot laisse éclater son écœurement : « Cette publicité en couleurs, parue dans la presse hebdomadaire, mérite au moins deux oscars : celui de la bêtise et celui de la vulgarité. Tout ce qu'en 1972 les publicitaires devraient éviter, s'il n'est pas dans leur intention d'être considérés comme des rigolos ou des provocateurs, est accroché dans ce placard : l'agressivité dans le réalisme, la lourdeur du symbole qui est pitoyable, l'érotisme hors de propos, l'infantilisme du message, le démodé du dessin. Et s'il y a là de l'humour, il est souhaitable que son arôme ne se mêle pas à celui du tabac de Virginie. » (*Le Figaro,* 25 février 1972.)

De telles violences verbales, on s'en doute, n'étaient pas spécialement prisées par les annonceurs. Ils appréciaient peu que, sous prétexte de « critique esthétique », on démolît ainsi le bénéfice de campagnes qui leur avaient coûté fort cher. Plusieurs d'entre eux retirèrent même leurs budgets des pages du *Figaro* après que ce garnement de Pivot les eut ridiculisés, notamment les vins Nicolas et l'Office du tourisme israélien.

Il est vrai que le brave Bernard n'y était pas allé avec le dos de la cuiller, ni le manche du stylo. A propos d'une affiche pour les vins Nicolas, représentant un groupe de vignerons, il titre son article « Gai comme un pensum » et écrit : « L'agence Havas-Conseil fait pour le vin Nicolas une campagne qui, bien loin de respirer la joie de vivre, a l'austère gravité des drames paysans. Ces treize vignerons ont pour la plupart des mines patibulaires, quelques outils sur l'épaule ajoutant au tableau une sensation de menace. Les affiches étant apposées à l'arrière des autobus, au feu rouge, le conducteur de la voiture arrêtée derrière l'autobus est engagé dans un éprouvant face-à-face. " Vous boirez bien un coup, mes braves ! ", dit alors le malheureux automobiliste citadin qui regrette qu'ils n'aient pas sifflé la bouteille de Nicolas. Elle les aurait mis de bonne humeur. » (*Le Figaro littéraire*, 6 octobre 1969.)

Quant à l'affiche de l'Office du tourisme israélien, qui montrait deux danseurs en train de sauter en l'air, et annonçait : « Israël en hiver : le rendez-vous de ceux qui connaissent les bons endroits. Le célèbre boulevard Dizengoff n'est qu'à quatre heures de vol », la voici épinglée par Pivot sous le titre « Mais que font ces deux fêtards ? » : « Je sais bien que l'euphorisation du message est une vieille règle de la publicité. Mais de même que certains confondent vitesse et précipitation, d'autres confondent euphorie et excitation. A quoi jouent donc ces deux gugusses pieds nus, vêtus d'une sorte de pyjama ? Sont-ils des fous échappés de nuit d'un asile proche du boulevard Dizengoff ? Ont-ils des rires nerveux parce qu'ils sautent au-dessus d'un mur recouvert de tessons de bouteille ? En tout cas, dans les bons endroits d'Israël, on rencontre de drôle de monde. Et pour tout dire, quand j'ai vu ces deux énergumènes s'agiter sur cette publicité, j'ai pensé à Lanski et Lipsky. » (*Le Figaro*, 26 octobre 1971.) (Lanski et Lipsky étaient deux hommes d'affaires qui, après une faillite frauduleuse en France, s'enfuirent en Israël. Lipsky fut extradé quatre ans après et condamné à 5 ans de prison par la neuvième chambre de la cour d'appel de Paris.)

Le plus étonnant est tout de même que *Le Figaro* ait laissé à son journaliste iconoclaste une telle liberté de ton et d'irrespect, et n'ait pas tenté de censurer quelques « papiers », ou, à défaut, d'arrondir quelques angles. La publicité représente pour la presse une manne financière dont il est bien dangereux de prétendre se moquer.

Bernard Pivot répond : « Les journaux très petits et les journaux très puissants ont en commun ce privilège de ne pas être aux ordres de la publicité ; le journal très petit parce qu'il n'a pas du tout de publicité, et le journal très puissant parce qu'il en a tellement qu'il peut se permettre de sacrifier un ou deux budgets, ce qui était le cas du *Figaro*. C'est pourquoi j'ai pu tenir cette rubrique durant cinq ans sans jamais pâtir d'aucune forme de censure ; j'ai été absolument libre de dire tout ce que je voulais, et sur le ton qui me plaisait. Quelques annonceurs sont partis, c'est vrai, mais la plupart ont joué le jeu de façon plus sportive. Et ceux qui étaient partis ont fini par revenir... »

Si les mauvaises publicités abondent, cela n'empêche pas la bonne publicité d'exister, et tous les publicitaires ne sont pas forcément des coquins. Selon Pivot, ils s'apparentent même aux journalistes et aux écrivains : « Les qualités d'écriture qu'on exige d'un concepteur-rédacteur publicitaire sont à peu près les mêmes que celles qui font les bons journalistes. Clarté, vigueur du style, goût de la métaphore, sens de l'humour, éclectisme... » (*Le Figaro littéraire*, 13 octobre 1969.) Et Pivot de citer des concepteurs-rédacteurs publicitaires devenus écrivains : René-Victor Pilhes et Yves Navarre, dont Pivot dit notamment : « Yves Navarre applique en littérature certaines techniques publicitaires de provocation. » (*Le Figaro,* 19 octobre 1971.)

D'ailleurs, les thèmes de la « pub » sont souvent propres à inspirer romanciers et scénaristes. Poésie de la rue, la publicité plonge quiconque veut bien s'y laisser entraîner dans un monde imaginaire où le fantastique quotidien se teinte d'un érotisme kafkaïen. Bernard Pivot remarque en effet qu'à l'ère de la publicité l'érotisme déborde du strict cadre du couple : « Le couple publicitaire ne se limite plus à un homme et une femme, un objet prend la place de l'un ou de l'autre. C'est l'amour fou entre lui et sa voiture, la passion entre elle et son vélomoteur, le corps à corps de Monsieur avec une savonnette. Le produit de consommation se découvre lui aussi un sexe, et le consommer fait oublier le partenaire traditionnel. Quel mal y a-t-il à tromper son mari avec un parfum élevé à la fonction d'amant ? Et ce n'est pas grave de faire à l'occasion une infidélité à sa femme dans les bras voluptueux d'une maîtresse, en l'occurrence une chemise. L'introduction dans le couple d'un troisième personnage, tenu par un objet, tire la publicité du côté de la grosse comédie, de la farce, de la pantalonnade... » (*Le Figaro littéraire,* 23 mars 1970.) Quinze ans plus tard, au Festival de Cannes, un film de Marco Ferreri, « I love you », redécouvre ce thème publicitaire en racontant les amours entre Christophe Lambert et... un porte-clés !

L'intérêt porté par Bernard Pivot à la publicité ne s'est jamais démenti (le 15 février 1972, il écrit dans *Le Figaro :* « Oui, la publicité me divertit beaucoup. A preuve cette rubrique qui vient d'entrer dans sa quatrième année. »). Lorsqu'il quitta *Le Figaro,* en 1974, plusieurs agences lui proposèrent d'ailleurs de rejoindre leurs équipes. « Je n'ai jamais fait d'études de publicité ou de marketing, mais j'ai l'œil, le goût et la démarche intellectuelle d'un publicitaire, et c'est un métier dans lequel j'aurais pu parfaitement réussir », avoue Bernard Pivot. S'il n'avait pas rencontré le succès que l'on sait à la télévision, peut-être Pivot serait-il devenu un nouveau Séguéla et, au lieu de vanter les mérites d'un livre et d'un auteur, le connaîtrait-on aujourd'hui pour la verve de ses slogans et l'impertinence gentille de ses campagnes en faveur d'une marque de lessive, de yaourt ou de téléviseur !

Le sort en a décidé autrement, mais notre Frégoli publicitaire n'a jamais totalement dételé. Il tient une chronique hebdomadaire depuis le numéro 1 de la revue *Communication et Business* (22 septembre 1986), intitulé « Attention les yeux », dans laquelle il commente l'actualité, l'air du temps, et, bien entendu, la publicité, pour les beaux yeux de qui il reprend sa lyre là où il l'avait laissée quinze ans auparavant au *Figaro*. En 1969 il écrivait : « La ville dont les princes sont des enfants s'appelle " Pub ". (...) Les enfants sont des fans de la pub à la télé. A chaque giclée de spots, ils abandonnent les devoirs, le bain, le potage, et se ruent devant le récepteur pour regarder, écouter, silencieux, immobiles, fascinés, les appels kaléidoscopiques de la société de consommation. (...) Bien avant d'apprendre que nos ancêtres s'appelaient les Gaulois, ils savent qu'on a toujours besoin d'un petit pois chez soi. (...) A défaut de théorèmes, ils connaissent les slogans. A défaut des départements, les marques. (...) Dès qu'ils sont en âge de comprendre ce qui se passe sur le petit écran, ils comprennent que la vie est un supermarché. (...) Nos enfants ne sont plus des poètes. Ce sont d'ores et déjà — il y a belle lurette que les publicitaires l'ont compris — de puissants consommateurs qui obligent leurs mères à acheter le fromage, les enzymes, les biscuits, les produits de vaisselle, etc. (...) La publicité, que ce soit à la télévision, au cinéma, sur les murs ou dans la presse, est un jardin d'enfants. » (*Le Figaro littéraire*, 29 décembre 1969.) En 1986, il renchérit : « L'une des raisons pour lesquelles la publicité plaît tant aujourd'hui, c'est que, dans une société bloquée, elle représente l'imagination, l'évasion. (...) Ainsi, par un contraste saisissant, le monde imaginatif de la publicité s'oppose de plus en plus à la fade et maussade vérité du monde qui nous entoure. Celui-ci est lénifiant et étriqué ; celui-là, rempli de virtualités éclatantes. Avec la pub tout est possible ; avec Mitterrand, Chirac et Krasucki rien n'est possible et tout est compliqué. Pas étonnant que les jeunes, entre autres, regardent avec délice le monde qui leur ressemble. Et qui les excite. » (*Communication & Business,* 19 janvier 1987.)

Publicitaire dans l'âme, Bernard Pivot est aujourd'hui lui-même devenu un fabuleux support de publicité. Aussi les agences ne cessent-elles pas de le contacter pour qu'il prête son image à telle ou telle campagne de promotion, qu'il s'agisse de vanter le livre blanc des P.T.T., les vertus du saucisson de Lyon, la qualité des produits Hédiard, les compétences de Rank Xerox ou d'animer un congrès ou un colloque d'entreprise. Peu enclin à mélanger torchons et serviettes, et intraitable sur le chapitre de la déontologie, Bernard Pivot refuse ces alléchantes propositions. « Je suis un journaliste, proclame-t-il, pas une star ; je suis (bien) payé pour faire mon métier, je ne vois pas pourquoi j'aliénerais mon indépendance pour arrondir mes fins de mois. » Et, de fait, Bernard Pivot est l'un des rares journalistes vedettes des médias à ne pas pratiquer le publi-reportage, à ne pas faire de publicité pour les eaux minérales, à ne pas animer des débats d'entreprise convenus d'avance. Les clubs de livres qui ont cru pouvoir utiliser sans son autorisation son nom à des fins commerciales s'en sont mordu les doigts : il intenta à « France Loisirs » un procès qu'il gagna, et quitta immédiatement R.T.L., où il tenait une rubrique quotidienne, parce que le Club de livres R.T.L. avait commis la même bévue.

En revanche, Pivot accepte de faire de la publicité pour son journal *Lire,* dont il n'est pas propriétaire mais directeur de la rédaction. Il s'est pourtant moqué des « stars » de l'audiovisuel, du commerce et de l'industrie qui, comme Christine Ockrent, Gilbert Trigano, Yves Mourousi ou Alain Chevalier, ont prêté gratuitement leur image et leur nom à la campagne : « *Le Point,* je sais pourquoi je le lis », les appelant les « souteneurs du *Point* », et se demandant pourquoi ils n'en feraient pas autant pour *Le Nouvel Observateur, L'Express* ou *L'Evénement du Jeudi* (*Communication et Business,* 26 janvier 1987). Pivot faisant de la pub pour *Lire* bénéficie au moins, à ses propres yeux, du mérite de prier pour sa chapelle. En 1987, il a également prêté sa voix pour une publicité télévisée en faveur de la redevance, programmée sur Antenne 2. Là encore, le but est désintéressé : il s'agit de défendre le service public face à la concurrence des chaînes privées.

Question à mille francs : quel est le moment d'« Apostrophes » que Bernard Pivot préfère ? Réponse : les cinq minutes de publicité qui précèdent l'émission. C'est un rite : alors que les auteurs se raidissent sur leurs chaises, morts de trac, en entendant une voix annoncer au haut-parleur : « Antenne dans trois minutes ! », Pivot demande à ce que l'on diffuse tout haut le son des publicités sur le plateau afin, selon lui, de détendre l'atmosphère — mais en réalité par pur plaisir personnel. « Heureusement, y'a Bolino... Bolino... Bolino... Perrier, c'est fou... Mais c'est Fongexor ! Et en deux couches seulement !... » Pivot, lui, est aux anges ; il se délecte de ces slogans et ritournelles comme s'il entendait le chant des sirènes ou des voix séraphiques. Les yeux au ciel, lunettes sur le front, il sourit, il glousse, il se tortille de joie. Il en oublie presque ses invités, à qui il n'a pas encore adressé la parole. S'il croise leur regard, il leur lance un clin d'œil amusé ; pour un peu il leur demanderait d'entonner avec lui : « Des pâtes... des pâtes... oui, mais des Panzani ! » Tel un enfant livré à lui-même dans un magasin de jouets un soir de Noël, à mille lieues des débats intellectuels ou des querelles littéraires, Pivot jouit de la pub. Lorsque, sur l'écran de contrôle, il voit ensuite son visage, il ressent à chaque fois une sorte de choc traumatique, l'équivalent de l'angoisse post-natale : « Bon dieu, qu'est-ce que je fais ici ? » Cela dure une demi-seconde : juste le temps de quitter le monde merveilleux de la pub et aborder au rivage plus réaliste d'« Apostrophes ». Aussitôt après, il se ressaisit, et, d'une même formule, il prend congé de ses rêves et accueille son public : « Bonsoir à tous ! »

Fan de pub, Pivot est, on s'en doute, un défenseur de la publicité à la télévision, et il doit songer avec angoisse aux projets de supprimer dans le futur la publicité sur les chaînes publiques. Comment retrouverait-il l'équivalent de cette oasis de paix et de rêve précédant « Apostrophes » ?

L'introduction de la publicité à la télévision date de 1968. Pivot en fut dès l'origine un observateur conquis d'avance. Le 14 avril 1969, il écrit dans *Le Figaro littéraire :* « Six mois après l'introduction de la publicité de marque à la télévision, la franchise commande d'écrire que sitôt entrée dans les foyers, elle est entrée dans les mœurs. Aucun téléspectateur n'a cassé son poste à coups de marteau ni ne l'a jeté par la fenêtre, comme certains en avaient fait la menace. (...) La publicité s'est imposée sur le petit écran avec l'habileté d'une convive dont personne ne voulait, que les maîtres de maison ont infligée aux autres invités, et qu'on a d'abord placée en bout de table avec l'ordre de ne pas parler plus de deux minutes. Mais elle s'est enhardie, la mâtine, et elle a ensuite parlé quatre minutes, les autres ont pris intérêt à sa conversation, et on lui promet pour bientôt six minutes, en attendant huit, dix et davantage. »

Dans une chronique du *Point,* daté du 3 juin 1974, il brosse un croustillant croquis du publicitaire type qui n'est pas sans friser l'autoportrait : « Il a de l'intelligence à vendre, de la sensibilité à revendre, de l'habileté à placer, de l'imagination à céder, de l'humour à liquider. A quoi nous ajouterons du flair, de la logique, du charme. Et de la volubilité. Il considère tout interlocuteur comme un client à conquérir. Serait-ce son père, sa concierge, le facteur, il doit à tout moment convaincre ou enjôler. Peut-être, devant la glace de la toilette matinale, essaie-t-il de se circonvenir lui-même ? Normal, puisque la publicité des autres commence par la sienne. (...) Mais il sait mettre son talent en valeur sans ostentation ni insistance, avec au contraire des clins d'œil complices et des mots drôles. Il est né décontracté. » Hélas, toute médaille a son revers : « L'ennui, c'est qu'il est condamné à être toujours brillant. S'il rêve qu'il tient des propos plats ou décousus ou qu'il se tait, il se réveille en sueur, au milieu de ce cauchemar abominable qu'il se félicite d'avoir interrompu. Dans la réalité, heureusement, s'il parle pour ne rien dire, on lui prête une idée derrière la tête : s'il est silencieux, on suppose qu'il a une idée en tête. Sa grande idée, c'est de laisser croire qu'il en a toujours. »

Dans *Le Figaro*, le 6 mars 1972, Pivot vantait déjà une qualité que l'homme d' « Apostrophes » partage avec les publicitaires : l'opportunisme : « Parmi les qualités et vertus nécessaires au publicitaire, il me semble que l'opportunisme, dans le bon sens du terme, doit venir dans les premiers rangs. »

Oui, décidément, Pivot déguisé en publicitaire ne déparerait pas un tel portrait. Qu'on se rappelle, en plein « Apostrophes », Pivot faisant la réclame du roman de William Boyd, *Comme neige au soleil* (Balland) : « Je m'engage à rembourser quiconque n'aura pas aimé ce livre ! », puis apparaissant, dans une publicité pour *Lire*, assis dans un transat, en maillot de bain, lunettes de soleil sur le nez, en train de lire le même *Comme neige au soleil* (idée de Philippe Michel, agence CLM-BBDO). Gageons que l'éditeur de Boyd, André Balland, a été ravi de cette « campagne » à tiroirs, d'autant plus efficace qu'elle était désintéressée !

8. *De la radio à la télévision*

> « A force de passer chaque semaine à la télévision, on devient forcément un personnage. Mettez un singe du zoo de Jean Richard à ma place et il deviendra lui aussi un personnage. »
>
> Bernard Pivot, interview pour *Les Cahiers du Cinéma.*

La publicité, puis la radio, puis la télévision : ces épouvantails culturels n'effraient pas le moins du monde le journaliste du *Figaro*. Bien au contraire, il y voit des défis à relever, des voies nouvelles à explorer, des champs de bataille sur lesquels il se rêve déjà général. Formé à l'école du journalisme d'avant-guerre, Bernard Pivot a déjà un pied dans le futur : le monde de la communication, des médias et de la culture de masse. Pour lui, la rigueur est conciliable avec la modernité, et il n'est pas aberrant de prétendre s'adresser au plus grand nombre sans pour autant perdre son âme.

La presse écrite, la radio, la télévision : voilà des métiers assurément différents, mais qui, aux yeux de Pivot, ne sont que les multiples facettes d'une vocation unique : le journalisme. Aussi n'éprouve-t-il pas, comme beaucoup de ses collègues, le sentiment d'une hiérarchie selon laquelle on quitterait la presse écrite pour faire de la radio, puis la radio pour faire de la télévision. Et Bernard Pivot a toujours exercé, en parallèle, l'une et l'autre de ces activités.

Bernard Pivot se définit volontiers lui-même comme un « dilettante travailleur ». C'est un touche-à-tout qui va jusqu'au bout de ses marottes. Et qui sait saisir ses chances au bon moment. Et de la chance, il en a. Ses débuts à la radio et à la télévision en témoignent.

La radio : Bernard Pivot intervenait parfois dans les matinées de France-Culture, dans des émissions dont il n'était pas producteur et dont l'audience ne touchait pas le grand public. En vacances à Deauville, il rencontre par hasard Lucien Morice, directeur des programmes d'Europe n° 1. Lucien Morice n'avait jamais entendu Pivot sur France-Culture, mais il trouve le personnage amusant, disert, plein de verve, et il lui propose tout à trac : « Pourquoi ne feriez-vous pas de la radio ? A mon retour à Paris je demanderai à Maurice Siégel de vous faire faire un bout d'essai. »

Quelques semaines plus tard, Pivot apprend le suicide de Lucien Morice et, vu les circonstances, n'ose pas relancer Europe n° 1. C'est Maurice Siégel, le directeur de la station, qui l'appelle et lui dit : « Quelques jours avant sa mort, Lucien nous a parlé de vous en conférence de rédaction ; voudriez-vous passer à la radio ? » Bernard Pivot est engagé peu de temps après, pour tenir un billet d'humour chaque matin, intitulé « Pour le sourire ». Pivot n'y parle pas de livres, mais d'actualité, de politique, avec un ton impertinent qui n'est pas du goût de tout le monde. « Pompidou a cherché à avoir ma tête, à cause d'un commentaire ironique que j'avais osé formuler à l'antenne à propos de sa politique ! », raconte Pivot avec fierté. Quelques-unes de ces chroniques ont été réunies dans un disque RCA, épuisé aujourd'hui.

Il quitte sa rubrique d'Europe n° 1 en 1973, mais accepte l'année suivante une chronique hebdomadaire dans *Le Point,* dans laquelle il commente, de façon écrite, l'actualité, avec la même verve irrévérencieuse que dans ses commentaires radiophoniques. Il tient fidèlement cette chronique jusqu'à la fin 1978, en parallèle avec « Ouvrez les guillemets » (1973-74), puis « Apostrophes » (janvier 1975) et la rédaction en chef du mensuel *Lire* (octobre 1975).

En 1983, Pivot revient à la radio, sur RTL cette fois, sur les instances du directeur de la chaîne, Raymond Castans, descendu tout spécialement vingt-quatre heures à Quincié-en-Beaujolais pour voir Pivot durant l'été 1983. Après avoir goûté à quelques bouteilles de beaujolais, les deux hommes tombent d'accord : sous la condition expresse de pouvoir dire tout ce qu'il voudra sans être censuré, Pivot accepte de tenir un billet matinal, entre 8 heures et 8 h 30. Trois feuillets, trois heures de rédaction, trois minutes à l'antenne. Bernard Pivot explique : « Je lisais chaque jour toute la presse. Le soir, après avoir choisi un sujet, je travaillais une heure et demie à ma rubrique, pour la finir le lendemain matin avant de me rendre à RTL Je prenais donc une heure et demie sur mes loisirs et une heure et demie sur mon sommeil. » Ce surcroît de travail, s'ajoutant à « Apostrophes » et *Lire,* Pivot n'aurait sans doute pas pu l'assumer très longtemps ; sa rubrique sur RTL devait d'ailleurs devenir hebdomadaire dès novembre 1984, et l'utilisation intempestive de son nom par le Club de livres RTL fournit à Pivot un excellent prétexte pour abandonner cette chronique qui l'amusait beaucoup mais lui prenait trop de temps.

La télévision : bien que consommateur enthousiaste du petit écran, Bernard Pivot n'avait jamais envisagé d'animer un jour une émission télévisée. Il se trouvait un physique ingrat : trop rond, trop commun. Ensuite, en homme de presse écrite, pour lequel le stylo et le papier sont des intermédiaires sécurisants entre soi et le public, il appréhendait l'épreuve des caméras.

Aussi, lorsque son ami Yves Berger, directeur littéraire de Grasset et conseiller de la 2e chaîne de télévision de 1970 à 1974, lui conseilla de présenter sa candidature pour animer une émission littéraire, Bernard Pivot commença par rire aux éclats. Avec le sens de la persuasion qui le caractérise, Yves Berger fit tant et si bien qu'il finit par convaincre Pivot.

Depuis la suppression de « Lectures pour tous » en 1968 et de « Post-Scriptum » (de Michel Polac) en 1970, la télévision ne parvenait pas à imposer une émission littéraire populaire et de qualité au début des années 70. Quatre émissions hétérogènes se concurrençaient sur la 1re chaîne tandis que, sur la 2e chaîne, les « Italiques » de Marc Gilbert, bien que farouchement défendues par Pierre Sabbagh, n'attiraient guère d'audience. Yves Berger, qui était le conseiller culturel de Pierre Sabbagh sur la 2e chaîne, essaya de convaincre ce dernier de remplacer Gilbert par Pivot, mais Sabbagh ne voulut rien savoir. Alors, par amitié, Yves Berger tenta une démarche peu banale. Il raconte : « Alors que j'étais conseiller de la 2e chaîne, je suis allé trouver Jacqueline Baudrier, responsable de la 1re chaîne, qui voulait remplacer les différentes émissions littéraires par une seule, diffusée à une heure de grande écoute, et qui en cherchait l'animateur. Jacqueline Baudrier avait envisagé de choisir Matthieu Galley, critique à *L'Express,* mais n'avait nullement pensé à Pivot. C'était prêcher contre ma chapelle, mais j'aimais beaucoup Pivot. C'est donc par mon intercession qu'ils se sont rencontrés, et Jacqueline Baudrier a confié " Ouvrez les guillemets " à Pivot. »

En réalité, Yves Berger n'était pas le seul à avoir « senti » en Pivot un animateur potentiel de télévision. Le diplomate et homme de lettres Jean-Pierre Angremy, alias Pierre-Jean Remy, alors chargé de l'harmonisation des programmes de l'O.R.T.F., avait déjà parlé de Pivot à Jacqueline Baudrier, qui d'ailleurs se rappelle surtout de l'intervention de l'auteur d'*Orient-Express :* « C'est Pierre-Jean Remy qui, le premier, m'a conseillé de rencontrer Pivot, que je ne connaissais pas. J'ai reçu Pivot une demi-heure, il m'a plu tout de suite et je lui ai donné l'émission : la première eut lieu le lundi 2 avril 1973 à 21 h 15. »

Pendant les quelques semaines qui précédèrent cette « première », Bernard Pivot vécut dans les affres de l'angoisse. L'éditeur André Balland se rappelle l'avoir invité à dîner trois jours avant : « Il était mort de trac ! Je ne sais pas si le dîner était bon ou mauvais, mais Pivot nous a quittés dès 22 h 30, après avoir à peine participé à la conversation. » Bernard Pivot raconte ainsi les doutes qui l'ont assailli avant le grand plongeon cathodique : « Pendant les semaines précédant la première émission en direct, je me suis dit : " Vraiment, tu parles trop mal, il faut que tu surveilles ta conversation, que tu ne bouffes plus les négations, etc. " Alors je me suis employé à " bien parler ". (...) La veille de la première émission je me suis dit : " Eh bien, tu es un idiot, si tu continues de parler lentement, en choisissant tes mots, alors que tu parles naturellement assez vite, sans manière, sans affectation. " J'ai donc de nouveau parlé à ma façon. Et dès le lendemain de la première d' " Ouvrez les guillemets ", on m'a appelé et on m'a dit : " Tu sais, ça va réussir parce qu'il y a quelque chose en toi de spontané qui passe et qui accroche ". » (Entretien avec Serge Daney et Serge Toubiana, *Les Cahiers du Cinéma*.)

« Ouvrez les guillemets », produite et animée par Bernard Pivot, fut également une œuvre collective. En effet, Pivot s'était entouré d'une équipe nombreuse pour présenter les livres en sa compagnie. Chacun avait sa spécialité. Pivot parlait des documents, des essais, des Mémoires, tandis que son ami Gilles Lapouge traitait de l'histoire et des sciences humaines et qu'André Bourin, ancien producteur du « Fond et la forme », et mari de Jeanne Bourin, l'auteur à succès de *la Chambre des Dames* (invitée à « Apostrophes » le 9 mars 1979), abordait les romans et l'histoire littéraire. A ce noyau de base se greffaient quelques pigistes de talent : Michel Lancelot faisait le point sur les ouvrages de science-fiction, le réalisateur Jean-Pierre Melville sur les « policiers » (tous deux sont morts depuis) et le jeune Thierry Defert sur la bande dessinée. A cela s'ajoutaient les invités, les auteurs, et même des chanteurs ! Le réalisateur, Claude Barma, avait prévu un décor évoquant un salon littéraire, avec ses recoins permettant des apartés, pour mieux loger ces quelque quarante personnes, et des caméras très mobiles circulaient avec souplesse d'un point à un autre.

Outre les interviews et les invités venus parler de leur dernier livre ou de leurs lectures, « Ouvrez les guillemets » comportait des petits sujets filmés de 3 à 5 minutes : le premier fut consacré aux « 32 positions du lecteur » ou

« comment s'installer pour lire ». Des comédiens venaient réciter des poèmes. Michel Galabru vint dire un texte écrit par Pivot sur l'étymologie de l'expression « prendre son pied ». Le but de l'émission (comme plus tard « Apostrophes ») était moins de parler de littérature que de livres et, si possible, de livres traitant de problèmes d'actualité : le prix Goncourt, le fascisme, l'ésotérisme, les intellectuels et la drogue, les livres scientifiques, l'humour, etc. La formule, fort éloignée d' « Apostrophes », oscillait entre le magazine littéraire (ce que tenta dix ans plus tard Jérôme Garcin dans la première formule de « Boîte aux lettres ») et la tribune (« Post-scriptum » ou « Droit de réponse » de Michel Polac).

Dès la troisième émission, le ton était trouvé et Pivot oublia son trac. Il prit même de l'assurance et imposa l'image d'un « Monsieur Loyal » persifleur et impertinent, dont la gouaille et la verve bon enfant tranchaient avec le ton habituellement compassé des animateurs d'émissions « littéraires ». La presse fut élogieuse, et en deux mois les taux d'écoute du lundi soir sur la 1re chaîne furent multipliés par deux.

En un peu plus d'un an et demi, « Ouvrez les guillemets » compta quelques grands moments de télévision : plus de 300 auteurs furent invités, parmi lesquels Jean Guéhenno, Maurice Bardèche, Philippe Sollers, Claude Simon, Jean Dutourd, Raymond Aron et Claude Mauriac. Robert Badinter vint y faire une brillante plaidoirie contre la peine de mort, sans se douter qu'un jour il serait l'homme responsable de son abolition. Georges Marchais traita Soljénitsyne d' « écrivain réactionnaire ». On put voir un portrait filmé de Céleste Albaret, la gouvernante de Marcel Proust, âgée de 82 ans. Pivot interviewa Salvador Dali à l'hôtel Meurice, et le goût du canular partagé par les deux hommes faillit bien dégénérer : le peintre surréaliste avait en effet émis le souhait qu'au beau milieu de l'entretien, un éphèbe nu et en érection traversât comme si de rien n'était les salons de l'hôtel Meurice. « Chiche ! », répondit Pivot, qui ne se démonta pas pour si peu. Hélas, la nature trahit le giton soudain pris de trac, et sa virilité généreuse se renfrogna inéluctablement. On renvoya se rhabiller l'étalon défaillant et la morale fut sauve.

Le premier anniversaire d'« Ouvrez les guillemets » tomba le 1er avril 1974. Ce fut bien évidemment l'occasion, pour Pivot et son équipe, d'accrocher force poissons d'avril dans les dos et de faire avaler de jolies couleuvres. Ainsi, sur un ton très sérieux, Bernard Pivot disserta un long moment sur l'œuvre d'un dénommé « Roncerail », écrivain peu connu mais de génie, auquel les Editions du Seuil avaient consacré le numéro 100 de leur série *Ecrivains de toujours*. Une photo, présentée à l'écran, montra même Roncerail en compagnie de Pivot et Lapouge, venus chez lui pour l'interviewer. Or, ce fameux Roncerail n'existait pas, et Pivot et Lapouge avaient joyeusement renchéri sur le canular du Seuil ! Gilles Lapouge, quant à lui, fit l'éloge d'un ouvrage de mysticisme dont la particularité était... de ne pas être imprimé ! Dans le vide absolu de ces 200 pages absolument blanches, le lecteur pouvait enfin contempler le reflet de la foi réelle ! Enfin, un petit film consacré à la ligne Maginot fut diffusé, dans lequel le commentaire insistait sur la présence d'objets ésotériques, et dévoilait les intentions cabalistiques qui avaient concouru au tracé de cette ligne. Bernard Pivot demanda ensuite son avis à Jacques Bergier, co-auteur avec Louis Pauwels du *Matin des magiciens*. L'écrivain prit ce gag très au sérieux : « Oui, la ligne Maginot a très certainement été construite par des extraterrestres ! »

Dans une interview donnée au *Figaro* le 1er avril 1974, Bernard Pivot donne sa conception du livre à la télévision, qui pour s'appliquer à « Ouvrez les guillemets », annonce déjà ce qui fera le succès d'« Apostrophes » : « Il doit être assez facile et très ennuyeux de faire chaque semaine ce que vous appelez une émission littéraire. Mais il est plus difficile, et très excitant, et passionnant, de faire un magazine hebdomadaire et populaire des livres et des idées, c'est-à-dire une émission en direct à propos de livres qui viennent de paraître et d'idées qui sont dans l'air, où nous essayons finalement de questionner la vie. Et quand la vie, tout à coup — ça n'arrive pas toujours —, se met à circuler, à vibrer, cela donne un spectacle plutôt moins débile et rasoir que tant d'autres, d'après ce que les téléspectateurs m'écrivent. A

“ Ouvrez les guillemets ”, ce n’est pas la télévision qui est au service de la littérature, c’est la littérature qui est au service de la télévision. Et à mon avis c’est la meilleure façon de défendre les livres. »

En janvier 1975, Bernard Pivot changea de chaîne et de formule. « Ouvrez les guillemets » fut remplacée par « Apostrophes », sur la 2e chaîne, à l’initiative de son nouveau président Marcel Jullian. Ce dernier raconte comment « Apostrophes » a été créée, dans un entretien avec Hubert Nyssen et Jacques Chancel à « France Inter » en juin 1983 (émission « Parenthèses ») et paru dans *le Livre franc* (Actes Sud) : « Jacques Chancel, qui jouait auprès de moi le rôle de conseiller, s’était entremis, avec mon accord, pour engager Bernard Pivot dont, apparemment, la Une, où il était, ne souhaitait pas le maintien. Editeur moi-même, je savais bien quelle émission je voulais. J’exposai mon plan à Bernard. Il m’écouta et demanda à réfléchir quelques jours. A dire vrai, mon souhait était de faire entrer la littérature dans la vie et d’aboutir à une habitude hebdomadaire d’écoute qui sortirait l’écriture du ghetto intellectuel où elle se trouvait. »

La formule ramassée d’ « Apostrophes » ne permettait plus de présenter autant de livres et d’auteurs qu’ « Ouvrez les guillemets », aussi fut-il prévu, en parallèle, une présence continue du livre tout au long de la semaine. Bernard Pivot s’en explique dans *Le Figaro* du 10 janvier 1975 : « En prenant ses fonctions de P-DG d’Antenne 2, Marcel Jullian souhaitait que la littérature occupât une place privilégiée au petit écran. A une parcellisation de l’information littéraire, il préférait une présence continue du livre sur l’antenne. Nous ne pouvions que nous rencontrer sur ce point. Je lui ai donc proposé, outre une émission hebdomadaire à une heure de grande écoute, la diffusion d’une séquence quotidienne. » Cette proposition est devenue « le livre du jour » présenté au début des programmes de 18 h 50 à 19 heures. Ces dix minutes étaient consacrées à l’actualité littéraire, et présentées par Max Gallo pour l’Histoire, Georges Leroy pour les ouvrages politiques, Michel Lancelot pour la science-fiction, Thierry Defert et Gilles de Bure pour la bande dessinée, et

Jacques Duquesne pour la spiritualité. De plus, une fois par semaine, le lundi, à la fin du journal de 20 heures, l'équipe de rédaction élisait le livre de la semaine. Faire entrer le livre dans le journal télévisé représentait alors une sorte d'événement, qui fut hélas abandonné après quelques mois.

Quant à la thématique d'origine d' « Apostrophes », la voici exposée par Pivot dans le même article du *Figaro* du 10 janvier 1975 : « Il est évident que je ne pouvais reprendre telle quelle l'émission " Ouvrez les guillemets " ; je souhaitais du reste en modifier la formule. Le changement réside dans l'adoption d'un thème unique par émission, ce thème pouvant englober :

1. soit un ensemble de livres traitant de la même question, ou un livre unique dont la publication constitue un événement littéraire ou politique, *l'Archipel du goulag*, par exemple ;

2. soit un spécial consacré à un auteur vivant ou disparu : spécial Malraux, spécial Soljénytsine, par exemple ;

3. soit un entretien avec une personnalité politique, scientifique, religieuse.

Le titre de l'émission n'a pas été choisi par hasard, il définit parfaitement mon ambition : je souhaite en effet que l'on s'interpelle durant les " Apostrophes " d'Antenne 2 ; courtoisement, certes, mais vivement. »

Et, effectivement, on s'interpella. Le premier numéro d' « Apostrophes », le 10 janvier 1975, consacré aux avocats, opposa deux avocats d'assises, maître René Floriot et maître Emile Pollack, à un ex-condamné à mort réhabilité, Claude Charmes, qui avait passé sa licence de droit en prison. Bernard Pivot demande à ce dernier : « Comment voyez-vous votre avenir ? » Réponse de Claude Charmes : « Je voudrais devenir avocat. » Sursaut indigné de maître Floriot : « Jamais nous ne laisserons un homme comme vous entrer dans la profession ! » Il s'ensuivit alors une échauffourée verbale que n'aurait pas désavouée Michel Polac et ses « Droits de réponse ».

C'était il y a plus de douze ans. Qui, à l'époque, aurait parié sur une telle longévité ? Qui aurait pu affirmer qu'un jour « Apostrophes » deviendrait une véritable institution nationale, une sorte de musée Grévin de la littérature ? Personne, assurément, et surtout pas Pivot. Le hasard, pourtant, a le sens de l'humour : ce vendredi 10 janvier 1975, à la suite du premier numéro d' « Apostrophes », Claude Jean-Philippe avait programmé, à son ciné-club d'Antenne 2, un film de Michaël Curtiz de 1933 au titre aussi évocateur que visionnaire : *le Mystère du Musée de Cire !*

9. *Le roi* Lire

« Je sens plus d'aise et grand heur
A lire quelque bon auteur
Moral, naturel ou divin,
Que vous à boire de bon vin. »

Clément Marot, *Colloques d'Erasme*

Bien que le n° 1 de *Lire* soit daté d'octobre 1975, le projet de ce journal est antérieur à celui d' « Apostrophes ». En effet, le jour même où sa démission du *Figaro* fut publiée (*Le Monde,* 25 mai 1974), Bernard Pivot reçut un coup de téléphone de Jean-Louis Servan-Schreiber, directeur de *L'Expansion,* qui lui dit : « Bernard Pivot, j'ai le projet de créer un journal exclusivement consacré aux livres, mais il me manque un homme pour l'animer. Vous êtes cet homme-là. A présent que vous êtes libre, voulez-vous que nous travaillions ensemble ? » Une fois de plus, la bonne étoile de Pivot est au rendez-vous : démissionnaire le matin, on lui propose une place le soir même, sans qu'il ait à se poser une minute la question : « A présent, qu'est-ce que je vais bien pouvoir faire ? »

Le projet de *Lire* reposait sur l'expérience de *Book digest,* lancé avec succès en 1974 aux Etats-Unis. L'originalité de la formule consistait à proposer au public un magazine entièrement composé d'extraits de livres, en partant du principe que la littérature, tout comme le vin, doit être goûtée avant acquisition. Cette idée de dégustation de livres à l'aide d'extraits (une gorgée de Modiano, un verre de Yourcenar, une lippée de Kundera) ne pouvait qu'exciter les penchants vignerons de Pivot. En outre, l'idée était entièrement neuve en France (et fort récente aux Etats-Unis), et le défi que représentait le fait de créer un journal uniquement consacré aux livres était de nature à motiver l'ex-courriériste du *Figaro littéraire* qui ne s'était jamais remis de la décadence puis de la mort du journal qui avait connu ses débuts.

La presse culturelle, il est vrai, après avoir longtemps été florissante, connut un vif déclin à la fin des années 60. Ainsi, les « revues » étaient, jusqu'à cette date, le lieu intellectuel privilégié où écrivains, poètes et philosophes publiaient, débattaient, confrontaient leurs idées. Dans les années 20, les Surréalistes s'exprimaient dans leurs revues : *Littérature, La Révolution surréaliste, Le Surréalisme au service de la Révolution* ou *Bifur*. Les « personnalistes » publiaient dans *Esprit* (1932), les « existentialistes » dans *Les Temps Modernes* de Sartre (1945), tandis que les tenants de la « Nouvelle Ecole historique française » bénéficiaient de la tribune des *Annales* (1929), que les inventeurs de la « nouvelle critique » fondaient la revue *Critique* (1946), que les futurs réalisateurs de la « nouvelle vague » redéfinissaient l'esthétique du cinéma autour d'André Bazin dans *Les Cahiers du Cinéma* (1951). Citons encore *Les Cahiers du Sud, Europe, Tel Quel,* etc. Tous les auteurs importants du siècle ont débuté dans de telles revues, et souvent n'ont cessé d'y collaborer activement : André Gide, Paul Valéry, Louis Guilloux, Jean Guéhenno, Albert Camus, Jean-Paul Sartre... A la fin des années 60, la plupart de ces revues, et notamment les « revues littéraires », avaient sombré, à quelques exceptions près (*La Nouvelle Revue Française* de Gallimard, *Tel Quel* au Seuil relayé par *L'Infini* chez Denoël, *Les Temps Modernes...*). Quant aux hebdomadaires et magazines spécialisés, tels que *Arts, Les Lettres françaises* ou *Le Figaro littéraire,* faute d'acheteurs en nombre suffisant, ils disparurent également. Les rares journaux littéraires spécialisés qui survécurent aux années 70 durent soit se contenter de tirages limités (*La Quinzaine littéraire*), soit changer de formule et de périodicité (*Les*

Nouvelles littéraires devenant un mensuel), soit fonder leur renommée sur une approche thématique des sujets en publiant des « dossiers » exhaustifs et de référence (*Le Magazine littéraire*).

Lancer, dans un tel contexte, une publication consacrée aux livres, relevait du défi, bien que le propos de Jean-Louis Servan-Schreiber ne fût pas de créer une « revue littéraire », mais un produit culturel intermédiaire entre le magazine et le livre. En privilégiant la notion de « bonnes feuilles », *Lire* innovait, en découvrant un nouveau marché peu exploité par la presse littéraire traditionnelle.

La préparation et le lancement du numéro 1 de *Lire* prirent plus d'un an. Rien ne fut laissé au hasard et, en digne créateur de *L'Expansion* (le « premier journal économique français »), Jean-Louis Servan-Schreiber ne pouvait pas faire moins que de multiplier les études de marché pour bien cerner les désirs du public. L'une de ces études de marché portait sur le choix du format : grand format, comme un magazine classique, ou petit format, comme le *Reader's digest ?* Il y eut 50 % de réponses favorables pour chacune des deux formules. Servan-Schreiber et Pivot optèrent alors pour le petit format, qui se rapprochait davantage du format du livre, et accréditait encore l'idée de « livre-magazine ».

Pour animer ce journal fut recrutée une équipe dont la plupart des membres sont encore présents aujourd'hui, notamment Pierre Boncenne (rédacteur, puis rédacteur en chef), dont la formation philosophique apporta à Pivot la complémentarité dont il avait besoin pour traiter des ouvrages « sérieux » (en sciences humaines, notamment), et la fidèle Anne-Marie Bourgnon, assistante de Pivot depuis 1969 au *Figaro,* puis à « Ouvrez les guillemets », « Apostrophes » et *Lire.* A l'équipe réduite de permanents (moins de dix personnes en tout, en comptant la maquette, l'iconographie et la correction), Pivot adjoignit des chefs de rubrique, car si l'essentiel du journal était composé d'extraits de livres, l'actualité littéraire n'en était pas oubliée pour autant. C'est ainsi que Pivot demanda à son vieil ami du *Figaro littéraire,* Jacques Brenner, de présenter les documents d'histoire littéraire, à Christian Giudicelli de rubriquer les romans et à Max Gallo de s'occuper de l'Histoire.

La première formule de *Lire* n'a rien à voir avec le magazine sur papier glacé que l'on connaît aujourd'hui. 246 pages tassées ; maquette trop sage ; pas de couleur ; photos d'écrivains souriants sur la couverture : le journal à ses débuts arborait un aspect vieillot, « rétro », et semblait s'adresser davantage aux retraités qu'aux « jeunes cadres dynamiques » lecteurs de *l'Expansion*. Le format réduit, l'épaisseur du volume et la formule « extraits de livres » faisaient en outre indéniablement penser à la revue américaine *Sélection du Reader's digest,* qui pratique, elle, la formule du « livre condensé ». Aussi, dans l'éditorial du numéro 1, Jean-Louis Servan-Schreiber et Bernard Pivot éprouvèrent le besoin d'affirmer ce que *Lire* est et n'est pas : « Ce " magazine des livres " n'entend pas devenir une revue littéraire de plus, fondée essentiellement sur la critique, mais veut vous permettre d'apprécier, vous-même, directement, les ouvrages les plus variés. Chaque extrait n'est ni le résumé ni le condensé d'un livre, mais le choix d'un ou plusieurs passages tels que l'auteur les a écrits. »

Au sommaire du numéro 1, outre une interview de Modiano, dix extraits de livres sont proposés (pas d'extraits de romans dans cette première formule), dont l'éclectisme des sujets et le choix des auteurs rappellent étrangement la formule d' « Apostrophes » : *Prisonnier de Mao,* de Jean Pasqualini ; un livre sur le vin ; une biographie de Louis XI ; un essai sur l'éducation des petites filles ; un document sur la DST ; une profession de foi de Roger Garaudy ; une biographie de Picasso ; un document sur les médecins ; des extraits de Soljénitsyne, de Jacques Attali et de Kessel. Notons que sur ces dix livres, six ont été présentés à « Apostrophes ».

Le dessein de *Lire* se précise alors : assurer, grâce au support écrit, une complémentarité avec « Apostrophes ». Cette complémentarité est à deux niveaux :

— Permettre aux téléspectateurs d' « Apostrophes », qui ont vu un auteur parler de son livre, d'en savoir plus en lisant un extrait ; c'est ce que suggèrent Servan-Schreiber et Pivot dans leur éditorial : « Déjà, pour vous tenir au courant, vous lisez commentaires ou critiques sur les ouvrages majeurs, *vous apercevez leurs auteurs sur le petit écran* [c'est nous qui soulignons], mais rien, bien sûr, ne remplace une lecture directe, dans le texte. »

— Assurer, dans les colonnes de *Lire,* un rattrapage pour les livres qui n'ont pu être présentés à « Apostrophes » : « Saviez-vous que les éditeurs français mettent chaque année en librairie 10 000 titres nouveaux (soit 40 par jour ouvrable) ? (...) Malheureusement, la presse d'information n'a que peu de place, dans ses colonnes, pour le livre. Même des grands hebdomadaires aux pages littéraires fournies ne peuvent y présenter, en moyenne, plus de 350 à 400 ouvrages par an. Dans *Lire,* chaque année, ce sont plus de 1 000 titres auxquels vous aurez accès : 120 extraits + près de 700 sélections dans le « Guide Lire » + plusieurs centaines de citations » (Edito du n° 1.)

Lire prend donc le relais d' « Apostrophes », ou bien prépare à sa vision (selon que l'extrait précède ou non l'émission) ; en outre le journal va plus loin que l'émission, car il peut présenter davantage de livres. A présent, grâce à « Apostrophes » et *Lire,* Pivot devient une sorte de pont transbordeur de l'édition française, le passage obligé (ou en tout cas facilité) qui conduira les lecteurs dans les librairies. Ce projet stratégique et pédagogique est nettement affirmé dans l'éditorial : « *Lire* deviendra ainsi votre " librairie à domicile " avec sa vitrine (10 livres en couverture), le large choix des titres présentés, la possibilité d'en lire des passages. *Lire,* bien sûr, ne vend pas de livres, *mais il crée le lien qui manquait entre vous et votre libraire habituel.* »

Bien entendu, cette interdépendance entre *Lire* et « Apostrophes » n'est pas nommément affirmée. Pour des raisons bien compréhensibles de déontologie, Pivot a toujours tenu à établir une nette ligne de partage des eaux entre son journal et son émission de télévision. Au début, cette démarcation était absolue : on peut noter, dans le premier numéro de *Lire,* qu'aucune mention n'est faite de l'émission « Apostrophes », malgré l'argument commercial que cela aurait représenté ; de même, *Lire* ne fut pas sous-titré « le magazine d'" Apostrophes " », ni même « le magazine de Bernard Pivot », mais tout simplement « le magazine des livres ». Pivot signe ses papiers à l'intérieur du journal, bien entendu, mais c'est du Pivot-journaliste de presse écrite qu'il s'agit, totalement distinct de l'animateur d' « Apostrophes ».

Plus tard, Pivot se permettra des allusions à « Apostrophes » dans *Lire,* mais jamais l'inverse, suivant en cela une règle déontologique quelque peu jésuitique élaborée par lui-même : « " Apostrophes ", qui est une émission produite par le service public de la télévision, n'a pas le droit de faire de la publicité pour un journal, qui est une entreprise privée, et je n'ai jamais prononcé le nom de *Lire* à l'antenne. En revanche il est possible, dans *Lire,* de parler d' " Apostrophes ". » C'est ainsi, par exemple, que dans le numéro de *Lire* de mars 1978, fut publiée l'interview filmée de Vladimir Nabokov pour « Apostrophes » et diffusée le 30 mai 1975.

Evidemment, on pourrait rétorquer à Pivot que s'il est exact qu'il n'abuse pas de son rôle d'animateur à la télévision pour chanter les louanges de son journal, le prestige attaché à sa personne médiatique a énormément joué en faveur de *Lire.* Car ce qui est sûr, c'est que, sans Bernard Pivot, Jean-Louis Servan-Schreiber n'aurait pas pris le risque de créer *Lire.* Et si Bernard Pivot avait cessé ses collaborations à la télé, il n'est pas sûr que *Lire* eût été assuré du même succès. Jean-Louis Servan-Schreiber répète volontiers que pour lancer un journal avec quelques chances de succès, il faut impérativement trois éléments : un homme, un marché, un produit. En l'occurrence, le premier paramètre fut incontestablement prédominant.

Vis-à-vis des annonceurs, qui dès le début firent confiance à ce nouveau support, le nom de Pivot fut en effet l'argument majeur. Jean-François Drouard, chargé de la publicité, puis éditeur de *Lire,* déclina en parallèle un autre argument commercial : « Mettez de la pub dans le livre ; faites cautionner vos messages publicitaires par les signatures d'écrivains prestigieux ! » Dès l'origine, l'objectif de *Lire* fut de contingenter la publicité littéraire à la moitié de la publicité totale, afin de ne pas risquer de se trouver en situation de dépendance vis-à-vis de Gallimard, Le Seuil ou Laffont. 50 % des pages de publicité du journal furent donc attribuées à des annonceurs sans aucun rapport avec la littérature, et l'on vit des marques de voitures, d'alcools ou d'appareils photographiques voisiner avec des pages de Michel Tournier, de Paul Guth ou de Nabokov. *Lire* faisait de la pub aux écrivains, et les écrivains faisaient de la pub pour les biens de consommation. Voilà qui était neuf, et qui allait tout à fait dans le sens des conceptions « modernistes » de Pivot. En outre, cette manne financière aux origines diverses (publicité littéraire et publicité commerciale) permettait à *Lire* de sauvegarder dès l'origine sa déontologie et son indépendance.

Comparé à la diffusion des revues ou des magazines littéraires, *Lire* tira vite son épingle du jeu : entre 75 et 85 000 exemplaires payants en moyenne, selon l'éditeur, Jean-François Drouard. C'était un joli score pour un journal consacré aux livres, mais ce n'était pas assez pour un magazine appartenant au groupe *Expansion*. Malgré un tirage conséquent, une politique d'abonnés et le prestige — par ricochet — de Bernard Pivot et « Apostrophes », les comptes de *Lire* demeuraient déficitaires, une fois déduites les charges du journal ainsi que la répartition entre les divers titres (*L'Expansion, Lire, Architecture aujourd'hui, F Magazine...*) des charges fixes dues au fonctionnement du groupe *Expansion*. Le seuil de rentabilité ne pouvait être atteint qu'en dépassant les 100 000 exemplaires payants. Dans ce but, toute une série de réformes furent entreprises, sans que jamais le fondement même de *Lire* (ne parler que de livres ; offrir des extraits) ne fût remis en cause.

Ainsi, en avril 1981, la formule *Lire* change : le format et la maquette *Reader's digest* sont abandonnés, car jugés trop vieillots, et remplacés par le grand format magazine classique. La maquette est plus dynamique, de grandes enquêtes concernant les livres et les écrivains sont publiées en plus des extraits de livres (« La lecture rapide », « Comment éditer vos manuscrits », « Ce que gagnent les écrivains »), et Bernard Pivot tient ses « carnets ». Le but de ce renouvellement complet est bien entendu d'accroître l'audience de *Lire,* notamment auprès des jeunes (car la précédente formule, trop pépère, avait accrédité l'idée que *Lire* était un journal « pour vieux »). En octobre 1982, nouveau changement de formule : couvertures plus « accrocheuses », titre du journal décentré sur la gauche afin qu'il se détache davantage parmi les autres journaux étalés dans les maisons de la presse, présentation et typographie améliorées, plus de couleurs. Les thèmes des enquêtes tentent de créer l'événement : « Les 10 plus grands écrivains français de tous les temps » (Référendum *Lire* et sondage IFOP, octobre 1982). Malgré ces dignes efforts, la diffusion payante de *Lire* frôle mais ne dépasse pas les 100 000 exemplaires.

Depuis quelque temps, Jean-Louis Servan-Schreiber s'était détourné du journal qu'il avait créé avec Pivot. Des créations de titres malheureuses (l'échec de *Paris hebdo* et des *Hommes de l'Expansion,* ce dernier titre ayant été confié à sa sœur Christiane Collange) avaient échaudé le fringant homme de presse, qui jugea plus utile de regrouper ses activités autour du titre le plus porteur, *L'Expansion,* ainsi que des activités dérivées pour les cadres et les entreprises (*L'Almanach de l'Expansion, La Lettre de l'Expansion, Le Forum Expansion,* etc.). C'est ainsi qu'il mit en vente les autres titres non économiques du groupe *Expansion,* notamment *F Magazine,* vendu au groupe Filipacchi, et *Lire,* vendu au groupe *Express* le 1er janvier 1983.

C'est du rachat de *Lire* par Jimmy Goldsmith et le groupe *Express* que date le développement du journal. Nouvelle maquette conçue par le célèbre graphiste américain Milton Glaser, accroissement du nombre des pages, augmentation du prix de vente, ouverture plus « grand public » des enquêtes, multiplication des chroniques, réelle stratégie en matière d'abonnement et de vente au numéro (c'était le point faible à *L'Expansion) :* en trois ans, le titre est passé de 85 000 à 140 000 exemplaires de diffusion payante, tandis que le prix de vente du journal sautait de

15 francs à 30 francs (chiffres communiqués par Jean-François Drouard).

« A *L'Express,* et grâce aux conseils de Milton Glaser, qui est non seulement un graphiste mais un grand homme de presse, nous avons appris à présenter le journal de façon plus claire, plus aérée, à avoir des projets plus ambitieux, à ne pas négliger la promotion : tout cela a payé », explique Jean-François Drouard.

La promotion : nous avons vu plus haut que l'argument majeur en faveur de *Lire,* pour les annonceurs et les lecteurs, c'est Bernard Pivot. Lorsque *Lire* faisait partie du groupe *Expansion,* Bernard Pivot tenait à ce que son nom et son image ne soient pas exploités à des fins commerciales. *Lire,* en changeant de mains, voyait enfin l'occasion de s'imposer en tant que grand magazine à fort tirage. Pour cela, il fallait que Pivot payât davantage de sa personne en se prêtant à des campagnes de promotion de grande ampleur.

Parmi ces campagnes, certaines avaient déjà vu le jour sous la bannière de *L'Expansion :* la « croisière *Lire* », « Les 20 meilleurs livres de l'année », la « Grande Fête du livre » avec le magasin du « Printemps », etc. Ces actions, poursuivies avec *L'Express,* furent bientôt complétées par des campagnes de publicité centrées sur Bernard Pivot, ce que l'animateur d' « Apostrophes » s'était toujours refusé à faire pour éviter le « culte de la personnalité ».

Ces campagnes ont été conçues par Philippe Michel, de l'agence de publicité CLM-BBDO. L'idée était de mettre en scène Pivot en le plaçant dans des situations décalées et humoristiques. Ainsi, un placard paru dans la presse (notamment dans *L'Express*) montre plusieurs Pivot déguisés successivement en Tintin, en détective privé, en mondain vêtu d'un smoking, en cosmonaute, en arbitre de football, en grand cuisinier et en explorateur. Autant de facettes que, dans l'esprit du public, Pivot pourrait endosser.

Dans d'autres publicités, Pivot se contente de se dédoubler : les voici, lui et son double, confortablement couchés dans le même lit, assis dans un transat au soleil ou en état de lévitation : un Pivot lit *Lire,* l'autre lit un livre (pas n'importe quel livre, un livre défendu par Pivot : *Comme neige au soleil*, de William Boyd ; le livre d'un copain : *le Lumineux Destin d'Alexandra David-Neel*, de Jean Chalon ; un livre traitant d'une passion de Pivot : *le Sport à tout prix*, du docteur Henry Salomon). La légende affirme : « Plus on lit *Lire*, plus on a envie de lire autre chose. »

Ces publicités, par-delà leur humour, annoncent clairement la couleur : l'identification à la lecture passe forcément par Bernard Pivot. Ce qu'il lit, on peut le lire en toute confiance. Y compris *Lire*, son propre journal. Ainsi, le narcissisme apparent de ces publicités ne nuit pas au message, bien au contraire : Pivot lit pour nous, sélectionne pour nous les meilleurs livres. Et *Lire* publie les meilleurs passages de ces meilleurs livres choisis par Pivot. La boucle est bouclée.

La plus grosse promotion dont bénéficia *Lire* fut certainement le lancement des « championnats de France d'orthographe » en 1985, 1986 et 1987, sponsorisés au départ par RTL, RMC et le Crédit Agricole, puis par Antenne 2, FR 3 et le Crédit Agricole. Ces « championnats » ont eu un impact médiatique considérable : en 1986, la diffusion en direct de la finale des épreuves, entre 14 h 25 et 15 heures, le samedi 6 décembre, a été suivie par 11,3 % des foyers (soit plus de 4,5 millions de téléspectateurs, sondage Audimat-Médiamétrie) : un score que ne réalisent que les « Apostrophes » les plus écoutés ! Quant à l'annonce des résultats, entre 19 h 05 et 19 h 40, elle fut entendue par 21,8 % des foyers (près de neuf millions de personnes) ! Il faut avouer que la vision d'un Pivot transformé en instituteur ânonnant sa dictée à de studieux élèves, parmi lesquels on pouvait reconnaître Robert Sabatier, Jean Dutourd, Félicien Marceau et Yves Berger, cela ne manquait pas de piquant !

Ces championnats d'orthographe ne relèvent pas que du spectacle : ils ont permis de mettre à jour un véritable phénomène sociologique. En effet, plusieurs dizaines de milliers de personnes ont répondu aux tests de qualification parus dans les numéros de *Lire* de mars et avril. Le numéro de juin livre les résultats de ces tests, puis ont lieu les demi-finales en octobre (retransmises par FR3) puis la finale en décembre (retransmise par Antenne 2). Il s'agit donc, de la part des participants — répartis en juniors, seniors et seniors professionnels —, non pas d'un engouement passager, mais d'une réelle passion, exigeant un entraînement de longue haleine.

Quelles sont les raisons d'un tel succès ? Tout d'abord, il faut noter que ces championnats ne sont pas une invention française. Nos voisins belges pratiquent en effet depuis des années, et avec ferveur, des championnats d'orthographe. Rien de tel n'existant en France, la linguiste Micheline Sommant eut l'idée de remettre au goût du jour en France l'amour de l'orthographe et du bien-parler, en demandant à Bernard Pivot et *Lire* d'organiser et parrainer l'opération. Pivot, voyant là l'occasion de remettre en vogue une valeur du passé qui lui est chère, accepta bien volontiers de superviser et d'animer ces championnats.

L'impact fut sans commune mesure avec les espérances du nouveau maître d'école : « Les résultats des deuxièmes championnats de France d'orthographe ont surpris tout le monde, moi le premier. Au fond, les gens sont fascinés par l'orthographe, avec certainement beaucoup de nostalgie de leur part. C'est une manière de revenir à son enfance. En plus, c'est un jeu », confie Pivot à *Communication et Business* (16 février 1987).

Un jeu qui ne profite pas directement à Pivot — qui s'occupe de façon purement désintéressée de ces championnats —, mais énormément à *Lire*, puisque, outre les citations du journal faites à l'occasion de la couverture presse et télé de ces championnats (le dossier de presse est presque aussi épais qu'un dictionnaire), les participants doivent acheter les numéros de *Lire* où figurent les tests de sélection. Résultat : les parutions de mars et avril 1986 ont vu les ventes bondir à 180 000 exemplaires ! L'OJD de *Lire* a grossi en conséquence : 145 000 exemplaires payés en moyenne en 1986, soit + 18 %. Quant aux parutions de mars et avril 1987, qui comportent les tests des troisièmes championnats, ils ont été tirés à 250 000 exemplaires, ce qui est exceptionnel.

Quant à l'organisation de ces championnats, elle nécessite déjà l'emploi à temps complet de trois personnes, et émarge à un budget de 5 millions de francs. Une véritable petite entreprise, dont Bernard Pivot est le gérant non salarié. « Bernard supervise tout, relit tout, se passionne réellement pour ces championnats, mais sans toucher un centime de plus que son salaire à *Lire*. il fait cela pour le bien du journal, et aussi par goût personnel », explique Jean-François Drouard. Non content d'apprendre à lire, Bernard Pivot apprend désormais à écrire. A quand les championnats de poésie ou de rédaction française ?

Si *Lire* est le prolongement d'« Apostrophes », la mission de Pivot-directeur de revue est parallèle à celle de Pivot-animateur d'émission télévisée. Celui-ci présente des livres et fait parler des écrivains ; celui-là joue au pédagogue et au redresseur de torts. Le fait que le même homme s'exprime ainsi par des voies différentes n'apporte que plus de poids à ses batailles. Ainsi, Pivot lit en direct à la télévision la dictée des championnats d'orthographe, mais c'est dans *Lire* qu'on peut l'étudier en toute quiétude, avec commentaires et corrections (en 1981, déjà, le magazine avait consacré une enquête à « la débâcle de l'orthographe »). C'est en direct d'« Apostrophes » que Pivot accuse Sulitzer de ne pas écrire ses livres, mais c'est dans *Lire* du mois suivant que paraît l'enquête de Pierre Assouline qui démonte le « système Sulitzer ». Dramaturge complet, le « Roi *Lire* » est également le metteur en scène du petit théâtre d'« Apostrophes ».

II – LE PETIT THÉÂTRE D'« APOSTROPHES »

« Quand ils descendaient du train fantôme, les voyageurs étaient différents de ce qu'ils étaient auparavant, lorsqu'ils s'acquittaient au guichet du prix de leur voyage. Mes cris et mes savants grattages de têtes avaient modifié quelque chose en eux. Longtemps ils se souvenaient de ce monde étrange qu'ils n'avaient qu'entrevu et dont j'avais pour eux tiré les ficelles. Je n'étais peut-être qu'une moitié de diablotin, mais je possédais tant de pouvoir dans les mains et dans la voix qu'il fallait bien me reconnaître sur la marche du monde autant d'importance qu'à n'importe quel tyranneau d'Amérique du Sud. »

Bernard Pivot, *l'Amour en vogue.*

1. Les coulisses de l'exploit

> « Car les Lyonnais se couchent tôt, les rideaux tirés, avec un grog fumant, de la musique douce et un livre qui les conduit insensiblement au rêve. »
>
> Bernard Pivot, *l'Amour en vogue*

Comment se prépare une émission d'« Apostrophes » ? On imaginerait volontiers des légions de lecteurs anonymes et sous-payés, scribouillant la semaine durant, au fond de noires officines, des centaines de fiches de lectures traitées ensuite par ordinateur puis soumises à un comité de sages qui en feraient la sélection. Rien de tel, en réalité. « Apostrophes » est une entreprise artisanale, presque une entreprise unipersonnelle.

Les membres de l'équipe d'« Apostrophes » se comptent en effet sur les doigts d'une seule main : Bernard Pivot, maître d'œuvre et capitaine incontesté du navire, qui tient à avoir la haute main sur tout et prend seul l'ensemble des décisions ; deux assistantes : l'une, Anne-Marie Bourgnon, qui s'occupe plus spécialement des relations avec les éditeurs ; l'autre, Renée Bernard, chargée d'établir la revue de presse des livres qui sortent et d'assurer les liaisons avec le réalisateur et l'équipe technique ; une secrétaire ; et enfin l'homme de l'ombre, l'éminence grise : Pierre Boncenne, rédacteur en chef de *Lire*, qui n'émarge pas officiellement à « Apostrophes » mais qui y collabore activement bien que bénévolement. Ajoutons les réalisateurs qui se partagent en alternance la mise en scène, Jean Cazenave et Jean-Luc Leridon (mais ils ne réalisent pas qu' « Apostrophes »), et nous aurons fait le tour de la question.

Mais alors, quels sont ces noms crédités à la fin du générique d' « Apostrophes » ? Bernard Pivot répond en souriant : « Le public et même les professionnels sont persuadés qu'il s'agit d'une légion de nègres payés pour lire les livres à ma place ! En réalité ce sont les noms des techniciens, de la maquilleuse et du coursier ! »

Dans quels lieux magiques (vénérable Sorbonne, tour d'ivoire ou fier building de verre) se décide en grand secret le sort des futurs « apostrophés » ? On peut en localiser trois : le plateau sur lequel a lieu le tournage, le vendredi soir ; le bureau d' « Apostrophes » à Antenne 2 ; enfin le domicile personnel de Bernard Pivot.

On imagine, lorsqu'on regarde l'émission devant son petit écran, que le tournage d' « Apostrophes » a lieu dans une pièce fixe, une sorte de salon littéraire à demeure, au décor permanent, que l'on pourrait visiter les jours de relâche. En réalité le décor est installé quelques heures avant l'émission, et dès 22 h 45, lorsque l'antenne est rendue, on plie bagage. A 23 heures, avant même que le film du ciné-club n'ait commencé, il n'y a plus sur le plateau ni caméras, ni fauteuils, ni table, ni livres. Le salon d' « Apostrophes » est en trompe-l'œil et n'existe que le temps de l'émission.

Le plateau sur lequel a lieu le tournage n'est même pas toujours au même endroit. Longtemps l'émission s'est déroulée dans l'historique studio 4 de la rue Cognacq-Jay. Depuis quelques années « Apostrophes » a investi le studio 40 des locaux d'Antenne 2, 26 rue Jean-Goujon, sorte de hangar ouvrant sur l'extérieur et dont la moitié seulement de l'espace est utilisée pour le tournage. Parfois (notamment pour les émissions d'été enregistrées à l'avance et diffusées en différé) ce studio est réservé à un autre tournage et le plateau d' « Apostrophes » est alors dressé dans le studio 101 de la

Maison de la Radio, avenue du Président-Kennedy. Le déménagement d'un endroit à l'autre se décide souvent au dernier moment et il peut arriver que des invités s'égarent, ou confondent les lieux !

Les bureaux d' « Apostrophes », à Antenne 2, avenue Montaigne, ne prennent que peu de mètres carrés, et ne bruissent pas du joyeux pépiement d'une armada d'assistants et d'attachées de presse en délire. Dans la première pièce officient Renée Bernard, l'une des assistantes de Pivot (qui a succédé à ce poste à Monique Wendling, ancienne collaboratrice de Pierre Desgraupes pour « 5 colonnes à la une »), et Nadège Melloul, dont le rôle essentiel est de « filtrer » les appels téléphoniques et assurer le secrétariat (frappe des plateaux, envois à la presse, etc.). Dans la pièce contiguë, Anne-Marie Bourgnon passe le plus clair de son temps au téléphone à s'entretenir avec les attaché(e)s de presse. En face d'elle, la chaise et la table qu'occupe Pivot le lundi, pour la conférence de rédaction et les rendez-vous, demeurent vides le reste de la semaine. Anne-Marie et Bernard conversent beaucoup par téléphone — au moins deux fois par jour : en fin de matinée et en fin d'après-midi — et se rencontrent encore le mardi matin pour la conférence de rédaction du journal *Lire*.

Enfin, le dernier lieu, et en réalité le cœur d' « Apostrophes », c'est le domicile privé de Bernard Pivot, un sept-pièces cossu situé avenue Niel, dans le 17e arrondissement de Paris. C'est là que se réunit le comité de lecture d' « Apostrophes », dont les décisions sont toujours prises à l'unanimité, du fait qu'il ne comporte qu'un seul membre : Bernard Pivot soi-même !

Tous les jours, une trentaine d'ouvrages atterrissent sur son seuil, dans leurs emballages de carton. Trente livres par jour, soit près de deux cents par semaine et autour de dix mille par an ! Au sein de ce Niagara de papier imprimé, Pivot doit faire le tri : flairer, lire quelques pages, écarter et retenir. Chaque année Pivot lit quelque 350 livres, dont il en retient environ 250 pour « Apostrophes », soit 2,5 % de la production éditoriale globale. Certains trouveront que c'est peu ; d'autres estimeront que c'est encore trop, eu égard à l'intérêt réel et à la valeur littéraire de la plupart des livres publiés.

Comment lire autant d'ouvrages ? Il faut, assurément, posséder un secret, à moins d'être un charlatan ! Et la question que tout le monde se pose est la suivante : Pivot lit-il tous les ouvrages qu'il présente ? Et, si oui, les lit-il à fond ou simplement en diagonale ? A moins qu'il n'applique les recettes de la « lecture rapide » ? Bref, il doit forcément « tricher » !

Or — surprise ! — Pivot lit effectivement tous les livres qu'il présente dans son émission (et même un peu plus), à la cadence boulimique d'un ouvrage par jour. Quant à sa façon de lire, elle est fort banale. Il s'en explique dans ses « carnets » (*Lire*, février 1982) : « J'emploie toujours la méthode de lecture qui me fut inculquée à l'école communale : commencer un livre par le début, poursuivre par le milieu et terminer par la fin. »

C'est le week-end, après son émission, que Pivot « découvre » ses livres, comme un enfant ses cadeaux le matin de Noël. Car, après tant d'années, Pivot ne parvient pas à être blasé, et n'en revient toujours pas d'être (bien) payé pour assouvir sa passion maligne : lire.

D'ailleurs, il tient à couper lui-même les ficelles des colis, débarrasser les livres de leurs emballages de carton. Le contact physique avec le livre est également important : la couverture, le grain du papier. Pivot lit une phrase par-ci, un paragraphe par-là, un chapitre de celui-ci, dix lignes de celui-là. Cela permet de dégrossir, de ne retenir que l'essentiel. Rien d'absurde à cette pratique : tous les professionnels de l'édition ou de la critique littéraire agissent de même. Leurs doigts deviennent à terme aussi sûrs que leurs yeux sont exercés : l'ouvrage sans intérêt tombe tout seul des mains, l'essai s'ouvre de lui-même aux pages les plus originales, le roman de talent émerge sur le dessus du panier. Le métier de lire repose tout d'abord sur le sacrifice assumé de tant de pages non lues.

C'est ainsi que, très vite, la grande masse des livres est jugée. Pour beaucoup : hop ! En enfer directement. Ces délaissés ne seront pas perdus pour tout le monde : ils iront grossir la bibliothèque de la concierge, du beau-frère (prof' de philo), de la sœur (prof' d'allemand) ou des amis en visite, qui savent qu'ils peuvent puiser dans l'impressionnant édifice de livres situé près de la porte d'entrée. Le solde ira à la bibliothèque municipale de Quincié-en-Beaujolais ou dans celle du comité d'entreprise d'Antenne 2 (Pivot, grand prince, et contrairement à beaucoup de ses confrères, se refuse à vendre ses livres aux solderies pour en retirer quelque argent).

Les livres qui ont échappé aux ténèbres extérieures n'en ont pas pour autant gagné leur salut. Ils iront mijoter quelque temps sur les « étagères-purgatoires ». Pour accéder au « paradis », ces livres devront non seulement prouver leur qualité et leur intérêt, mais encore s'inclure dans le thème d'une émission à venir.

Les thèmes se dégagent peu à peu. Les livres qui les illustreront sont classés en piles. Tiens ! Trois livres sur la mort : sans doute une future émission ; une pile. Le corps : une autre pile. Les femmes dans l'histoire : une troisième. Et ainsi de suite.

La semaine de Bernard Pivot est parfaitement réglée : le lundi après-midi dans les bureaux d' « Apostrophes » à Antenne 2 ; le mardi matin dans ceux de *Lire* à *L'Express ;* le reste du temps chez lui. Ces trois points stratégiques sont reliés par le bus n° 92, que Pivot emprunte fréquemment. Ecrivains délaissés par les médias ou téléspectateurs abonnés à « Apostrophes » : empruntez régulièrement la ligne 92 dans le quartier de l'Etoile (surtout en début de semaine) et vous aurez une chance d'échanger quelques mots avec l'être de vos vœux ! Mais attention, n'essayez pas de lui refiler en sous-main un manuscrit refusé partout ou votre dernière plaquette de poésie éditée à compte d'auteur tout en feuilletant sur votre agenda vos prochains vendredis libres : il risque de fort mal le prendre.

A quoi Pivot passe-t-il son temps lorsqu'il est chez lui ? A lire, lire et encore lire. De 9 heures à minuit, lunettes en demi-lunes sur le nez (comme il les perd souvent, il en a disposé une dizaine de paires, toutes identiques, un peu partout dans l'appartement), stylo à la main, avec à proximité une bonne provision de fiches et de marque-pages, Bernard Pivot lit des heures durant, assis à son bureau (car, de son propre aveu, couché il s'endormirait).

Le vendredi est une journée spéciale, ordonnée selon un rituel qui ne souffre aucune entorse. Pivot n'accepte aucun rendez-vous ce jour-là : il doit demeurer seul — avec son chat Rominet — et se concentrer avant le « match » du soir. Généralement, il déambule chez lui tel une ombre, pas rasé, en pyjama et robe de chambre. La veille, il a fini de lire et annoter les derniers ouvrages à présenter ; le vendredi matin, il relit toutes ses fiches, revoit certains passages des livres pour bien s'en pénétrer, note certaines appréciations de ses confrères de la presse écrite, élabore les questions qu'il posera. Lui si gourmand, qui ne crache pas sur un bon déjeuner, il se contente le vendredi midi de deux œufs au plat qu'il ingurgite distraitement dans la cuisine. L'après-midi, assis à la table de sa salle à manger, il prépare son « plan de table » : s'il y a un invité de marque, il sera disposé à sa droite ; les auteurs âgés — susceptibles d'être un peu sourds — seront également le plus proches possible de Pivot, les jeunots se contentant du bas-bout ; si un affrontement est à prévoir entre deux écrivains qui se détestent, Pivot les disposera face à face (comme Alain Robbe-Grillet et Philippe Sollers), à moins que, plus sournoisement, il ne les assoie côte à côte (comme Bernard-Henri Lévy et Maurice Bardèche) : l'électricité passera soit par l'échange des regards, soit par la proximité des corps, l'essentiel étant que l'étincelle jaillisse. Parfois, ouvrant son manuel de savoir-vivre, Pivot cherche à résoudre de brûlantes énigmes : un archevêque prend-il le pas sur une comtesse ? Un général sur un ambassadeur ? Et en quels termes faut-il s'adresser à ces notabilités : Votre Honneur ? Son Eminence ? Madame la comtesse ? Parfois, au dernier moment, Pivot chambarde tout : ses invités sont des cartes qu'il manipule et mélange sans cesse avant de recommencer une réussite (ou leur tirer les cartes : votre livre se vendra-t-il bien ?). Quelquefois encore, lorsque le thème de l'émission n'exige pas de préséances particulières, l'hôte Pivot décide de s'en remettre au hasard : il inscrit les noms sur des bouts de papiers disposés dans un chapeau et qui seront tirés au sort en direct sur le plateau par une main innocente. Le 29 août 1986, c'est la jolie main de France Huser qui règle l'entrée en piste des romanciers de la rentrée : Jean-Edern Hallier, Sébastien Japrisot, Jean Raspail et Pierre Combescot. Le 22 mai 1987, la main innocente est celle de l'Acadienne Antonine Maillet, assise seule à la droite de Pivot en face d'une brochette de cinq académiciens, disposés en rang d'oignon et par âge, et dont l'ordre d'apparition en scène sera tiré... dans un bicorne !

Le restant de l'après-midi du vendredi, Pivot mime l' « Apostrophes » du soir. Seul dans son salon, il interpelle des invités imaginaires : « Eh bien, Untel, les critiques n'y sont pas allés de mainmorte à propos de votre livre ! » ; « Dites donc, Machin, il me semble que dans votre dernier roman vous vous répétez un peu ! ». Comme un acteur dans sa loge, Pivot affûte ses questions, teste ses répliques, pèse ses jugements. C'est l'ultime répétition avant la Générale, mais nul témoin n'y est prié. Ah ! Combien d'auteurs anxieux, combien d'attachés de presse se bousculeraient pour assister aux préparatifs subtils de ce gâte-sauce littéraire ! Les cuisinera-t-il longtemps ? A quelle sauce les dévorera-t-il ?

Peu avant huit heures, Pivot casse une petite croûte (très légère), se rase, s'habille. Peu sensible à la mode vestimentaire — ses costumes sont de prêt-à-porter, provenant de chez Smalto ou Cerruti, achetés sans états d'âme mais en grosse quantité pour n'avoir pas à y revenir de sitôt —, Bernard Pivot ne répugne pas, comme on l'a vu, à mélanger les pois avec les raies, à faire jurer les couleurs. Souvent, sa femme Monique ou l'une de ses filles le conseillent, choisissent la couleur de la cravate, lui ajustent une pochette au revers du veston. En leur absence — ou si le temps manque —, Pivot se trouve une fois sur deux attifé comme l'as de pique (tandis que ses invités auront pour la circonstance refait leur garde-robe, se seront ruinés en coiffeur). Intarissable à propos du vin, Pivot est muet sur le vêtement. Aux tissus de marque il préfère le velours de l'estomac.

Ce velours-là sera honoré, mais en fin de soirée uniquement. Car l'après-« Apostrophes » est aussi ritualisé que l'avant. Dès la fin de l'émission, auteurs, public et techniciens sont priés à un « pot » en coulisses : jus d'orange ou whisky, extirpés d'une valise en bois clair sur laquelle une main a inscrit « Apostrophes », et servis chichement dans des gobelets en plastique. En hôte parfait, Bernard Pivot passe de groupe en groupe, échange quelques mots avec chacun. A 23 h 30, tout le monde est gentiment poussé vers la sortie, tandis que Pivot et son équipe (Anne-Marie Bourgnon, Pierre Boncenne, le réalisateur) s'en vont souper « chez Lipp ».

Une table est toujours retenue au rez-de-chaussée le vendredi soir pour « monsieur Pivot » à la brasserie de Saint-Germain-des-prés. Mais attention ! Editeurs et auteurs ne sont pas conviés à la fête. Il ne faut pas mélanger les torchons et les serviettes, et le travail avec le plaisir. Exceptionnellement, pourtant, Pivot déroge à cette règle inflexible. Ainsi il invita une fois Simone Signoret à se joindre à son équipe et, une autre fois, son ami et ex-collaborateur Gilles Lapouge. Ce dernier, hélas, ayant déjà accepté de souper avec son éditeur, Charles-Henri Flammarion, proposa à Pivot de ne faire qu'une seule tablée et s'entendit répondre : « Désolé, mon vieux ; jamais d'éditeurs à ma table le vendredi soir ! ». Au dernier moment, Flammarion se décommanda et Gilles Lapouge, n'osant pas revenir à la table de Pivot, soupa tout seul.

« Lipp », le vendredi en fin de soirée, prend alors une atmosphère de kermesse. On s'y rend moins pour manger que pour observer et surtout pour être vu. On échange sourires et poignées de main, secrets et potins. Beaucoup d'éditeurs ont réservé une table pour inviter leur poulain. Du coin de l'œil, ils épient les expressions de Pivot. Est-il sombre ? C'est que tel invité l'a agacé au cours de l'émission. Rit-il ? Il doit se moquer d'Untel, qu'il a su si ironiquement piéger. (Pivot, la plupart du temps, s'assombrit parce que le poulet chasseur est tiède et rit parce que Jean Cazenave, le réalisateur, vient de lui raconter la dernière histoire belge). Geneviève Dormann a écrit, dans un portrait de son ami Pivot publié par *Vogue Hommes* (en 1979) : « Si vous voyez, chez Lipp, un monsieur se mettre sur les pointes, faire un entrechat et envoyer un baiser du bout des doigts, en direction de la table de Pivot, soyez assuré que cet homme est un éditeur. »

Les stars de la vie intellectuelle parisienne se sont toutes donné rendez-vous dans ce haut lieu de l'esprit. Vous pourrez y voir (à condition, bien sûr, d'avoir accès au sacro-saint « rez-de-chaussée », Empyrée où demi-dieux et abonnés du « Who's who » tendance rive gauche se pressent pour avaler une choucroute très quelconque) Jean-Edern Hallier ou Bernard-Henri Lévy, désertant pour un soir leur Q.G. habituel : La Closerie des Lilas pour le premier et le pub Twickenham pour le second. A l'occasion, l'un ou l'autre s'arrêtera en passant à la table de Pivot pour commenter l'émission. Au dessert, certaines attachées de presse auront l'audace de tirer également leurs chaises vers ce pôle magnétique. Pas pour parler « boutique », non (Pivot ne l'accepterait pas), mais pour, l'espace de quelques instants, goûter avec délice l'intimité de leur Roi-Soleil. Le lundi suivant, elles conforteront leur réputation auprès de leurs éditeurs en glissant : « Tiens, j'ai bavardé avec Pivot chez Lipp vendredi dernier ; il m'a confié que... » Avec un tel sésame, les voici désormais intouchables.

Pivot, lui, n'a pas conscience de cette cour qui l'environne. Vers une heure du matin, il guette avec avidité le passage du vendeur de journaux brandissant tel un facteur jovial les premières éditions de la nuit. Pivot le hèle bruyamment et achète *L'Equipe*, plonge illico dans son journal préféré, y lit les résultats des matches de football de la soirée. Poliment, on s'enthousiasme avec lui de la victoire de Saint-Etienne et l'on commente la défaite de Paris-Saint-Germain.

Vers deux heures, tout ce beau monde se quitte et rentre chez soi. Pivot, lui, comme tous les vendredis soir, dormira mal. Toute la nuit, se tournant et se retournant dans son lit, il refera l' « Apostrophes » du soir. « Ah ! là, j'aurais dû intervenir... Je n'aurais pas dû laisser passer ça... Je n'ai pas mis assez en valeur Untel... » Les regrets et remords inévitables, ainsi que leur cortège de frustrations et de déceptions, viendront longuement hanter la nuit blanche de l'animateur vedette. Dès le lendemain matin, à l'heure même où des milliers de lecteurs se précipitent dans les librairies pour acheter le livre « de l'auteur qui était hier soir chez Pivot », Pivot, lui, songe déjà à l' « Apostrophes » de la semaine suivante...

2. *Le premier salon où l'on cause...*

« Il ne faut jamais prendre au sérieux les hommes, si sévères soit leur regard, si ennuyeux soient leurs propos. Le monde est né d'une fantaisie. »

Bernard Pivot, *l'Amour en vogue*

« “ Apostrophes ” ? C'est une émission très agréable.
On reçoit chez soi des gens intelligents et bien élevés, et après on n'a même pas la peine de faire la vaisselle... »

Flora Malraux

Les Français, c'est connu, lisent peu. En revanche ils parlent volontiers. Et ils adorent écouter parler, à condition que le ton soit un peu polémique. C'est notre grande tradition jacobine et parlementaire ; c'est également la tradition de ce que jadis on appelait les salons littéraires. La France, intrinsèquement, est demeurée fidèle aux valeurs des XVIIIe et XIXe siècles. « La société française est une société littéraire, contrairement à l'Amérique du Nord qui me semble avant tout une société audiovisuelle », note une journaliste québecoise, Denise Bombardier, dans un livre consacré à la télévision française (*la Voix de la France*, Robert Laffont, 1975) en ajoutant : « Je me réfère aux magazines littéraires à l'affiche à la télévision. Ces magazines me font penser aux salons littéraires du XIXe siècle, où se réunissaient les beaux esprits pour échanger des piques et des compliments dans une langue policée, avec parfois la tentation d'utiliser un vocabulaire dont ils étaient les seuls à posséder la clef. »

« Apostrophes », salon littéraire de l'audiovisuel ? Pourquoi pas ? On y cause, chaque vendredi, de littérature, grande ou petite, et en tout cas de livres. Qu'on les présente avec élégance ou maladresse, qu'on les encense ou qu'on en dise pis que pendre, peu importe : l'essentiel est qu'il y ait des livres à la télévision, une fois par semaine, durant une heure et quart, à une heure de grande écoute. Car montrer des livres au petit écran confère à ces derniers ce supplément d'existence qui permet de les faire mieux connaître et, accessoirement, de les vendre. « Apostrophes » est la première vitrine de livres en France. La merveille, c'est qu'il s'agit d'une vitrine parlante. Et dans laquelle ce sont les auteurs qui parlent, jaillis comme par magie des jaquettes de leurs livres (par un trucage inventé il y a quelques années par François Chatel, l'un des réalisateurs d'« Apostrophes », aujourd'hui disparu, lorsque le livre est montré à l'écran, une lucarne s'ouvre en dessous du titre de l'ouvrage, au travers de laquelle paraît, en incrustation, la tête de l'auteur). Les livres se résument à haute voix, les auteurs conversent comme s'ils étaient les hôtes de Madame de Récamier, parfois des joutes oratoires opposent un Voltaire de l'intelligentsia parisienne à un Chateaubriand de province.

D'aucuns reprochent toutefois à « Apostrophes » sa superficialité, sa légèreté. On discute dix minutes d'un livre et pfuitt..., on passe à un autre. On reste sur sa faim. « Mais c'est cette faim-là, justement, qui donne de l'appétit ! », rétorque Pivot. Dans ce festin qu'est la lecture, « Apostrophes » n'est que l'apéritif.

Bernard Pivot a parfaitement conscience de la force contenue dans les limites de son émission, et emploie volontiers le terme de « frustration ». Il s'en explique dans l'entretien accordé aux *Cahiers du Cinéma* en 1981 : « Chaque semaine, des milliers de lecteurs continuent " Apostrophes " un livre à la main. J'ai toujours pensé qu'une des raisons du succès de l'émission, en ce qui concerne la vente des livres, c'était la frustration. » Et Pivot de s'expliquer : « 1. Les auteurs invités partent frustrés parce qu'ils ne se sont jamais exprimés autant qu'ils l'auraient voulu, d'autant que l'esprit de l'escalier leur montre ensuite qu'ils auraient pu être meilleurs. Le bon moyen pour eux de se guérir de cette frustration, c'est d'écrire un autre livre pour être réinvités. C'est ce qu'a fait Maurice Clavel : quittant " Apostrophes " furieux parce qu'il avait été agressé, frustré parce qu'il n'avait pas pu dire ce qu'il voulait, dans la nuit il a commencé un livre pour jeter sa bile et ses idées sur le papier. Un an après, il était de nouveau prié à " Apostrophes ". 2. Après chaque émission, je suis frustré. Elle ne s'est jamais passée comme je l'aurais voulu. Eh bien ! Je soigne cette frustration en préparant le mieux possible l'émission suivante. 3. Enfin, le téléspectateur est lui aussi très frustré parce que l'émission ne lui a pas apporté tout ce qu'il en attendait. Elle s'est arrêtée trop vite, on n'a pas insisté sur telle idée, etc. Comment peut-il soigner sa frustration ? Simplement, en achetant un ou plusieurs livres présentés pendant l'émission et en les lisant. » Et de conclure : « Si l'on faisait faire la psychanalyse d' " Apostrophes ", le mot clé de cette psychanalyse serait certainement le mot " frustration " ; laquelle a une connotation extrêmement positive et même dynamique, pour les écrivains, pour les téléspectateurs et pour l'animateur. »

Le fait que l'émission soit diffusée en direct est, notons-le, primordial. Un « Apostrophes » en différé manquerait d'intérêt. Polémiques et querelles sont des denrées délicieuses, mais périssables. Par la magie du direct, l'émission se déroule toujours à son point ultime de tension, avec tous les risques de déraillage et d'imprévu que cela implique.

Bernard Pivot remarque lui-même : « Ce genre d'émission ne peut être qu'en direct. J'ai toujours remarqué que les quelques émissions que nous enregistrons pour les vacances me paraissent moins bonnes. Non pas que je les regarde après, ce que je ne fais jamais, mais sur le moment, les motivations ne sont pas les mêmes : le risque en est absent. Il n'y a jamais eu d'incidents techniques au départ d' “ Apostrophes ”, en direct. Sur la vingtaine d'émissions enregistrées en sept ans, il y a eu une fois sur deux des incidents techniques au départ : la musique n'est pas partie, le générique... on s'est trompé, le magnéto n'a pas été branché... Je sens une meilleure motivation quand je suis en direct, les techniciens aussi et, je crois, même les invités. Avant l'émission, il y a toujours un créneau de quatre minutes trente de publicité et je demande toujours au réalisateur de mettre le son assez fort : ça détend les invités. Ils entendent “ Playtex, Bonbel... ”, ça les fait rire. Alors que dans une émission en différé, tout d'un coup une voix tombe des cintres, comme la voix de Dieu, qui annonce : “ enregistrement magnétique n°..., émission diffusée le... ” ; ça glace les gens, ça me glace aussi. Alors qu'en direct, tout d'un coup je vois mon image, je me ressaisis, je bande mon énergie et on part. La motivation est formidable. » (*Cahiers du Cinéma*, op. cit.)

Le direct a d'immenses vertus, par rapport au différé : d'une part, comme le remarque Pivot, la technique doit être entièrement disponible et au service de l'animateur (ce qui est loin d'être toujours le cas en différé) ; d'autre part, il est impossible de revenir sur ce qui a été dit, ce qui évite la tentation de la censure. Bernard Pivot a parfaitement conscience du pouvoir que lui confère ce dernier point fondamental : « La plupart des téléspectateurs croient que l'émission est en différé. Bizarre (...). Le fait qu' “ Apostrophes ” soit une émission de ton très libre, où il est possible de dire des choses désagréables sur des personnages considérables, sur des hommes politiques, est paradoxalement une preuve pour le public que “ ça ne peut pas être en direct ”. Le risque est tel que beaucoup de gens, qui sont timorés, pusillanimes, pensent que le pouvoir, quel qu'il soit, ne peut courir le risque du direct. Ce qui est faux et prouve que le public s'autocensure encore plus que les journalistes. » (*Cahiers du Cinéma*, op. cit.)

Le direct, rempart contre la censure et la mainmise du pouvoir, a aussi pour effet de responsabiliser davantage les orateurs : tout ce qu'ils diront pourra être utilisé contre eux ! Encore faut-il avoir conscience que l'on est en direct. Bernard Pivot cite une anecdote : « Un soir, j'avais reçu M. Baruk (le 9 janvier 1976) qui est psychiatre — un vieux psychiatre — et qui avait, au cours de l'émission, traîné dans la boue un de ses confrères, absent sur le plateau. Après l'émission, je lui ai dit : “ Votre confrère ne va pas être très content, il va certainement demander un droit de réponse. ” M. Baruk m'a dit : “ Ah ! mais vous n'avez qu'à enlever cela au montage ! ” Il n'avait pas compris que ça passait en direct. » (*Cahiers du Cinéma,* op. cit.)

Les invités ne mesurent pas toujours les conséquences que leurs paroles, proférées en direct, peuvent avoir. Ainsi, Pierre Joffroy, invité le 24 septembre 1982 (thème : « Information et désinformation »), insulta Volkoff en utilisant des termes que ce dernier jugea insupportables (Joffroy accusa notamment Volkoff d'être raciste, antisémite et fasciste et d'avoir publié, sous pseudonyme, des romans à connotations nazies). Très calme, Volkoff pria son agresseur de répéter mot pour mot ses insultes, car il se ferait alors un devoir de porter plainte contre lui pour diffamation. Joffroy, très en colère, répéta. Conséquences pour l'agresseur : il fut effectivement condamné pour diffamation ; les ventes de son livre (*le Cheval chauve,* chez Ramsay) stoppèrent après l'émission ; enfin il ne fut plus convié à « Apostrophes ». Volkoff, en revanche, l'agressé qui avait su garder son calme, vendit très bien son *Montage* (Julliard / L'Age d'homme) et fut réinvité (le 4 octobre 1985 pour *le Professeur d'histoire*).

Autre cas, assez similaire : l'affrontement verbal qui opposa le fringant et agressif Morgan Sportès (auteur de *Je t'aime, je te tue,* au Seuil) au non moins excessif Marc-Edouard Nabe (*Au régal des vermines,* chez Barrault), lors d'un « Apostrophes » fort justement consacré aux « Mauvais sentiments » (le 15 février 1985). Sportès traita Nabe de raciste (décidément, voici une insulte privilégiée), et ce dernier opposa à l'insulte la raillerie, affichant par ailleurs des poses faussement alanguies (« cause toujours, je m'en tape ») qui ajoutèrent à la fureur de l'autre (« sors dehors, si t'es un homme »). Conséquence : les deux « méchants » furent renvoyés dos à dos et leurs livres furent des bides. Cet échange de « mauvais sentiments » ne prit pas fin, cette fois-là, avec le générique de Rachmaninoff. Bien au contraire, il se transforma en pugilat ! En effet, le non moins bouillant Georges-Marc Benamou (journaliste, actuellement rédacteur en chef de *Globe*), outré, devant son poste de télévision, par les propos tenus par le fils de Zanini (Marc-Edouard Nabe est le rejeton de l'auteur de « Tu veux ou tu veux pas ? »), sauta dans sa voiture et se précipita à Antenne 2. Trompant la vigilance des huissiers, il s'introduisit dans la salle où a lieu le « pot » traditionnel qui réunit les invités après l'émission, et se rua tel un forcené sur le faible Nabe. Echange de gifles. Un ami de Nabe s'en mêle et rend coup pour coup. Claude-Jean Philippe et Bernard Pivot s'interposent, et parviennent enfin à maîtriser les forcenés. Quelques horions furent le seul bénéfice que ces jeunes gens trop emportés et vindicatifs tirèrent de leur passage à « Apostrophes ».

La dispute qui opposa Maria Antonietta Macciochi à Simon Leys, le 27 mai 1983, ne se solda pas par des coups et blessures, mais les conséquences en furent tout aussi graves. La fougueuse Italienne, venue présenter son ouvrage *2000 ans de bonheur* (chez Grasset), consacré à la Chine de Mao, se vit en effet contrée avec vigueur par le sinologue Simon Leys, qui réfuta point par point les arguments développés par M. A. Macciochi dans ses livres (notamment *De la Chine,* apologie de la Chine de Mao), et démontra que l'ensemble en était mensonger et « trafiqué ». La pauvre Maria Antonietta, pâle comme la mort, ne sut pas se défendre, et se contenta d'encaisser, sans rien dire, cette avalanche de critiques. Bernard Pivot raconte cette mésaventure dans ses « carnets » (*Lire,* juillet-août 1983) : « A l'instant précis où Simon Leys a pris la parole, j'ai senti qu'il allait se passer sur le plateau d' “ Apostrophes ” quelque chose d'inédit et de fort qui nous clouerait le bec pendant un bon moment. Simon Leys — qu'on voyait pour la première fois à la télévision française — parla avec la conviction et l'authenticité de *l'homme indigné.* Profondément indigné. Depuis longtemps indigné. Dignement indigné. Et, eût-il voulu se montrer courtois, il n'aurait pas pu ne pas laisser éclater son indignation. C'est qu'il en avait tant lu de bêtises sur Mao et la Révolution culturelle ! (...) Alors, devant Maria Antonietta Macciochi, que le hasard d'une émission avait placée en face de lui, il laissa jaillir ce qu'il avait sur le cœur et dans la mémoire. Réduite à une contrition silencieuse, la pétulante Italienne vit bien que rien ne pourrait arrêter la colère et la protestation d'un homme vraiment indigné. »

Le perdant, en l'occurrence, ne fut pas le bourreau, mais la victime. Dès le lendemain, les ventes de *2000 ans de bonheur* s'arrêtèrent net, et les libraires renvoyèrent en masse le livre à l'éditeur. Claudine Lemaire, qui en était l'attachée de presse, se souvient de cette aventure comme du plus beau « four » de sa carrière : « Quelqu'un avait assuré Maria Antonietta que Simon Leys ne réagirait pas. Naïve, elle l'avait cru et n'avait pas suffisamment fourbi ses armes. Lorsque le sinologue démolit en direct son livre, elle fut prise de panique. Elle donna aux téléspectateurs l'impression d'être prise en faute, ce qui accrédita d'autant plus les critiques de Leys. Les conséquences ont été désastreuses pour la vente du livre, d'autant plus qu'il s'agissait, à l'époque, d'un des premiers livres dont le prix dépassait la barre des 100 francs. Les conséquences ont été également dramatiques pour la carrière de M. A. Macciochi, qui ne s'est jamais remise psychologiquement de cet échec ! » Cette mésaventure ne saurait d'autant moins être oubliée qu'elle a toujours été depuis lors citée comme l'illustration type de l' « effet négatif que peut avoir " Apostrophes " sur un livre ». Salon littéraire, « Apostrophes » peut parfois se transformer en salle de torture où l'auteur est soumis à la question.

Le direct n'est pas non plus, forcément, le lieu de l'improvisation brouillonne. L'auteur peut parfaitement choisir de maîtriser son image médiatique, en se mettant lui-même en scène.

Jean-Claude Lattès propose depuis 1972 à ses auteurs débutants un stage où on leur apprend à se comporter devant une caméra vidéo : « Il ne s'agit pas, comme on l'a prétendu, de leur faire " répéter " " Apostrophes ". " Apostrophes ", c'est Pivot, et pour que l'entraînement ait un sens, il faudrait que Pivot lui-même fasse répéter l'auteur — ce à quoi il se refuserait, bien entendu. En revanche, ces stages vidéo permettent aux gens qui n'ont aucune expérience des médias de découvrir leur image : on les enregistre, et ensuite on leur fait voir la bande, ce qui leur permet de se corriger, de s'améliorer. Souvent, la première fois, ils ne se reconnaissent même pas ! Ils disent : " C'est moi ? Je suis bien mauvais ! " Et puis ils s'améliorent. C'est vraiment le B.A.-BA ! D'ailleurs, beaucoup d'éditeurs ont suivi mon exemple, mais ils s'en cachent !... »

Les éditeurs, justement, prétendent dans leur grande majorité être hostiles à ce type de « préparation » à la télé. Imagine-t-on — disent-ils — Patrick Modiano, sous prétexte qu'il ne peut pas aligner deux mots, suivre des stages d'expression publique et de maintien ? Il y perdrait, c'est certain, de son mystère, de son charme et surtout de son authenticité.

Bernard Pivot lui-même préfère que ses invités ne soient pas trop préparés. Il n'y a rien de pire qu'un écrivain qui force sa nature pour communiquer à la télé et qui « en fait trop ». Tout le monde s'accorde sur ce point : peu importe que l'écrivain bafouille, soit ému, voire éclate en sanglots (comme Sylvie Caster), pourvu qu'il demeure authentique...

De fait, il faut bien distinguer le fond et la forme : la préparation vidéo, telle que la conçoit Jean-Claude Lattès, porte sur la façon de se comporter en public devant une caméra : plus on est à l'aise, plus on aura de chances de bien passer. Mais il est dangereux de trop se préparer sur le fond, et d'apprendre par cœur à l'avance des résumés de son livre, des mots d'auteurs ou des compliments destinés à l'animateur ou aux autres invités. Ce type de « préparation », elle, ne passe pas du tout l'écran, car elle brise toute l'authenticité et la spontanéité de l'auteur. La télévision est, à cet égard, sans concession.

Un homme de communication comme Jacques Séguéla l'a appris à ses dépens. Lorsqu'il est venu pour la première fois sur le plateau d' « Apostrophes » (le 14 décembre 1979, émission consacrée à la publicité) pour « Ne dites pas à ma mère que je suis dans la publicité... elle me croit pianiste dans un bordel » (chez Flammarion), ce publicitaire de choc a pris le parti d'émailler sa prestation de slogans et de phrases « coups de poing », visiblement préparés à l'avance et qui arrivaient un peu comme des cheveux sur la soupe. A cause de ce manque d'authenticité, Séguéla, qui aurait bien voulu donner de lui l'image d'un Rimbaud de la publicité, est surtout apparu aux yeux des téléspectateurs comme un faiseur et un prétentieux. Son livre, il est vrai, s'est vendu à 70 000 exemplaires, mais il faut noter qu'il a bénéficié d'un espace publicitaire (presse et affichage) d'une valeur de 3 millions de francs, soit dix fois le montant d'un budget moyen d'édition (source : *Médias*), et il aurait dû se vendre à 300 000 exemplaires au moins pour amortir cet investissement publicitaire énorme. Jacques Séguéla s'est bien amélioré depuis, mais il faut cependant noter qu'étrangement, les publicitaires ont des difficultés à « bien passer » à la télévision : Pierre Lemonnier, invité à « Apostrophes » le 13 septembre 1985 pour *Quand la publicité est aussi un roman* (chez Hachette), est quant à lui apparu singulièrement terne pour un homme de communication.

Il n'empêche que certains auteurs ont une parfaite maîtrise des médias et notamment de la télévision, et qu'ils savent formidablement se mettre eux-mêmes en scène. Jean d'Ormesson, Jean-Edern Hallier, Bernard-Henri Lévy, Patrick Grainville ont acquis, par l'expérience, cette aisance que leur envient les débutants traqueurs. Ils n'ont pas eu à passer devant les caméras de Jean-Claude Lattès, car depuis longtemps déjà ils ont perdu leur virginité télévisuelle. Mais serait de bien mauvaise foi celui qui prétendrait que cette maîtrise de leur propre image ne les avantage pas énormément...

Lorsqu'il fut convié pour la première fois sur le plateau d'« Apostrophes », le 1er avril 1977 (pour une émission consacrée, vu la date, aux « Farceurs et pasticheurs »), Jean-François Bizot, le patron d'*Actuel*, de tempérament naturellement inquiet, voulut ne pas rater son passage à la télévision, et décida de se préparer à l'émission. Dans ce but, il répéta devant les caméras vidéo du réalisateur Jean-Paul Fargier, qui ensuite, après l'émission, filma les réactions de Bizot visionnant au magnétoscope sa prestation sur le plateau. L'ensemble du film a été intitulé par Fargier : « Bizot fait de la télévision. »

Résolu à se créer une silhouette et à incarner un personnage marginal (*Actuel* oblige), Bizot arriva donc à « Apostrophes » avec sur le nez une paire de lunettes fumées roses façon Lolita ! Il parvint même à en affubler Pivot avant la fin de l'émission...

La référence absolue de la marginalité incarnée à « Apostrophes », c'est évidemment la prestation hautement éthylique du poète et romancier américain Charles Bukowski, le 22 septembre 1978 ! Le thème s'y prêtait admirablement : « En marge de la société ». Mais il faut bien avouer que, cette fois-là, le jeu dépassa les bornes du genre (pour l'époque, et à la télévision française, en tout cas) !

Rappelons brièvement l'objet du scandale : Bukowski, connu pour son penchant pour la boisson, écluse des bouteilles de vin blanc sur le plateau, en direct. Au début, Pivot joue le jeu (il avait mis à la disposition de l'écrivain deux bouteilles de Sancerre, qui s'ajoutèrent aux deux bouteilles de vin d'Alsace que Bukowski avait emmenées avec lui), mais au vu des litres succédant aux litres dans l'estomac de son invité assoiffé, il commence à s'inquiéter. « J'avais peur qu'il vomisse en direct ! », a-t-il invoqué par la suite (il faut dire que, assis à la droite de l'écrivain alcoolique, Pivot était aux premières loges...). Bukowski commence à délirer, et à parler à tort et à travers. Cavanna, présent lui aussi sur le plateau, s'écrie : « Ta gueule, Bukowski ! » En réponse à quoi l'Américain entreprend de trousser la robe de sa voisine collet monté, Catherine Paysan. C'en est trop ! Se sentant débordé par les réactions intempestives de son invité ivre mort, Pivot exclut Bukowski du plateau. Ouf ! L'honneur est sauf, mais on a eu chaud !

Gérard Guégan, qui était l'éditeur de Bukowski à l'époque, revendique tout à fait ce qui s'est passé, et invoque même la préméditation. Il faut dire que cet écrivain et journaliste (il est grand reporter au *Matin*), adepte de karaté, n'en était pas à sa première provocation. Il explique ainsi l'attitude de Bukowski : « Tout était prévu, mis en scène. Nous avions prévenu Pivot que Bukowski boirait en direct et Pivot avait accepté le risque du dérapage. Boire, pour Bukowski, est sa façon de se créer un personnage, et de trouver le courage de dire certaines choses. Jack Kérouac a fait la même chose à la télé il y a trente ans. Quand on veut se créer une légende de « marginal », il faut savoir jouer la provocation et non se contenter d'incarner le rôle du bon père de famille. Donc, Bukowski est arrivé saoul sur le plateau (nous buvions ensemble depuis six heures du soir), et il a débouché et bu en direct les deux bouteilles qu'on lui avait achetées, plus les deux autres offertes par Pivot. Formidable ! Pivot a pris peur, et n'a pas voulu assumer le jeu jusqu'au bout. D'ailleurs, j'en veux moins à Pivot qu'au scribouillard Cavanna, qui s'est permis d'insulter ce poète authentique qu'est Bukowski... »

Quant à Jean Cazenave, le réalisateur, il s'est offert là un grand moment de télévision : « J'ai volontairement montré les plans où Bukowski prenait sa bouteille à la main (il faisait ça à la dérobée, comme en cachette), mais tout en conservant un équilibre. En effet, si j'avais occulté entièrement cet aspect-là, les téléspectateurs n'auraient pas compris pourquoi l'écrivain était dans cet état, et surtout pourquoi Pivot avait été obligé de l'exclure du plateau. Je n'ai pas non plus cédé à la tentation de montrer systématiquement Bukowski en train de boire, car alors plus personne n'aurait pu suivre ce que les autres disaient, et on aurait pris cela pour un éloge de l'alcoolisme. J'avoue que ça aurait donné un numéro hautement comique ! »

Les auteurs alcooliques ne sont pas tous aussi spectaculaires que Bukowski. Certains mettent au contraire toute leur coquetterie à dissimuler leur penchant. Ce fut le cas du grand écrivain Vladimir Nabokov, qui accepta d'être interviewé par Pivot depuis son vaste château désuet en Suisse, le 30 mai 1975. Avant l'entretien, Nabokov dit à Pivot : « Je souhaite boire du whisky durant l'émission, mais je ne voudrais pas donner un mauvais exemple à la jeunesse française. » Pivot trouva une solution : il remplit une théière de whisky, et la posa à proximité de l'écrivain. En cours d'émission, Bernard Pivot prit un malin plaisir à resservir plusieurs fois l'auteur de *Lolita,* tout en lui glissant d'un air complice : « Encore un peu de thé, Monsieur Nabokov ? »

L'impact maximum est atteint par un auteur lorsque Pivot s'engage personnellement. Désignant la jeune Anne Garetta, auteur de *Sphinx,* son premier roman, comme « une romancière très douée, dont on n'avait pas fini d'entendre parler », il transforma effectivement une inconnue en célébrité du jour au lendemain. « Quand Pivot s'engage, c'est toujours excellent pour le livre », observent les libraires.

Toujours ? Une fois, au moins, Pivot s'est engagé à fond sur un livre et un auteur, sans que ses efforts soient récompensés. Il s'agit de *la Bataille de Wagram,* de son ami et ex-collaborateur Gilles Lapouge, candidat malheureux au Goncourt et dont les ventes furent modestes, malgré tout le bien que Pivot en dit à « Apostrophes » et dans *Lire.*

Gilles Lapouge, après avoir arrêté d'animer « Apostrophes » avec Pivot, fut par la suite régulièrement invité : trois fois pour présenter l'un de ses livres ; trois fois pour parler du livre d'un autre. La dernière fois, le 7 mars 1986, ce fut donc pour *la Bataille de Wagram.* Dès le début de l'entretien, Pivot adopta le tutoiement. Il voulut se reprendre, s'embrouilla, puis décréta : « Oh, après tout, tout le monde sait qu'on se connaît ; on peut bien se tutoyer. » Cette familiarité bien compréhensible — Pivot et Lapouge sont amis depuis vingt-cinq ans — sonna faux aux oreilles du public, et les deux hommes eux-mêmes se sentirent vite gênés par cette forme d'impudeur correspondant si peu à leur caractère. Eux d'ordinaire si réservés sur le chapitre de l'amitié, voilà qu'ils feignaient soudain de jouer à « copains-coquins ». Et Pivot eut beau clamer dans *Lire* les beautés du roman de Lapouge, se substituer aux jurés Goncourt pour lui accorder haut la main les mérites du prix (on murmure que les Goncourt, agacés par l'enthousiasme bruyant de Pivot, écartèrent très vite *la Bataille de Wagram* de leurs débats), le classer dans les « 20 meilleurs livres » de *Lire,* rien n'y fit : *la Bataille de Wagram,* malgré de telles promotions, s'enlisa dans les marais de Waterloo. Pour une fois, l'enthousiasme sans mélange de Pivot — et peut-être à cause de cela — tomba à plat.

Le direct, comme on le voit, n'est pas toujours sans dangers. Celui qui doit absolument savoir maîtriser ces aléas, c'est bien entendu l'animateur. Pivot, en bon cocher, fouette les uns et tire la bride des autres, marche au pas ou pique des deux. Funambule exercé, il avance sur le fil du rasoir, en danger de tomber dans l'un des deux abîmes qui le menacent : l'émission soporifique et l'émission scandaleuse. Le plus souvent, il parvient à conserver cet équilibre instable.

Comme le note Jacques Piveteau, dans *l'Extase de la télévision* (INSEP Editions, collection « Voir autrement », 1984) : « [le désir de s'instruire] s'émousse et pousse à tourner le bouton pour changer de chaîne si la culture ne vient pas sous forme de spectacle. Voyez comment s'y prend Bernard Pivot. Il interrompt, pose des questions (soi-disant) inattendues, semble se montrer impertinent et indiscret. Sans cela, écouter un auteur parler de son livre est une épreuve au-dessus des forces de la plupart d'entre nous. »

Le rôle de Pivot consiste donc à arracher les masques, tirer sur la barbiche ou frotter les oreilles des auteurs guettés par l'académisme et le ronron. Pivot, c'est Boudu, le clochard gentiment anarchiste incarné par Michel Simon dans le film de Jean Renoir : en le recevant chez soi, on sait qu'on a des chances de voir les convives se disputer, casser les assiettes, mettre les pieds sur la table ou s'enfuir par la fenêtre. Et l'on aime bien cette peur-là, cette désobéissance aux discours convenus, cette licence autorisée, cette entorse faite à la langue de bois. Chez Pivot, tout peut arriver, dans la limite du concevable ; tout est permis, dans la limite du convenable. On frétille, on tressaille, mais au fond on ne risque rien, puisque tout se passe de l'autre côté de l'écran de télévision. « Apostrophes » est une catharsis.

Bernard Pivot ressemble beaucoup à Valentin, le héros de son roman : il est payé pour gratter des têtes dans une fête foraine. Comme les passagers du train fantôme qui veulent avoir peur, les invités de Pivot paieraient volontiers leurs places pour se faire « apostropher ». Comme eux également, ils sortent profondément changés de cette épreuve initiatique : propulsés au firmament des ventes ou rejetés dans la géhenne. Comme eux enfin, ils s'accordent à reconnaître le pouvoir et la toute-puissance de ce simple bateleur, ce demi-diablotin, ce gratteur de têtes : Bernard Pivot.

3. « Apostrophes », c'est du cinéma...

> « Le vendredi, je regarde “ Apostrophes ”, le samedi et le dimanche, ce sont les jours où je vois ma famille, et le reste du temps je travaille. »
>
> François Truffaut

Longtemps programmée en face de « Au théâtre ce soir » sur TF 1, « Apostrophes » s'est très vite imposée comme la véritable « dramatique » du vendredi soir. Une dramatique en direct dont auteurs et acteurs inventeraient le texte au fur et à mesure du déroulement de l'émission. Improvisation ? Pas tout à fait. Car « Apostrophes » est fondée sur des règles strictes et immuables de dramaturgie qui en font une émission brevetée, donc incopiable.

Ces règles, les voici :

a — La scène, le décor : D'une simplicité spartiate, la scénographie d' « Apostrophes » repose sur l'idée simple, mais géniale, de Claude Barma, collaborateur de Pivot aux débuts de l'émission : un salon littéraire transformé en ring de boxe. Le ring, estrade surélevée au centre du plateau, sous les projecteurs, a la forme d'un rectangle : deux rangées de fauteuils disposés face à face, au piètement non pivotable (à cause du bruit), dans lesquels prennent place les athlètes (de quatre à six en moyenne). Au sommet du rectangle, l'arbitre Pivot. Au milieu, une longue table rectangulaire sur laquelle sont disposés les livres, comme autant de gants de boxe. Tout autour, mais assez loin, dans le vague, le public des entraîneurs (éditeurs, attachés de presse) et des supporters (amis et famille des auteurs). Le décor : des palissades en accordéon discrètement illustrées. Dans les intervalles laissés entre les palissades : quatre caméras, relayées par la régie. Derrière les palissades : un terrain vague ; la neutralité de hangar d'un plateau de télévision. « Apostrophes » est une émission sans coulisses et sans filets. Un stade conçu pour la lutte intellectuelle, pour la joute des idées, et ouvert à tous les vents.

b — La mise en scène : Contrairement au théâtre, les protagonistes d' « Apostrophes » ne bougent pas. Ils sont vissés dans leurs fauteuils, dans un champ très serré, et la chorégraphie qu'ils offrent se limite à des échanges de regards, des mimiques, des sourires ou des gestes. Tout cela doit être sélectionné, cadré, bâti, organisé. Cela nécessite donc une mise en scène de cinéma. A « Apostrophes », cette mise en scène est en principe immuable, quels que soient les réalisateurs (il y en a eu une douzaine en douze ans, dont quatre principaux : François Chatel, Roger Cahane, Jean Cazenave et Jean-Luc Leridon). Ainsi, cette mise en scène refuse les longs mouvements de caméra ou les angles originaux (façon Dugowson dans « Droit de réponse »). Plus proche des principes cinématographiques de Howard Hawks ou de John Ford que de Orson Welles ou de Claude Lelouch, la mise en scène d' « Apostrophes » serre au plus près ses « comédiens » : beaucoup de plans moyens et de gros plans, peu de plans d'ensemble, peu de plongées, jamais de contre-plongées. La caméra d' « Apostrophes », plantée à hauteur d'homme, se veut objective. [Si nous citons plus haut Lelouch, c'est parce que ce réalisateur gymnaste, dont le rêve serait de filmer à travers les yeux d'une mouche virevoltant au plafond, a eu un jour l'idée de reconstituer le plateau d' « Apostrophes » pour les besoins d'un de ses films, *Partir, revenir* : la caméra de Lelouch, placée sur une grue articulée, tourne, vire, monte, descend, virevolte, fait du trapèze volant autour de Pivot, Bernard-Henri Lévy et Henri Amouroux qui pour la circonstance font de la figuration. Quelle différence avec les regards froids et précis d'entomologistes de Cazenave ou Leridon lors des « vrais » « Apostrophes » !...]

Jean Cazenave, le plus ancien réalisateur d' « Apostrophes » (il a même travaillé avec Pivot à l'époque de « Ouvrez les guillemets »), revendique hautement son rôle de metteur en scène : « Dans le choix que je fais de montrer ou non tel ou tel invité, de cadrer son visage ou ses mains, en un mot de porter mon regard sur ce qui est en train de se passer, j'influence énormément le jugement du téléspectateur. » Ce pouvoir est, en effet, énorme : « Je fais tout pour demeurer objectif, quelles que soient mon attirance pour certains invités et ma répulsion pour d'autres, mais je sais que je pourrais rendre un auteur sympathique, antipathique ou totalement absent, uniquement par le choix des cadrages. »

Ce pouvoir, le réalisateur ne peut toutefois l'exercer que dans l'instant. Nulle préméditation possible : Pivot ne lui donne le plan de table que peu de temps avant l'émission, et les auteurs ne prennent place qu'un quart d'heure avant le début, et ce sont les photographes de plateau qui ont la primeur de leurs physionomies. « Pivot me donne parfois des indications supplémentaires : les auteurs timides ou nerveux ; ceux qui sont susceptibles de s'accrocher. Je reste sur le plateau jusqu'au dernier moment pour bien sentir l'ambiance, et je ne rejoins la régie que cinq minutes avant le départ, au moment des pubs. »

La disposition des auteurs qui risquent de polémiquer ensemble tient également de la mise en scène. On peut ainsi les installer face à face, comme au tennis, de façon à filmer en champ/contre-champ les prises de becs. Ainsi, dans une émission consacrée aux journalistes (le 14 février 1975), on vit un Jean-François Chauvel bouillonnant se propulser de son fauteuil dans le but avoué d'étrangler l'un des confrères qui lui faisait face ; fort heureusement, il fut retenu par son micro ! A ces affrontements directs Cazenave préfère les ripostes formulées côte à côte : « Deux auteurs qui se haïssent assis l'un à côté de l'autre, c'est beaucoup plus intéressant : la proximité physique de leur adversaire les pousse davantage dans leurs retranchements. Si l'un se penche, l'autre s'écarte ; ils vont se dire des “ crasses ” sans se regarder dans les yeux, comme si l'autre n'existait pas. Et la caméra peut les avoir tous les deux dans le champ. »

La règle d'or, pour Jean Cazenave, c'est de savoir anticiper : « Cela nécessite des qualités d'écoute, une volonté d'être en harmonie avec ce qui se passe sur le plateau, et de prévoir comment ça va se terminer. Si une émotion s'installe sur un visage, il ne faut pas la casser en changeant trop souvent de plan. » Un exemple : Sylvie Caster qui, venue présenter son roman *les Chênes verts* (Ed. B.F.B.) le 5 septembre 1980, éprouva une telle émotion qu'elle fondit en larmes en direct. « J'ai senti venir les larmes », raconte Jean Cazenave, « et dès ce moment je ne l'ai plus lâchée ; je n'allais pas briser cette émotion par des contre-champs incessants sur Pivot... » A l'inverse, Cazenave remarque que s'il montre trois fois la physionomie intéressée ou amusée de Pivot, la cote de l'auteur qui a su provoquer ces réactions chez l'animateur va incontestablement monter. Elle baissera au contraire si Pivot bâille ou s'ennuie. « Parfois il me serait très facile d'enfoncer complètement un auteur », estime Jean Cazenave. « Il me suffit de le montrer en train de regarder sa montre ou de se curer le nez tandis que les autres disent des choses intéressantes. J'en ai souvent la tentation avec des auteurs antipathiques, mais j'essaie de m'y refuser : il faut laisser sa chance à chacun. En revanche, je serai toujours enclin à mieux “ servir ” un auteur sympathique ou expressif. »

La réalisation d' « Apostrophes » apparaît ainsi comme une écriture de l'instantané, qui doit trouver son ton, son rythme, sa dramaturgie, ses progressions. Comme dans une partition musicale, il y a une exposition du thème, puis des variations, des montées, des silences, des *crescendo,* des *forte,* une conclusion. Cette écriture visuelle doit être au service de ce qui est dit, et non s'y substituer. « Autant c'est un devoir et un plaisir de rendre les femmes les plus belles qu'il se peut, autant il faut refuser de verser dans l'esthétisme gratuit », poursuit Jean Cazenave. « A moins, bien sûr, que ces éléments esthétiques fassent partie du personnage : Mariella Righini en train de se passer sans cesse la main dans les cheveux ou Cécile Philippe avec son crâne rasé ; la belle Isabelle Lacamp qui a écrit un livre érotique ; Jeanne de Berg et sa voilette. »

Parfois, à l'inverse, le réalisateur doit savoir juger s'il faut ou non montrer et insister sur la laideur ou le vieillissement, notamment chez les femmes. « Il faut se rendre compte si la personne accepte et assume son état physique, ou si au contraire elle tente de le masquer. » Ainsi, lorsque Simone Signoret est venue présenter *la Nostalgie n'est plus ce qu'elle était* (Seuil), le 5 novembre 1976, elle avait un visage soufflé et enlaidi par l'âge et la maladie. Fallait-il le montrer en gros plan ou se contenter prudemment de plans larges ? Signoret, en vraie comédienne, demanda à Cazenave : « Je n'ai plus ma beauté ; je n'ai plus que mes yeux et ma voix. Et mes yeux, je veux qu'ils se voient... » Et Cazenave, durant toute l'émission, a joué sur les regards de Signoret...

Madeleine Chapsal, invitée pour la quatrième fois à « Apostrophes » le 7 novembre 1986 pour *la Maison de jade* (Grasset), posa également un problème au réalisateur. Voilà une femme belle, mais plus très jeune, et dont le roman — autobiographique — raconte justement l'histoire d'une femme d'un certain âge délaissée par un amant plus jeune qu'elle. Mais ce qui indiquait le plus le vieillissement de Madeleine Chapsal, c'était son cou ; un cou à la peau ridée, qui aurait pu être dissimulé par un foulard, mais qui ainsi exposé devenait presque impudique chez une femme parlant d'amour. Dilemme : fallait-il montrer le cou de Madeleine ? Le réalisateur montra. Et ce cou devint tout à la fois le signe et le symbole de l'amour délaissé. Et de l'impudeur d'une maturité affichée sous les sunlights naquit brusquement une émotion, une authenticité, une vérité pathétique. Cette impudeur attira la sympathie des téléspectateurs qui — compassion ? identification ? — dès le lendemain se précipitèrent dans les librairies pour faire de *la Maison de jade* un best-seller. Cyniquement, un critique confia à l'attachée de presse : « Le cou de Madeleine, c'est 20 000 exemplaires de plus ! »

c — La direction d'acteurs : Si le tandem réalisateur-animateur fonctionne bien à « Apostrophes », c'est parce qu'il est fondé sur une confiance et une délégation réciproques. Pivot ne s'occupe absolument pas de l'emplacement des caméras ou de la façon dont le réalisateur construit sa mise en scène (Pivot est d'ailleurs l'un des seuls animateurs de télévision à ne pas avoir sur le plateau un téléphone pour communiquer avec la régie ; du travail sans coutures et sans filets). Son rôle est tout entier dans la direction d'acteurs. Bernard Pivot, c'est le Jean Renoir ou le François Truffaut de la dramatique littéraire : il fait tout pour aider ses invités à se mettre en valeur, à être brillants, intéressants. S'il les brusque, c'est qu'ils ont tendance à ronronner. S'il les corrige, c'est qu'ils ont commis quelque à-peu-près ou inexactitude. S'il les met en boîte, c'est qu'ils se prennent trop au sérieux. S'il les complimente, c'est qu'ils ne sont pas assez sûrs d'eux-mêmes. Grâce, surtout, à la personnalité de Pivot, « Apostrophes », c'est vraiment du cinéma, mais un cinéma dont on ne verrait que la répétition unique et générale, et dont le film ne serait jamais tourné. A-t-on déjà vu des reportages montrant le travail de préparation d'une scène qui unit le réalisateur de cinéma et ses comédiens ? Ou bien des films racontant des films en train de se faire, comme *la Nuit américaine*, dans lequel François Truffaut joue le rôle d'un réalisateur qui lui ressemble étrangement ? A l'un : « On voit que tu joues ; sois plus simple, plus naturel. » A l'autre : « On a l'impression que tu vas t'endormir ; un peu d'énergie, que diable ! » Au troisième : « Coco, tu as oublié ton texte ; permets-moi de te le relire ». Au dernier : « Qu'est-ce qui se passe ? Tu as le trac ? Mais on a tous le trac, ici, mon bonhomme ; il suffit simplement d'oublier qu'on l'a... » Eh bien, Bernard Pivot, en direct d' « Apostrophes », fait exactement le même travail de maïeutique, avec cette différence que ses comédiens sont des écrivains, par nature peu doués pour l'exhibition, qu'il n'y a pas de répétition possible et que la première prise est toujours forcément la bonne, et que l'ensemble du public assiste au film en train de se faire, et non trois mois après dans une salle de cinéma. François Truffaut racontait volontiers qu' « Apostrophes » était la seule émission de télévision qu'il regardait, et qu'il n'en ratait jamais un numéro. Sans doute avait-il l'impression d'assister à ce qui aurait pu constituer les repérages d'un de ses propres films.

d — Les acteurs : Ce sont les auteurs, conviés pour une fois à se donner en spectacle, à se faire mettre en scène. Ces auteurs, connus ou inconnus, beaux ou laids, sympathiques ou antipathiques, ont ceci de commun, et qui n'est pas mince : ils font désormais partie de la longue distribution d' « Apostrophes », ils sont membres du petit théâtre de Pivot, comme d'autres sont membres de la Comédie-Française. Ils « en sont », comédiens privilégiés d'un ou de quelques soirs, alors que tant de leurs collègues n' « en sont » pas, n'en seront jamais. Club très fermé, « very select » : les invités d' « Apostrophes ».

Cette reconnaissance professionnelle et sociale qui, pour un auteur, consiste à « passer » à « Apostrophes », le place dans une disposition d'esprit très particulière : on ne va pas chez Pivot comme on va acheter son journal au kiosque du coin. On se prépare, on relit son livre et on lit celui des autres, on fourbit quelques armes, on s'assure de quelques tirades ou bons mots, on va chez son tailleur, son coiffeur, son esthéticienne, on entame un régime, on évite, trois jours avant, les excès de tables ou les libations (ou bien, au contraire, on s'en jette quelques-uns derrière la cravate pour se donner du cœur au ventre), on dit ses prières, on allume un cierge à Notre-Dame (pour peu qu'on se rappelle être chrétien), on cire ses chaussures et l'on prévient ses amis, cousins, voisins et commerçants de quartier : « Vendredi soir, je passe à " Apostrophes " » !

Le « cinéma » d' « Apostrophes » commence donc, pour l'auteur, bien avant l'émission. Il en a rêvé toutes les nuits (s'il parvient à dormir), mille fois déjà il a imaginé ce que serait le déroulement de l'émission, de « son » émission, il a mis au point son rôle, préparé ses répliques : lorsqu'il se retrouve sous les projecteurs, il n'est plus l'auteur de son propre livre, mais un comédien chargé d'en incarner l'adaptation au cinéma. Le public d' « Apostrophes », d'ailleurs, ne s'y trompe pas, guettant le faux pas ou l'envolée lyrique comme à l'opéra on juge une cantatrice sur son contre-ut.

Et puis, disons-le, à côté de bien des seconds rôles, « Apostrophes » a ses stars, et même ses superstars, assurées, lorsqu'elles sont à l'affiche, de faire un véritable tabac. C'est, si l'on veut, un club à l'intérieur du club des invités d' « Apostrophes » : celui des abonnés d' « Apostrophes ». La crème. Le gratin. L'élite. L'équivalent des demi-dieux et héros de l'Antiquité grecque ou d'Hollywood. Le défunt Henri Vincenot, Jean d'Ormesson, Max Gallo, Patrick Modiano, Bernard-Henri Lévy, Philippe Labro, Jean-Edern Hallier, Catherine Rihoit, Françoise Sagan, Geneviève Dormann, Robert Sabatier, Régine Deforges, Philippe Sollers, Muriel Cerf, Madeleine Chapsal, Françoise Mallet-Joris, Gabriel Matzneff : tels sont les Clark Gable, Marlon Brandon, Marylin Monroe et Greta Garbo du petit théâtre d' « Apostrophes ».

5 — **Le public :** Sur le plateau, une trentaine de personnes placées dans le fond, à qui il est recommandé de se tenir sages, de ne pas parler et de ne pas fumer. Ce sont les amis et proches des auteurs invités, leurs éditeurs et attaché(e)s de presse, ou encore des téléspectateurs qui en ont fait la demande préalable. Chargés de soutenir le moral des auteurs malades de trac, ce public privilégié, présent sur le plateau, a également une vertu : celle d'établir un relais charnel avec le véritable public d' « Apostrophes » : les deux à cinq millions de téléspectateurs assis devant leur poste de télévision.

Cette fonction de relais est certainement l'une des garanties de la popularité d' « Apostrophes » : en premier lieu, le comportement des auteurs interrogés par Pivot est influencé par le fait de savoir que leur grand-mère ou leur petite amie sont dans la salle (aux soutenances de thèse, ne convie-t-on pas également les familles ?). Les auteurs ainsi chaperonnés vont tout naturellement se sentir un peu plus en confiance, parler plus à leur aise. C'est ce qu'explique Bernard Pivot : « J'ai pensé qu'il serait excellent de mettre des " fans " autour des écrivains, pour qu'ils ne soient pas glacés sur l'estrade d' " Apostrophes ", dans le studio ceint de murs blancs. " Apostrophes " est ressenti, vécu comme une épreuve par les invités. (...) Nous sommes encore à une époque où passer à la télévision est considéré comme une expérience redoutable, éprouvante. » (*Cahiers du Cinéma*, op. cit.)

Pour Pivot, ce « premier public » composé de « fans » (fans des auteurs ou de son émission) représente une sorte de « panel » idéalisé de son public du petit écran. Ah ! qu'ils sont attentifs ; qu'ils semblent intéressés ! Si tous les téléspectateurs assistaient à « Apostrophes » de façon aussi studieuse et fervente, ce serait formidable ! Ce public idéal — parce que fortement motivé — a alors pour seconde fonction de rassurer Pivot, de lui démontrer que ce qui se passe sur son plateau parvient à passionner les gens. Si Pivot enregistrait son émission sans public aucun, uniquement environné de techniciens, lui et ses invités seraient effectivement glacés de trac. S'il conviait sur son plateau un public vraiment représentatif de celui qui le regarde, il aurait droit aux enfants qui pleurent, aux dames qui tricotent, aux messieurs qui écoutent distraitement tout en fumant des cigares et en faisant des commentaires politiques. Ce public-là, fort incivil, changeant de chaîne en cours de route, troquant un Sabatier pour l'autre (Robert pour Patrick), quitterait parfois tout à trac le plateau pour se rendre dans celui d'en face. Pivot et ses invités risqueraient de s'en trouver quelque peu déstabilisés...

Dans le même temps, par un subtil effet d'identification, ce grand public télévisuel (le vrai), facilement distrait, bavard, peu attentif, grossier, râleur et pantouflard, est inconsciemment poussé à adopter l'attitude digne et exemplaire de ce « premier public ». Le mimétisme joue : lorsqu'on voit sur l'écran une salle secouée de rire acclamer un comique, on se sent plus volontiers porté à se taper sur les cuisses que s'il s'agit d'un public grave et éploré assistant à une messe de funérailles. Le public qui se trouve devant l'écran cherche tout naturellement à imiter les réactions du public qui se trouve derrière. Et c'est pourquoi, dans un même foyer, on va taper dans ses mains en regardant Drucker, on va s'écharper en regardant Polac, on va être sage et attentif en regardant Pivot. Cela ne veut pas dire que le public soit à ce point malléable, bien entendu : il conserve son quant-à-soi, ses goûts et son sens critique. Mais son attitude, elle, sera très fortement influencée, de façon pratiquement mécanique — réaction pavlovienne, si l'on veut —, par ce que lui dictera l'attitude de cet autre public, privilégié et référentiel, qui se trouve « à l'intérieur » du petit écran.

Ce dernier public est inconsciemment ressenti comme supérieur, plus intelligent, plus cultivé, « olympien », pour reprendre le mot d'Edgar Morin, du fait même qu'il est montré « à la télévision ». Car la télévision — surtout en France — reste ce lieu magique où ne paraissent que les grands de ce monde. Quiconque « passe » à la télévision, serait-ce en simple figurant, acquiert immédiatement une notabilité et une reconnaissance. Et les amis, familles ou commerçants de quartier de ce « premier public », reconnaissant qui son amant, qui son cousin et qui son client dans l'assistance, à la faveur d'un plan dérobé, lui dira le lendemain avec admiration : « Ah ! Je vous ai vu hier à “ Apostrophes ” ! Mes félicitations ! » Et c'est pourquoi aussi ce « premier public » se dispute avidement les places du premier rang : pas seulement pour être plus près des dieux juchés sur leur estrade, mais pour être bien sûrs d'être dans le champ ! Vanité bien humaine, que suscite la fée Télévision : être vu, même brièvement, à l'écran, et se prendre (et être pris) pour une vedette !

Pivot n'est pas dupe, et sait mettre en valeur ce jeu de miroirs entre identification et narcissisme : « Il y a là tout un jeu à la fois réaliste et symbolique. Réaliste parce que ne sont en pleine lumière que ceux qui parlent, et sont rejetés dans les ténèbres extérieures — pour prendre une formule évangélique — les spectateurs, c'est-à-dire les silencieux, les muets. Ceux-là n'ont pas une réalité intellectuelle sur le plateau puisqu'ils n'interviennent pas, mais ils ont une présence physique et on peut les voir s'ennuyer si l'émission est ennuyeuse. Enfin, jeu symbolique puisque ces spectateurs sont des voyeurs privilégiés que regardent ces autres voyeurs que sont les téléspectateurs. » (*Cahiers du Cinéma,* op. cit.)

En effet, ce « premier public », bien que trié sur le volet, n'est pas pour autant un public potiche. Il a ses réactions. S'il rit, s'il est ému ou s'il bâille, cela se voit, cela se sent, et Pivot trouve là à la fois un appui et une indication. Parfois même, ce public généralement calme exprime ouvertement ce qu'il pense. Il est même arrivé — fait exceptionnel — qu'il applaudisse. Cet honneur suprême a été spontanément rendu au linguiste Claude Hagège (le 6 décembre 1985, émission avec Raymond Devos), dont la prestation a été si brillante qu'elle a suscité un enthousiasme mérité.

Le phénomène s'est reproduit dans l'émission du 31 octobre 1986, consacrée à la royauté et la Révolution, qui opposait Pierre Chaunu à Max Gallo, mais cette fois-là les applaudissements, loin d'être spontanés, émanaient des amis et « supporters » de l'historien de droite. Pivot, débordé par cette claque intempestive qu'il n'arrivait pas à faire taire, s'écria : « Les monarchistes ont noyauté le public ! »

Pivot est très sourcilleux sur ce point : le « premier public », bien que composé d'amis des auteurs, doit se comporter comme un public objectif. Pas question que l'invité se fasse seconder par des sbires disposés dans la salle, chargés d'applaudir à ses propres paroles et de siffler celles de ses adversaires. Car alors le grand public des téléspectateurs ne peut plus « se reconnaître » dans les réactions de ce public partial ; il sent la manœuvre, la tentative d'intoxication ; il se méfie ; il va alors être amené à prendre parti, souvent violemment, pour les uns et contre les autres : son écoute va être politisée, fermée, au lieu d'être ouverte, confiante et attentive. Pivot, qui sait tout cela, a horreur que son « premier public » déraille, et au besoin il sait le remettre en place.

Au reste, disons enfin que ce « premier public », si fondamental, comme on l'a vu, n'est pas dans une situation aussi commode que cela. En effet, la moitié des auteurs invités lui tourne le dos, ce qui n'est guère poli, et il a souvent du mal à suivre le détail de toutes les conversations (les micros ne sont là que pour l'enregistrement en régie, et les voix des auteurs ne sont pas amplifiées). De plus, on lui interdit de bouger, de parler, de fumer ou d'aller faire pipi en cours d'émission. S'il n'y avait pas ce sentiment magique (ou ce fantasme, comme on voudra) d' « être à la télévision », personne ne se déplacerait (sauf à être payé, comme dans les shows de Berlusconi). Car l'émission, la vraie, ce n'est pas sur le plateau qu'elle se déroule, mais sur l'écran de télévision, chez soi, grâce à la mise en scène, aux champs/contre-champs sur l'un ou l'autre des débatteurs, aux gros plans qui épient la réaction d'un tel, le sourire d'une autre, le regard malicieux de Pivot. Quiconque a assisté en direct à l'émission sur le plateau, puis l'a visionnée ensuite au magnétoscope a compris cette leçon : le « théâtre » d' « Apostrophes » n'est visible que sur le petit écran...

4 . Un nouveau Sainte-Beuve ou les Causeries du Vendredi

« Si le tennis s'est démocratisé, l'amour à la lyonnaise attend toujours ses révolutionnaires. »

Bernard Pivot, *l'Amour en vogue*

« Alors, Proust, toujours à la recherche du temps perdu ? »

« Dites donc, Sartre, il paraît que vous avez la nausée ? »

La méthode de Sainte-Beuve consistait à appréhender le travail d'un écrivain par sa biographie, ses goûts, le jugement de ses amis et de ses proches. Celle de Pivot suppose que l'auteur est le meilleur ambassadeur de son œuvre, et que bien parler d'un livre qu'on a écrit peut dispenser de l'avoir bien écrit, à la condition toutefois que l'œuvre entre dans « le thème de l'émission ».

Sainte-Beuve moderne et cathodique, Pivot a substitué aux Causeries du Lundi celles du Vendredi soir. L'œuvre, c'est l'homme : en un quart d'heure, chaque invité a l'opportunité d'en apporter la preuve. Du livre, vu le temps imparti, il ne faut évidemment ne conserver que l'anecdote, subtil prétexte pour parler de soi.

Contraints à jouer les attachés de presse de leurs propres ouvrages, qu'eussent répondu Proust ou Balzac aux injonctions de Pivot ? « Allons, Balzac, avouez : Rastignac c'est vous ! » Balzac avoue, et livre en direct les règles d'or de l'arriviste. Bernard Tapie, invité à la même émission (le thème : « Les parvenus nouveaux sont arrivés »), est battu sur son propre terrain. Le lendemain, 100 000 exemplaires du *Père Goriot* s'envolent. « Alors comme ça, Marcel Proust, votre mets préféré ce sont les madeleines ? » Le petit Marcel se lance dans une défense acharnée des madeleines, boudoirs et autres biscuits à la cuiller, enchaîne sur les confitures de sa grand-mère, évoque la maison de Combray rasée depuis pour y faire passer une autoroute, est pris d'une crise d'asthme en direct. Vive sensation dans les chaumières. Le lendemain on achète *Du côté de chez Swann* par sympathie pour un garçon si gentil et si malade.

Le « thème » est une invention géniale : car si les thèmes doivent être d'actualité, la renommée de l'émission a fini par inverser les paramètres : être d'actualité, c'est correspondre au thème de l'émission !

Ainsi, deux ans après sa première apparition à « Apostrophes », Proust aurait pu être réinvité pour une émission sur l'asthme, entre deux médecins et un alpiniste (un ancien asthmatique qui raconte dans ses Mémoires comment l'air pur des sommets l'a définitivement guéri de cette sournoise maladie). Tout comme Zola aurait participé à une émission sur l'alcoolisme après avoir publié *l'Assommoir,* Platon à un plateau consacré à la gastronomie, pour la sortie du *Banquet,* Dostoïevski à une causerie vouée aux maladies mentales, grâce à *l'Idiot,* Pascal à un débat sur la décentralisation, illustré par *les Provinciales,* Chateaubriand à un échange de vues relatif à l'occultisme, à cause de ses *Mémoires d'outre-tombe.* Molière eût été confronté à des féministes jugeant son *Ecole des Femmes,* Kafka à des juristes débattant, au sujet du *Procès,* de la réforme du Code Pénal. Enfin, lors d'une émission traitant des grands fléaux, Albert Camus et Dominique Fernandez se fussent écharpés sur le point de savoir quelle maladie, de la peste ou du sida, était la plus meurtrière.

Chaque vendredi soir, le public fidèle d' « Apostrophes » retrouve ses pantoufles à la même place. Même horaire, même déroulement d'émission, même animateur, même décor, mais aussi mêmes sujets. Car il y a des « thèmes » d' « Apostrophes » qui reviennent plusieurs fois dans l'année. Seuls les livres et les auteurs changent.

En fait, cette approche thématique d' « Apostrophes » aurait été, à l'origine, une idée de Marcel Jullian, directeur de la 2e chaîne en 1975. C'est en tout cas ce qu'il révèle dans *le Livre franc* de Jacques Chancel (Actes Sud) : « Bernard renâclait un peu sur une approche de vulgarisation qui m'est chère et qui consiste à employer, pour capter et retenir l'attention, non un catalogue des nouveautés de la semaine, mais un thème correspondant à plusieurs ouvrages écrits, récemment, sur des sujets semblables ou voisins. Pour contestable que puisse paraître à certains ce mode de simplification, il a l'avantage de faire émerger, sans y prendre garde, les courants d'intérêts qui baignent les esprits à des moments donnés de notre existence collective. (...) Pivot était moins convaincu que moi. Il n'est ni entêté ni indocile mais parfaitement capable, sans jamais vous trahir, de faire, non ce que vous désirez, mais ce qu'il veut, lui. Et je l'en félicite. C'est un pragmatique rêveur ou un songeur réaliste. (...) Il a donc fait, à sa façon, " Apostrophes " et, aujourd'hui, la gloire n'en doit rejaillir que sur lui. »

Même s'il n'a pas été l'inventeur de la formule, Bernard Pivot s'est coulé avec une très grande facilité dans cette approche thématique. Simplement, il a choisi de privilégier, parmi les innombrables thèmes possibles, ceux qui l'intéressaient le plus. C'est ce que note Marcel Jullian : « N'étant au fond que peu fanatique du roman (son goût d'autrui, son sens de la nourriture et du sport, sa belle vision de l'amitié le portent davantage vers le récit, le témoignage et le journal), Bernard a, au long des mois et sans autre calcul que celui dicté par un solide bon sens, sélectionné les livres, et par voie de conséquence, les thèmes qui, à son avis, étaient ceux qui intéressaient le plus les gens. » (Op. cit.) Bernard Frank notait quant à lui, dans l'une de ses « Digressions » du *Monde* (le 25 septembre 1985), « l'Histoire est l'une des meilleures vedettes d' " Apostrophes " ».

Un dépouillement systématique de toutes les émissions d'« Apostrophes » nous offre en effet le profil idéal — selon Pivot — de la thématique éditoriale. Le palmarès est tout à fait édifiant : sur douze ans, et près de 600 émissions, les « Apostrophes » abordant la littérature arrivent en 1re position, avec 15,16 % de l'ensemble (87 émissions), immédiatement suivies par celles traitant de l'histoire (8,19 %, 47 émissions), puis de la politique (6,62 %, 38 émissions), du monde (6,10 %, 35 émissions), des « spéciaux » consacrés à un écrivain ou une personnalité (5,92 %, 34 émissions), de la famille (5,05 %, 29 émissions). Parmi les thèmes suivants, représentant moins de 5 % de l'ensemble des émissions, on trouve les « personnages singuliers » (23 émissions), les femmes, la religion (20 émissions), l'actualité, les spectacles (17 émissions), le corps (16 émissions), l'amour (15 émissions), le terroir (13 émissions), les souvenirs (12 émissions), l'humour, la médecine, les patrons (10 émissions), le langage, les voyages, le temps (9 émissions), les sciences (8 émissions), la cuisine, la mort, la nature, le sport (7 émissions). La poésie n'obtient que 3 émissions, les philosophes, les « polars » et la publicité 2 émissions, la bande dessinée, la photographie et la science-fiction 1 émission.

Si les thèmes resurgissent avec une singulière régularité, une à plusieurs fois par an, leurs intitulés se ressemblent aussi étrangement, bâtis généralement sous forme de phrases interrogatives, et ne dédaignant pas les jeux de mots. Parfois, à cours d'imagination, Pivot reprend mot pour mot un titre déjà utilisé.

Amusons-nous à retracer quelques-uns de ces itinéraires :

Bernard Pivot, par exemple, ne déteste pas aborder les choses du sexe, qu'il met un peu, si l'on ose dire, à toutes les sauces : « La sexualité racontée par les hommes » (13 juin 1975) ; « La sexualité racontée par les femmes » (7 novembre 1975) ; « La sexualité aux XIXe et XXe siècles » (17 novembre 1978) ; « Le sexe des mots » (12 janvier 1979) ; « Le sexe et ses interdits » (25 janvier 1980) ; « Des femmes parlent de la sexualité » (14 janvier 1983) ; « Les enfants du sexe et de la littérature » (3 mai 1985).

Bernard Pivot, pourtant, ne pense pas « qu'à ça », bien qu'il ne cache guère sa préférence pour les femmes : « Il y a les femmes » (16 mai 1980) ; « 5 femmes d'aujourd'hui » (5 février 1982) ; « Le féminisme a-t-il changé les femmes ? » (10 octobre 1980) ; « Réussir au féminin » (29 mars 1985).

En effet, Bernard Pivot ne se lasse pas de contempler les femmes : « Portraits de femmes » (22 février 1980) ; « La femme dans son miroir » (30 juillet 1982) ; « Images de la femme » (25 mars 1983). Bien qu'il ne sache pas s'il préfère les « Femmes libérées » (9 novembre 1984) ou les « Femmes enfermées » (17 janvier 1986). Dans le doute, il nous conseille : « Méfiez-vous des femmes » (12 novembre 1982).

Soudain, il se ravise : « Et si on parlait aussi des hommes ? » (9 janvier 1981). Pourquoi pas, en effet ? Dans un souci d'équilibre, Pivot compare alors les « Femmes d'influence » (20 janvier 1984) aux « Hommes d'influence » (13 septembre 1985) ; les « Femmes de caractère » (29 juin 1984) aux « Hommes de caractère » (10 août 1984) ; les « séductrices » (16 mars 1984) aux « don Juju... les don Juan » (16 juillet 1982).

Ces derniers ne font décidément pas le poids devant ces dames, et les « Itinéraires de femmes » (5 mai 1978) précèdent de deux semaines les « Itinéraires d'hommes » (19 mai 1978) ; quant aux « Destins de femmes », ils ont droit à deux émissions (11 juin 1976 et 29 mai 1981), les « Destins d'hommes » à une seule (1er octobre 1976).

La destinée commune des hommes et des femmes est en réalité le couple : les « Histoires de couples » sont narrées dans deux émissions (13 mai 1983 et 16 août 1985) ; tandis que « Elle et lui » sont évoqués également deux fois (1er mars 1985 et 25 avril 1986). Mais, même dans le couple, Bernard Pivot reste galant, puisqu'il accorde une émission supplémentaire aux « Femmes dans le couple » (11 mai 1984).

Conclusion ? « Apostrophes » est l'agence matrimoniale des Lettres.

III – LA CONJURATION DES INTELLECTUELS

« Les intellectuels sont tombés par terre.
C'est la faute à Nanterre.
Le nez dans le ruisseau.
C'est la faute à Pivot. »

H. Hamon et P. Rotman,
Les Intellocrates.

1. Petite monographie de l'intellectuel parisien

« Intellectuel : nom masculin, catégorie sociale et culturelle née à Paris au moment de l'affaire Dreyfus, morte à Paris à la fin du xxe siècle ; n'a apparemment pas survécu au déclin de l'Universel. »

Bernard-Henri Lévy,
Eloge des Intellectuels

Bernard Pivot, c'est une évidence qu'il reconnaît lui-même, n'a ni la formation, ni le langage, ni l'allure d'un intellectuel. Derrière son physique ébahi et rigolard, on sent tout de suite que se cache davantage la malice du paysan que le sérieux du professeur. Bernard Pivot n'est pas, n'a jamais été et ne sera jamais « du sérail ». Mais ce que lui reprochent certains intellectuels, c'est qu'il ne se cache point davantage d'une telle carence, et qu'à l'inverse il affiche volontiers son gros bon sens, ses goûts roturiers, en un mot sa « plouquerie ».

Que Pivot n'ait pas fait Normale Sup', n'ait point commis de thèse et n'émarge ni à telle chapelle, ni à telle coterie, passe encore. Mais qu'il s'avise — l'impertinent — de frotter des têtes, tirer des moustaches, juger les académies et faire la pluie et le beau temps dans le monde des Idées, voilà qui est insupportable ! Ah ! Combien d'intellectuels bafoués, de longues nuits après être (ou n'être pas) passés à « Apostrophes », rêvent qu'ils enfoncent de longues aiguilles dans une statuette en cire représentant Pivot ! Des noms ? Ce livre n'y suffirait pas... Pour mémoire, ne citons que ceux qui, colère ou courage, ont publiquement étalé leur mépris (liste non exhaustive) :

Georges Suffert (alors producteur d'une émission littéraire concurrente sur TF 1, « La Rage de lire ») : « La force de Pivot ? C'est qu'il n'aime pas les livres. Il n'aime que le foot, les matches. Moi, j'ai la passion des bouquins. » (*Télé 7 jours*, 23-29 février 1980.)

Michel Rio, romancier : « Le savoir peut et doit parfois se vulgariser, l'imaginaire non, sous peine de devenir vulgaire. et dans ce dernier domaine, la vulgarité, c'est précisément le collectif. Ceci, qui constitue à l'évidence la valeur spectaculaire, massive et, si l'on peut dire, monétaire, des " Apostrophes " purement littéraires, représente à mes yeux l'uniformité, l'ennui, la veulerie et la sottise. » (*Libération*, 27 septembre 1985.)

François Roustang, psychanalyste (qui a refusé, pour des raisons de déontologie professionnelle, de se rendre en 1976 à l'invitation de Pivot pour *Un destin si funeste*, Editions de Minuit) : « Quand j'ai refusé, j'ai appelé Jérôme Lindon pour lui donner mes raisons. Il m'a dit : " Enfin quelqu'un qui dit non à ça ! Je vous félicite. " » (*Libération*, 27 septembre 1985.)

François George, philosophe : « Autant ça m'amuse de voir les autres qui s'enferrent, bafouillent, se font couper la parole, autant moi, je n'ai pas envie d'y être. (...) Pivot a du talent pour faire ça mais il faut dire ce que tout le monde sait, que ça ne vole pas très haut. Que c'est dans une optique de simplification, de conversation de bistrot. Qu'il y a un abîme entre la télévision et la littérature ou la philosophie. Que nos grands écrivains ne s'y seraient pas montrés à leur aise. (...) Pivot n'est pas un intellectuel profond, c'est un homme de communication et, dans son domaine, tout à fait habile. (...) Chercher la reconnaissance auprès de lui, c'est manquer d'ambition. » (*Libération*, 27 septembre 1985.)

Plus récemment, les « aristocrates libertaires », dénonçant dans un *Manifeste* (Grasset, 1987) « les médias, théâtre de la médiocrité » ironisent à propos d'un Pivot conviant les téléspectateurs « à une lecture approfondie des œuvres de Jean d'Ormesson ».

L'intellectuel qui a le plus violemment pris parti contre le « système Pivot », c'est évidemment Régis Debray. Ceci exige un développement particulier, auquel nous allons venir. Patience...

Voici une théorie, souvent défendue par les clercs : la France, deux siècles après 1789, a encore un pied dans l'Ancien Régime et l'autre dans la Révolution. Culture humaniste et culture de masse ont du mal à frayer ensemble. L'aristocratie cultivée, plongée dans ses livres, méprise et se méfie, par essence, de la civilisation de l'image, tandis que les masses, gavées de télévision, n'ouvrent jamais un livre. De Gutemberg à McLuhan, point de rapprochement possible. Le mariage du livre et de la télévision est contre nature.

Les intellectuels ont longtemps envisagé d'un mauvais œil la « mass-médiatisation » du savoir. On ne s'exprime pas devant 5 millions de téléspectateurs de la même façon que l'on disserte devant ses collègues de la Sorbonne ou du C.N.R.S. Dans son essai, *L'Esprit du temps — 1, Névrose* (Grasset, 1962), Edgar Morin démontre que « les " cultivés " vivent sur une conception valorisante, différenciée, aristocratique de la culture. C'est pourquoi le terme " culture du XXe siècle " leur évoque immédiatement, non pas le monde de la télévision, de la radio, du cinéma, des *comics*, de la presse, des chansons, du tourisme, des vacances, des loisirs, mais Mondrian, Picasso, Stravinsky, Alban Berg, Musil, Proust, Joyce. (...) Les intellectuels rejettent la culture de masse dans les enfers infra-culturels ». Pour sa part, Denise Bombardier écrit : « On sait que, contrairement à ce qui s'est produit outre-Atlantique, la télévision n'a vraiment réussi sa percée en France qu'à partir de 1964, et aujourd'hui encore, on trouve des poches de réticence dans le milieu intellectuel. Certes, la méfiance des intellectuels vis-à-vis de la télévision se retrouve dans la plupart des pays, mais c'est certainement parmi les intellectuels français qu'elle s'est maintenue le plus longtemps. On sait que cette résistance reposait en partie sur un élitisme inconscient consistant à refuser l'utilisation d'un médium de masse. Encore aujourd'hui les journalistes de la télévision éprouvent une forme de complexe intellectuel vis-à-vis de leurs confrères de la presse écrite qui ne se privent pas de leur faire sentir qu'ils considèrent leur travail comme superficiel. » (*la Voix de la France*, Laffont, p. 25.)

L'alliance entre petit écran et grands esprits ne pourrait être, dans le meilleur des cas, que morganatique : un intellectuel (de sang royal) convolant avec la télévision (d'extraction populaire), est forcément guetté par le syndrome de Mayerling. Il semblerait que, en France, et jusqu'à une date récente, tout intellectuel se livrant aux caméras d'un plateau télévisé prenne le risque de parodier Louis XVI se coiffant du bonnet phrygien. Et il fallut attendre, pour qu'un intellectuel se sentît à l'aise sur un plateau de télévision et portât sur la place publique ce goût de la polémique intellectualisée, jusque-là réservée aux querelles de chapelles, la génération des Bernard-Henri Lévy et André Glucksmann, nouveaux Robespierre et Marat aux profils de médailles, renouvelant les serments du Jeu de Paume dans l'Agora d' « Apostrophes » (« Les Nouveaux philosophes sont-ils de gauche ou de droite ? », 27 mai 1977).

La télévision, et singulièrement « Apostrophes », a profondément conditionné la prise de parole des intellectuels, et surtout le mode de circulation de leurs idées. Grâce à la diffusion massive de l'image, les intellectuels ont dû apprendre à soigner leur image. Il y a les intellectuels d'avant et après le petit écran (comme dans ces publicités pour lotions capillaires où les chauves d' « avant » le traitement se retrouvent « après » son emploi pourvus de magnifiques chevelures léonines). Et, parmi ces derniers, il faut encore distinguer entre ceux qui, de guerre lasse, se prêtent au jeu des médias audiovisuels, ceux qui en raffolent et ceux qui le refusent. On pourrait pratiquement tracer la ligne de partage qui sépare les différentes classes d'intellectuels en décrivant leur attitude vis-à-vis des médias. Tout comme il existe des intellectuels de gauche et des intellectuels de droite, ou des philosophes (anciens ou nouveaux) et des sociologues, il existe, parmi ces intellectuels, ceux qui vont, qui courent ou qui refusent de se rendre à « Apostrophes ». A défaut d'une réelle classification, tentons l'amorce d'une galerie de portraits :

1 — L'absent.

Il y a tout d'abord l'intellectuel secret, qui refuse systématiquement non seulement de venir sur le plateau d' « Apostrophes », mais qui se garde en outre de toute apparition médiatique. Certains refusent même de se laisser prendre en photo. D'autres ne sortent même plus de chez eux, de peur d'être vus. Ce sont souvent de vieux messieurs très honorables, mais qui en sont restés à une définition d'avant-guerre de l'intellectuel (nous parlons de la guerre de 1870). Ils sont souvent mal à l'aise dans leur siècle, méprisent la technologie, croient peu en la science, vivent seuls en compagnie de livres, de chats et de gouvernantes, boivent du thé et se fichent pas mal de leurs contemporains. Citons Cioran, Samuel Beckett, René Char, Henri Michaux, Julien Gracq.

2 — Le râleur.

Il y a ensuite l'intellectuel hostile aux médias, pour lequel la télévision incarne le diable et la ruine de la pensée. Contrairement à l'intellectuel absent, qui, s'étant placé délibérément et une fois pour toutes hors jeu, demeure cloîtré chez lui (où il n'y a pas de télévision), l'intellectuel râleur aime à donner de la voix et à justifier ses imprécations. Aussi fréquente-t-il par moments les salons médiatiques, mais c'est pour y déposer des bombes verbales. Placé dans cette situation paradoxale et peu confortable, le râleur se voit fréquemment reprocher de vendre son âme au diable qu'il dénonce, et de cracher dans la soupe après y avoir goûté, puis d'y goûter à nouveau, après y avoir craché, pour peu que la faim le prenne. Le prototype en est Régis Debray, venu à « Apostrophes » le 19 septembre 1975 pour parler de *l'Indési-*

rable (!), refusant d'y retourner en 1979 pour *le Pouvoir intellectuel en France,* proférant sa fameuse petite phrase sur la « dictature de Pivot sur le marché du livre » dans une conférence au Québec le 8 octobre 1982, puis finalement revenant se faire « apostropher sous les sunlights » le 9 mai 1986 pour *Comète, ma comète* (Ou : « de l'effet conciliateur de la comète de Halley » !).

3 — Le cathodique.

C'est l'intellectuel à la mode. Les médias existent, il s'en sert. L'intellectuel cathodique est un opportuniste qui use cyniquement et sans complexe de tout ce qui peut le servir et servir ses idées. Il complète à sa façon la formule d'Hamlet : « Etre, ou ne pas être... dans les médias. » Selon les époques, il fera du journalisme, de la radio ou de la télévision. Les trois, s'il le peut. Mais sans excès, attention. Contrairement à l'intellectuel clown (voir plus loin) qui use et abuse n'importe comment des médias, l'intellectuel cathodique sait qu'à trop paraître on finit par lasser. Aussi parfois se dissimule-t-il. Il joue à être à son tour un « intellectuel absent ». C'est un masque de plus, bien sûr (l'intellectuel cathodique aime le théâtre, avec un faible pour la tragédie). Il prétend qu'il travaille. En réalité on l'aperçoit nuitamment dans les bars et les cocktails, où il monte en grand secret son prochain « coup » médiatique. Cela ne rate pas : deux mois après, le voici partout affiché : à la couverture des journaux et sur le plateau d' « Apostrophes ». S'il prend enfin la parole, après tant de silence, c'est que l'heure est grave, et qu'il est temps de se faire entendre et de remettre les pendules à l'heure. Après avoir parlé, une question surtout le préoccupe : « Ai-je été bon ? » Cet intellectuel moderne peut tour à tour prendre le visage d'André Glucksmann, Alain Finkielkraut ou Bernard-Henri Lévy.

4 — Le clown.

Invitez-le à « Apostrophes », il sera là avant les machinistes. Ne l'invitez pas, il en forcera la porte. Jetez-le dehors, il entrera par la fenêtre. Oubliez-le, il se fera enlever afin que vous parliez à nouveau de lui. Le clown adore les médias, mais il en joue comme un enfant. Il ne se lasse pas de contempler sa propre image, et ferait tout pour la voir tous les jours à la télé. Au besoin, il se déguise, se travestit, pour donner le change. On le reconnaît toujours. Si l'intellectuel cathodique a le sens de la tragédie (et manque, il faut bien le dire, souvent d'humour), l'intellectuel clown a, lui, un goût prononcé pour la comédie, la *commedia dell'arte,* et surtout la farce. C'est pourquoi on le prend souvent pour un histrion, et l'on se moque abondamment de lui. En réalité, le clown n'aime point être moqué, mais il préfère encore être ridicule à ne pas être du tout. C'est l'opposé absolu de l'intellectuel absent. Pourtant, à force de jouer de son image, il détruit son image de marque. Postulant à l'Académie, il pose devant une Vespa. On rit. Recalé à l'Académie, il pose en slip, pour une pub télévisée. On rit encore. Puis on passe à autre chose. Le clown songe alors à retirer son slip. Mis à nu et privé de ses fards et déguisements, le voici soudain sans emploi. Il est contraint, pour de vrai et définitivement cette fois, à disparaître. Cet intellectuel comique a trouvé son plus bel interprète en la personne de Jean-Edern Hallier.

On pourrait assurément multiplier les exemples, mais pas à l'infini. Car si chaque intellectuel, par définition, représente un cas unique, les choix en termes de stratégies médiatiques sont limités. Et, vis-à-vis d'« Apostrophes », l'alternative est simple : comme pour le charbon, il s'agit d'y aller ou de n'y pas aller.

Là encore, tout est dans la façon. Car y aller pour parler du bout des lèvres ou ne pas y aller sans que cela se sache, voilà qui ne changera ni la face du monde, ni celle d'« Apostrophes ». Tandis que paraître avec ferveur sur le plateau d'« Apostrophes » ou ne pas y paraître, mais avec fracas, voilà qui peut s'interpréter en termes de stratégies médiatiques (réussies ou non).

Pour illustrer ces deux stratégies (parmi quelques autres,

nous le reconnaissons), ou en tout cas ces deux tentations de l'intellectuel convié à « Apostrophes », nous avons choisi de brosser le portrait « apostrophique » de deux figures intellectuelles particulièrement emblématiques : Régis Debray et Bernard-Henri Lévy.

2. « *L'affaire* » *Régis Debray* *ou* *la rébellion des clercs*

« Pivot du système : une tête d'épingle. »

Régis Debray,
le Pouvoir intellectuel en France

Le fond de l'affaire, c'est ce livre publié en 1979 : *le Pouvoir intellectuel en France* (Ramsay). Régis Debray, intellectuel « de gauche », engagé dans l'action politique ayant adhéré à l'Union des Etudiants Communistes, ami personnel de Fidel Castro et de Che Gevara, y dénonce avec virulence la trahison et l'acoquinage de « l'ordre gendelettre », séduit de plus en plus par les sirènes de la « médiocratie », et perpétrant ainsi la fin de l' « intelligentsia ». On retrouve là, exprimée avec talent, la thèse selon laquelle un intellectuel qui se commet dans le jeu pipé des médias est un déserteur, un collaborateur. « L'achat des consciences se fait sous les sunlights, devant au moins cinq millions de témoins », écrit Debray dans son livre, en ajoutant : « Aujourd'hui, la bourgeoisie n'achète plus les hommes avec des chèques mais avec du papier journal et des images électroniques — avec leur image (physique et de marque). (...) L'efficace magie de nos sociétés consiste à tout montrer, en sorte que l'absolument visible devienne relativement invisible. La corruption de la Haute Intelligentsia ne se voit plus, pour la raison qu'on ne voit plus qu'elle. » (*Le Pouvoir intellectuel en France*, p. 166-167.) C'est l'inverse, en quelque sort, du mot de Balzac : « L'entrefilet se commet, comme les grands crimes, au milieu de la nuit. » (*Monographie de la presse parisienne.*) Les grands crimes, pour Régis Debray, se commettent aujourd'hui en direct, à la télévision, aux heures de grande écoute.

« Apostrophes », on s'en doute, ne peut être dans ces conditions, aux yeux de Régis Debray, qu'un vilain lieu où la pensée se prostitue, qu'une vitrine alléchante mais peinte en trompe-l'œil, qu'un attrape-gogo fomenté de longue main par une bourgeoisie anonyme, « médiocrate » et toute-puissante. « Apostrophes » serait le dernier cercle de l'Enfer et Pivot le Diable. « Volume du tirage, taux de l'écoute, heure de passage. La une ou l'entrefilet en page huit ? Combien serons-nous, mon cher Pivot, autour de la table ? Ma place au hit-parade ? » (Op. cit., p. 167.)

Régis Debray sait de quoi il parle, puisque lui-même, dans le temps, s'est vendu au diable Pivot pour promouvoir un précédent livre au titre prometteur, *l'Indésirable* au Seuil, (invité à « Apostrophes » le 19 septembre 1975, thème de l'émission : « Les Révolutionnaires », taux d'écoute : 5 % d'indice panel, soit 1,6 million de téléspectateurs). Peu fier de ce souvenir, Debray en fait d'ailleurs l'autocritique au début du *Pouvoir intellectuel :* « Il est clair que, du " pouvoir intellectuel " ici objectivé, l'auteur de ces lignes a naguère usé et abusé. Sur cette scène en trompe-l'œil il a gigoté comme un autre, en figurant. Sans avoir siégé au Conseil d'administration de l'intelligence nationale, il a parfois, en faisant ici et là les couloirs et les poches, chipé quelques jetons de présence aux titulaires. Il a donc connu l'ivresse des célébrations journalistiques, des polémiques de connivence et des bravoures publicitaires. Une fois, en 1975, il s'est même rendu à la télévision, pour papoter avec ses pairs à " Apostrophes ". Arguer qu'il ignorait encore que la télévision est une idéologie, et qu'il n'avait pas évalué la somme d'abdications, d'usurpations et de confiscations qu'opère un travailleur intellectuel qui accepte d'emplir de sa notoriété le petit écran, à l'invitation de ceux qui nous gouvernent, c'est simplement avouer qu'il n'avait pas intérêt à cette prise de conscience, ou encore qu'il a préféré, à la conscience, son intérêt d'auteur en quête de personnage. Compromissions rédhibitoires pour un parangon de vertu. » (Op. cit., p. 9.)

L'auteur, qui parle ainsi de soi à la troisième personne, nage, on le voit, en pleine mauvaise conscience. Il lui fallait d'urgence racheter sa conduite en dénonçant sans ambages ce qui, sans que le mot fatal fût encore proféré, lui apparaît comme une dictature. Et il le fait...

Il ne s'agit pas d'une querelle personnelle, bien entendu. Ainsi que le précise Debray, « les noms propres qui nous serviront de repères doivent s'appréhender comme de simples supports de rapports génériques, dont seule la logique interne, en sa nécessité, nous intéresse. » (Op. cit., p. 9.) Si plus loin il attaque Pivot, ce n'est pas l'homme qu'il vise, qu'on le comprenne bien, mais le « pivot du système » !

Cette admirable excuse jésuitique posée, Debray s'en donne, effectivement, à cœur joie, traitant Pivot de « courriériste de l'Eternel : celui qui a surmonté l'Histoire, parce qu'il s'amuse de toutes les histoires » (op. cit. p. 172) ; dénonçant « petit écran et gros enjeu ; chacun sait que le succès commercial d'un roman, ou d'un livre en général, pivote aujourd'hui sur un Pivot et quelques autres. (...) Sur deux mille auteurs de romans publiés, et pour un marché solvable qu'on peut estimer à cent unités, cinq auront des prix et vingt seront invités à " Apostrophes " ; les cinq premiers se trouvant au premier rang puisque aussi bien un prix littéraire, c'est d'abord pour l'écrivain couronné la garantie formelle de " passer à la télé " plusieurs fois et de brancher les médias périphériques sur sa tête, sa maison, sa petite fille et sa collection de pots de moutarde » (Op. cit., p. 249-250.) ; ironisant sur le double jeu entretenu par auteurs et éditeurs avides de reconnaissances télévisuelles : « Que l'éternel désir de paraître soit devenu une nécessité fonctionnelle du marché a ainsi créé un nouveau terrain d'entente entre auteur et éditeur. Ce dernier l'escortera chez Pivot ou Paugam, le pomponnera et bichonnera avant sa montée sur le ring, au bord duquel on pourra le voir, mi-entraîneur mi-supporter, rouler de gros yeux jusqu'à la fin du match » (Op. cit., p. 240.) ; parodiant les commentaires du public : « — Tu as vu

Untel, hier soir ? Quel écrivain fantastique ! — Tu as lu son livre ? — Non, mais quand il raconte une histoire, il est désopilant » ou bien : « — Ça, c'est un philosophe — Son argumentation t'a convaincu ? — Non, c'est son regard... » ; moquant les auteurs qui se précipitent, « les yeux fermés et l'échine souple, au premier coup de sifflet, ou de téléphone, des maîtres des ondes » : « Pour Jacques-Alphonse Dubout, il est évident que sa présence à la droite de Pivot, vendredi dernier, a ajouté de la valeur marchande à son roman. N'a-t-il pas constaté, dans la semaine qui a suivi sa prestation, où il s'est révélé si spirituel, séduisant, insolent, pathétique, bouleversant, héroïque en un mot, que sa vente est passée de 1 500 à 15 000 exemplaires, et que son nom a grimpé de sept places dans le palmarès des meilleures ventes de *L'Express ?* (...) Et Dubout, qui ne fait pas de politique, lui, et encore moins d'économie, pensera tout haut : " Sékomça. Suffit d'avoir du talent et un peu de chance pour être invité par Pivot ", » (Op. cit. p. 251) ; concluant enfin qu' « Apostrophes » et le Pouvoir, c'est la même chose, et que Pivot est un chien du capitalisme :

« Les studios de la rue Cognacq-Jay sont les derniers lieux où peuvent encore se côtoyer et " rivaliser d'esprit " un archevêque, un avocat, un financier, un philosophe, un général, un ministre et un acteur. Aujourd'hui le point d'unification du champ symbolique français c'est ce " meeting point " appelé Bernard Pivot — le seul, avec le président de la République et les présidents d'Assemblées, à pouvoir réunir les ministres de l'Etat et les directeurs de l'esprit — soit le " Tout-Paris " du moment. Le Tout-Etat et le Tout-Esprit coïncidant — le dialogue ne peut se nouer qu'au sommet de l'Etat (Elysée) ou de l'esprit (Pivot) — ceux qui fréquentent chez l'un se retrouvent chez l'autre. » (Op. cit., p. 153.)

Bernard Pivot, toujours prompt à la détente lorsqu'on porte atteinte à son honneur et à sa réputation de probité, rétorque, dans *Le Matin* (14 mai 1979) : « Mon crime, celui que la haute intelligentsia, comme dit Régis Debray, ne me pardonnera pas, c'est d'avoir fait vendre des dizaines de milliers d'exemplaires de membres éminents de la H.I. : Roland Barthes, René Girard, André Glucksmann, Bernard-Henry Lévy... Qui t'a permis, petit Pivot, de déclencher la bataille publique des Nouveaux philosophes ? De quel droit as-tu donné la parole aux Kéhayan dans un débat avec d'autres communistes ? Quelle est cette France où les producteurs d'idées ne sont plus uniquement jugés en cénacle privé par d'autres producteurs d'idées, mais s'expriment en toute liberté devant des millions de gens qui, forcément, ne sont pas tous normaliens, ne sont pas tous collaborateurs du *Monde,* ne sont pas tous de futurs académiciens, n'appartiennent pas tous à l'élite ? Quelle est cette populeuse, donc mal famée, rue Cognacq-Jay où l'on ose faire concurrence aux élégantes boutiques littéraires et aux orfèvres en idées de la rue d'Ulm, de la rue de la Sorbonne, de la rue des Italiens et du quai Conti ? » L'argument est simple, mais porte : ce que Debray reproche à Pivot, c'est d'être un plouc. Mais attention ! En méprisant Pivot, c'est l'ensemble du public de Pivot que Debray méprise. Et ce public est davantage composé de gens du peuple que de membres de l'intelligentsia. Or, lorsqu'un intellectuel de gauche tel que Debray méprise le peuple dont par ailleurs il se réclame, c'est très grave !

L'Etat, complice de Pivot (et l'inverse) dont parlait Régis Debray était à l'époque l'Etat giscardien. Ainsi suspecté de servir la soupe aux généraux et aux ministres de droite (bien qu'il ait vertement envoyé aux pelotes Alain Peyrefitte lorsque ce dernier prétendit s'inviter lui-même à « Apostrophes »), Pivot eût dû, en bonne logique, « sauter » lorsque advint, en mai 1981, le pouvoir socialiste. C'est en tout cas ce qu'espérait Debray, nommé entre-temps chargé de mission auprès de l'Elysée pour les questions culturelles. A peine en fonctions, et invité, le vendredi 8 octobre 1982, par l'Union des écrivains québecois à Montréal, à donner une conférence sur « Littérature et identité culturelle », le conseiller présidentiel ne put s'empêcher, expliquant l'effort de diffusion de la culture qu'entendait mener le nouveau pouvoir, de proférer : « C'est pourquoi on s'efforce de développer les bibliothèques, de multiplier les émissions littéraires sur les différentes chaînes. Certaines sont en projet, mais les projets vont se concrétiser afin d'enlever à une émission [« Apostrophes »] le monopole à la fois du choix des titres et du choix des auteurs, accordé finalement à l'arbitraire d'un seul homme, et qui exerce une véritable dictature sur le marché du livre. »

Patatras ! La petite phrase, rapportée et diffusée par le représentant de l'Agence France-Presse à Montréal, allait provoquer un véritable tollé dans les médias et l'opinion publique français. Sommé par la presse de s'expliquer plus avant, Régis Debray, juste avant de reprendre l'avion pour Cuba, dément formellement avoir tenu de tels propos : « Je récuse le terme de " dictature ", que je n'ai pas utilisé », annonce-t-il tout de go (*Le Monde*, 12 octobre 1982), et ajoute : « J'ai dit : il faut briser les monopoles mais je n'ai pas dit qu'il fallait supprimer cette émission. Je trouve cette émission remarquable, car elle traverse les modes. Je souhaite même qu'il y ait d'autres Bernard Pivot, d'autres tribunes du même niveau. » Après cette proposition de clonage de Pivot et de multiplication évangélique des « Apostrophes », Régis Debray ne perd pas l'occasion de faire la leçon : « Certains ont intérêt à exploiter cette affaire, afin de démontrer que le régime devient tutélaire et qu'il veut contrôler la télévision. Cela s'appelle une manipulation de l'information. »

Hélas ! Trois fois hélas ! La déclaration de Régis Debray à Montréal a été enregistrée (à son insu) sur une bande vidéo. Bernard Pivot, qui a pu se procurer la bande, joue dès lors sur le velours. Le vendredi suivant, 15 octobre, à la fin de son émission (thème ô combien d'actualité : « Culture et politique », avec François Aubral, Michel-Antoine Burnier, Catherine Clément, Jean-Philippe Lecat, Jean Marcenac et Patrice de Plunkett, 14,1 % d'audience Audimat et 12 % d'audience panel, soit 4,680 millions de téléspectateurs de plus de 15 ans, un des six « Apostrophes » les plus regardés de l'année 1982, trois fois plus d'audience que l' « Apostrophes » où fut invité Debray sept ans plus tôt), Pivot diffuse la bande attestant les paroles incriminées, et répond vertement au conseiller élyséen : « Je n'aurais pas usé d'une sorte de droit de réponse si M. Debray n'était pas conseiller à l'Elysée. Je ne jouis d'aucun monopole des livres à la télévision. Je n'ai pas le pouvoir d'interdire aux autres chaînes de produire des émissions littéraires concurrentes et j'en ai compté pas moins de cinq sur TF 1 depuis la naissance d' “ Apostrophes ”, il y a près de huit ans. Ce que M. Debray qualifie d'arbitraire n'est que la liberté de curiosité, de jugement et de parole d'un journaliste qui s'efforce, chaque semaine, devant les livres, d'être sans parti pris. Enfin, je n'admets pas que ce mot épouvantable de dictature qualifie le libre choix des téléspectateurs et amateurs de lecture. Il n'est pas bon qu'un philosophe, intellectuel de gauche et conseiller à l'Elysée, croie que les publics sont des choses molles et facilement influençables. Et il n'était pas habile, à mon avis, de laisser entendre que la prochaine émission littéraire de TF 1 se concocte sous le regard protecteur et intéressé du pouvoir. Bonsoir à tous, à la semaine prochaine et haut les cœurs ! »

Pivot, ce soir-là, triomphe. Lui qui, lassé de son émission, sa vue baissant à force de lire, envisageait sérieusement d'arrêter, repart de plus belle, soutenu par son président de chaîne Pierre Desgraupes. Il faut dire que, du public à l'ensemble de la classe politique, tout le monde prend parti « pour Pivot ». Jusqu'au président de la République, François Mitterrand, qui interrogé sur « l'affaire » à son retour d'Afrique dès le lundi 11 octobre, désavoue implicitement son conseiller en affirmant que personnellement il « aime beaucoup “ Apostrophes ” ».

Du coup, TF 1 met un temps sous le boisseau ses projets d' « émissions concurrentes », tandis que la presse, à gauche comme à droite, se déchaîne dans ce qui prend l'allure d'une nouvelle affaire Dreyfus.

Bernard Pivot n'y coupe pas, écrivant dans ses « carnets » (*Lire*, novembre 1982) au nom du parti politique dont il se sent le plus proche : le parti d'en rire : « La thèse de la dictature du prolétariat ayant récemment été abandonnée par le Parti Communiste, Régis Debray a comblé le vide par l'invention de la dictature du marché du livre. Mais c'est aussi sérieux que si je parlais de la dictature par Bernachon du chocolat lyonnais ou de la dictature du Crazy Horse Saloon sur les jolies filles. Quant à la dictature du Shick Pivot sur les rasoirs, juré, je n'y suis pour rien ! »

Les journalistes, éditorialistes et commentateurs de la presse parisienne ne prennent pas l' « affaire » avec autant de légèreté, loin de là. Ainsi, avec le sens des nuances qui le caractérise, Dominique Jamet écrit, dans *Le Quotidien de Paris :* « Aujourd'hui, le clairon sonne pour la razzia. Il n'y aura pas de quartier. Ainsi va la France. La télévision-Debray, la télévision-Polac remplace la télévision-Pivot. Le goulag de la propagande se met en place. L'opération Nuit et Brouillard a commencé », tandis que Gérard Guillot, dans *Le Figaro* conclut son article par : « En France socialiste, il est du meilleur goût, et du devoir élémentaire, de s'attaquer aux libertés et aux hommes libres. Bernard Pivot à la T.V. est encore un des derniers îlots de liberté. » Olivier Todd, dans *Le Matin,* renchérit : « Rappelez-vous, Debray, que dans la culture, élitiste ou de masse, comme dans la macro et la micro-économie, les révolutionnaires détruisent plus vite qu'ils ne construisent. Téléspectateur Debray, j'aurais préféré que, de Montréal, vous sommiez Pivot d'inviter Valladares à " Apostrophes ". Et que, de Paris, vous interveniez aussi publiquement pour faciliter le déplacement du poète cubain emprisonné. » Tandis que Jean-Edern Hallier, jamais en retard d'un scandale, et ne perdant aucune occasion de brocarder autrui, fulmine dans *Paris-Match :* « Sa théorie de la guérilla (Foco) a envoyé dix mille jeunes gens à la mort. Eux au moins ne reviendront jamais pour le raconter. Mais pourquoi ce souvenir n'obsède-t-il pas Debray ? Parce qu'il pensait déjà à déboulonner Pivot. (...) La guerre en Afghanistan ? Il n'a pas bougé : il songeait à mitrailler Pivot. Le génocide au Cambodge et les boat-people ? Il s'est tu, rongeant son frein : il rêvait de déporter Pivot. La Pologne, les grévistes de la faim en Irlande ? Silence, il se demandait comment affamer Pivot. A Cancun, lors de la conférence sur le tiers monde, de quoi parlait-il en se bronzant sur les plages mexicaines ? De couper les crédits à Pivot. Organisateur des festivités de l'Etoile et du déjeuner d'investiture à l'Elysée, il s'était bien gardé d'y faire inviter les dissidents, ou les exclus de la planète souffrante sous la botte socialiste : ils passaient trop souvent chez Pivot, marmonnait-il dans sa moustache. Lors des massacres du Liban : comment massacrer Pivot ? (...) Debray, ce petit Napoléon des Lettres françaises, s'est déboutonné au lendemain de sa nomination, biche aux abois prise de panique, ivre de ressentiment, même plus capable de faire ses coups en douce. Sa première déclaration aura été de dénoncer notre seule émission culturelle réussie : supprimons la dictature de Pivot, déclare-t-il. »

Cinq ans après que ces outrances ont été dites de part et d'autre, l'heure est dans doute venue, sinon de réhabiliter, tout au moins de comprendre les intentions, perfides ou innocentes, qui animèrent Régis Debray dans cette triste affaire.

S'il a fauté — a-t-il lui-même plaidé —, c'est surtout en paroles, car les mots ont dépassé sa pensée, et n'auraient certainement jamais été suivis d'actes. La réalité, c'est que Régis Debray a une fois de plus été trahi par ces médias qu'il dénonce, ou plus exactement il s'est trahi devant eux. Il s'en est expliqué dans une mise au point publiée dans *Le Monde* du 23 octobre 1982 : « Histoire d'un crime, ou pour en finir avec une mauvaise querelle. » Ses excuses ? : 1°. Il assistait au congrès québecois en temps qu'écrivain, à titre privé, et non en temps que conseiller du président de la République française. 2°. S'il avait su que des « journalistes en fonction et exercice » se trouvaient dans la salle, il n'aurait rien dit de compromettant : « Cela s'appelle l'obligation de réserve ou, si l'on préfère, le sens de l'Etat. » 3°. Il « n'a fait qu'employer les termes mêmes » de ses interlocuteurs, « souvent plus durs » que les siens « pour les centralismes, élitismes, mercantilismes et autres " ismes " dont ils s'estimaient victimes ». 4°. Poussé dans ses retranchements par une salle complice, il s'est laissé allé, en fin de soirée, guetté par la fatigue, à prononcer la « phrase » sur la dictature, inconscient du fait qu'il la prononçait, et oubliant aussitôt après qu'il l'avait prononcée. 5°. Il regrette de n'avoir point pris « le temps de vérifier l'enregistrement » de ses « propos d'après-dîner » (comme si ses paroles, effacées des bandes magnétiques, n'eussent alors jamais été proférées).

On comprend, par la naïveté de son argumentation, que Régis Debray est sincère. Oui, il regrette sincèrement de s'être laissé emporter par un écart de langage, et d'avoir parlé de dictature. « Cette outrance, je m'en excuse auprès de lui (Pivot), et en public. Triste effet d'automatisme verbal, elle m'a échappé à onze heures du soir, à la fin d'un banquet. »

« Trahi » par ses pensées, « trahi » par ses paroles, « trahi » par les journalistes qui ont reproduit « ce mot hors contexte, noir sur blanc, refroidi » dans lequel il « ne se reconnaît pas », « trahi » par les médias qui se sont engouffrés dans cette « petite dépêche sensationnaliste, si ce n'est malveillante », « trahi » par la classe politique dans son ensemble, désavoué par les siens mêmes, Régis Debray se retrouve seul. Encore plus seul qu'avant. Comment, dans ces conditions, ne pas crier au complot ? Pas plus que Pivot, Debray n'est un dictateur. « Je connais trop bien les dictatures pour jouer consciemment avec ce mot. Celle dont j'ai tâté m'a enlevé plusieurs années de ma jeunesse. » (*Le Monde,* op. cit.) Hanté par l'idée de dictature, il a tendance — qu'on ne lui en veuille pas — à voir la dictature partout. Il est moins un procureur qu'une victime.

Pourtant, sur le fond — et à condition d'oublier la formulation malheureuse de « dictature » — on peut avancer que Debray avait eu tout au moins le mérite d'aborder de façon argumentée un certain nombre de questions : « Apostrophes » ne jouit-elle pas d'un monopole de fait ? Les goûts et choix d'un seul homme ne prennent-ils pas valeur d'arbitraire à partir du moment où personne, en face de lui, ne peut en proposer d'autres avec la même audience ? Est-il normal, souhaitable et sain qu'un seul homme assure un pouvoir immense sur le sort commercial des livres et la réputation de leurs auteurs ? Est-il logique de juger davantage les écrivains sur leur télégénie que sur leurs œuvres ? Voici de vraies questions, que d'ailleurs n'élude point Pivot lui-même, questions suffisamment importantes pour avoir justifié la publication du présent ouvrage, et que Debray, l'un des premiers, a eu le mérite de poser, même mal.

Car, toute cette « affaire » repose sur un amalgame affligeant entre la personnalité de Pivot et la fonction médiatique qu'il incarne. Soyons justes : si Pivot a gagné contre Debray, ce n'est pas parce que Pivot avait raison et Debray tort, ou l'inverse. C'est parce que Pivot est un homme sympathique, disert, civil, drôle, aimé de tous, consciencieux, professionnel et profondément honnête alors que Debray est apparu comme râleur, jaloux, injuste, menteur et méprisant. On a oublié les concepts, le vrai débat, pour ne retenir que l'aspect affectif, épidermique, « médiatique » en un mot. N'est-ce pas une preuve que, de ce point de vue-là, du moins, Debray avait raison ? Déjà, en 1979, mis en cause par Pivot à propos de son livre, déjà cité, *le Pouvoir intellectuel en France*, Régis Debray répliquait : « Au boudoir, on préfère la recherche des effets à celle des causes, et Pivot chez Pivot aurait fait un tabac. S'il a substitué l'attaque personnelle à l'analyse d'un livre qui ne le mettait pas personnellement en cause, c'est qu'il est plus performant, sur la piste aux étoiles, de communiquer par le bas que de discuter sur le fond. » (*Le Matin*, 21 mai 1979.) Pour Régis Debray, contrairement à La Fontaine, c'est le fond qui manque le plus.

Prenons un exemple précis : dans un chapitre consacré à « La logique du pouvoir » (*Le Pouvoir intellectuel*, op. cit.), Régis Debray décrit longuement et minutieusement le phénomène de raréfaction des moyens de communication en utilisant l'image de l'entonnoir. « Dans la société française, où se produit le double de livres qu'il y a vingt ans, se produit aussi moitié moins de journaux. Foisonnement de la production idéologico-culturelle, rétrécissement des organes de critique/diffusion. Il y a de plus en plus à verser dans l'entonnoir, mais le tube de l'entonnoir est de plus en plus étroit. (...) Quarante médiocrates (au grand maximum) ont pouvoir de vie ou de mort sur quarante mille auteurs. Pour ces derniers, publier un livre veut dire : déférer au tribunal des Quarante, le mutisme du jury valant pour sentence capitale. (...) Plus que jamais, les décideurs sont les décimateurs. (...) Où est la plus grande rareté, là est le lieu du pouvoir. La raréfaction des grands moyens de communication — ou, en bon français, l'étranglement par le goulot — a déplacé inéluctablement dans la sphère des médias le lieu du pouvoir intellectuel. » (Op. cit., p. 139-141.)

Il s'agit, on le voit, d'un constat global, qui débouche sur l'énoncé d'une loi : technologie et idéologie croissent en proportion l'une de l'autre. Plus il y a de choses à dire, moins on en dit. Plus il y aura de livres publiés, plus nécessaire sera la sélection, mais plus évident sera l'arbitraire. Et ce phénomène n'a fait qu'empirer depuis que la fonction critique traditionnelle s'est déplacée de la sphère de l'écrit à celle des médias. Ce qui, à terme, pose forcément la question de la censure, de la liberté et de la démocratie. Pivot, ou un autre, est au fond moins l'artisan de ce phénomène qu'un instrument. Pivot, en tant qu'homme et journaliste, peut être honnête, consciencieux et efficace ; il n'empêche que Pivot, en tant que « médium », du fait même qu'il s'incarne dans le médium télévisé qui, on le sait depuis McLuhan, a son existence propre (« Le médium, c'est le message »), change de nature et devient l'instrument de la sélection, le miroir offert à la télégénie, l'allié inconscient mais objectif du « Big Brother » médiatique. Il y aurait ainsi deux Pivot : l'un, à la ville, excellent homme et merveilleux journaliste ; l'autre, incarnation médiatique, par le canal duquel (le goulot d'étranglement, l'entonnoir) passerait, de façon subliminale, le fantôme de toutes les dictatures. Nous y revoici !

Cette théorie, vraie ou fausse, mérite d'être envisagée, discutée, diffusée auprès du plus grand nombre, c'est-à-dire du « public », concerné au premier chef. Le problème, c'est que cette théorie est complexe, et délicate à exprimer. Il faut, pour l'exposer sans la trahir, le temps de la réflexion et plusieurs pages d'un livre. On voit le dilemme : si cette théorie est vraie, il faut qu'elle circule partout, et notamment dans les médias, afin que chacun puisse en prendre conscience et reconquérir sa liberté. Or, si la théorie est juste, elle sera forcément réduite, travestie, caricaturée et trahie lors de son exploitation par les médias. « En effet, il y a un rapport inverse entre la valeur informative d'un message et sa communicabilité. » (*Le Pouvoir intellectuel en France*, op. cit., p. 273.) C'est-à-dire que le test de validité de cette théorie sera établi par sa non-compréhension !

Régis Debray va une nouvelle fois jouer au prophète trahi par les siens (et par lui-même). Expliquant sa théorie de l'entonnoir à Serge Rezvani, dans un entretien publié dans *Les Nouvelles littéraires*, il est lui-même inconsciemment poussé (médias obligent) à la résumer, la personnaliser, et par là même la trahir : « Pivot est un bon professionnel. Je n'en veux qu'à l'entonnoir-Pivot, au fait que ceux qui ne passent pas par le tube de l'entonnoir ne passent pas dans les devantures des librairies, donc ne passent pas sous les yeux des lecteurs... » Dans son livre, il parlait de « quarante médiocrates », et voici qu'il n'y a plus que Pivot... Résumé un peu court, ainsi qu'il le reconnaîtra plus tard, dans l'une de ses habituelles autocritiques : « En prenant Pivot pour un entonnoir, j'avais sacrifié un peu vite le fonctionnaire à sa fonction. » (*Le Matin*, 21 mai 1979.)

Pour l'heure, face à son ami Rezvani, Régis Debray se croit obligé d'ajouter : « Sans doute ne fais-je pas des livres pour faire des interviews dans les hebdos, mais je suis forcé de faire des interviews tout simplement pour signaler l'existence de mon livre. » Faisant cela, il se piège lui-même ! Et Pivot, c'est de bonne guerre, a beau jeu de lui répondre, non pas sur le fond de la théorie exposée dans le livre, mais sur son résumé caricatural reproduit dans une gazette : « On ne peut avoir plus mauvaise opinion des libraires qui se condamneraient à ne mettre dans leurs devantures que la vingtaine de livres présentés chaque mois à “ Apostrophes ”. Et voilà bien du mépris pour la presse écrite dont notre analyste mésestime gravement la puissance. » (*Le Matin,* 14 mai 1979.) L'argument de Pivot, on le voit, ne tient que par rapport à ce que Debray s'est laissé aller à dire dans la presse (avec déperdition de sens) ; il ne tiendrait pas forcément au vu de la théorie entièrement exposée dans le livre.

Pivot, cependant, n'est pas dupe, et si, attaquant Debray, il vise les chevilles plutôt que le front, ce n'est pas parce qu'il est plus sot ou vil qu'un autre, c'est parce qu'il a compris, lui, la façon dont il faut se servir des médias ! Il le précise d'ailleurs un peu plus loin dans son article : « Quand on lit attentivement les interviews de Régis Debray, qu'on ne se laisse pas emporter par sa pétulante dialectique et qu'on gratte un peu le vernis des paradoxes, raccourcis, approximations et sentences, on découvre des perles » (*Le Matin,* op. cit.), tout en reconnaissant plus loin : « Dans son livre, Régis Debray, l'autre, celui qui réfléchit avant d'écrire, montre très bien que le pouvoir intellectuel passe aujourd'hui par l'accumulation du livre, de l'université, de la presse et d' " Apostrophes ". » Les « mensonges » de Régis Debray se trouveraient en fait moins dans ses écrits que dans ses paroles, moins maîtrisées et réfléchies. Le drame de Régis Debray, intellectuel inspiré au fond de son cabinet de travail, c'est qu'il devient balourd et gaffeur dès qu'il s'avise de prendre la parole et de répondre à des questions ! Adversaire des pouvoirs dans son œuvre, voilà qu'il accepte un poste de pouvoir, de la chaire duquel il tient des propos qui ont rappelé à plus d'un les anathèmes staliniens. Sommé de s'en expliquer, il commence par nier, puis, poussé dans ses retranchements, fait publiquement son autocritique, ce qui est tout aussi stalinien ! Régis Debray a réussi ce tour de force : se déconsidérer et se ridiculiser tout seul, sans l'aide de personne. Si, pourtant : avec l'aide des médias, qui en l'occurrence n'ont fait que lui tendre une chambre d'écho...

Régis Debray, prototype de l'intellectuel rebelle, a raté sa Révolution. Il voulait démasquer les médias, il a été piégé par eux. Pourquoi ? Parce que, par des paroles inconsidérées, il s'est retrouvé sans le vouloir dans l'œil du cyclone médiatique, lui qui n'a pas le pied marin. Pire : alors qu'il avait abondamment décrit les méfaits de ce cyclone, il en a gravement mésestimé la force dès qu'il s'est agi de son propre cas. Le cyclone s'est vengé, broyant le navire de guerre Debray comme un vulgaire esquif, et le rejetant sans ménagements sur la plage aux épaves. Bernard Pivot l'avait pourtant bien prévenu, dès 1979 : « Continuez de vous détourner des caméras, Régis Debray, écartez aussi de vous les micros, repoussez fermement les stylos poseurs de questions. Il y va de votre réputation d'intellectuel de gauche. » (*Le Matin,* 14 mai 1979.)

Si Debray ne voulait pas que la « piétaille » se gaussât un jour de lui, lui faisant cher payer ses attitudes d'aristocrate intellectuel et méprisant, il eût dû se tenir délibérément hors de l'arène aux fauves, et se draper définitivement dans la posture hugolienne de l'absence. Ainsi qu'il le reconnaît lui-même, dans sa réponse à Bernard Pivot (*Le Matin,* 21 mai 1979) : « Je vous concède que l'exil eût été plus noble. »

3. *Bernard-Henri Lévy ou l'opportunisme cathodique*

« L'intellectuel du troisième type sera cathodique ou ne sera pas. »

Bernard-Henri Lévy, *Eloge des Intellectuels.*

Bernard-Henri Lévy est l'opposé de Régis Debray. Tous deux, certes, sont des intellectuels, tous deux sont philosophes, tous deux prônent l' « engagement ». Même s'ils ne défendent pas toujours les mêmes valeurs, leurs livres se trouvent dans les mêmes rayons au sein des bibliothèques.

Là ou Régis Debray est obsédé par une vision pessimiste du clerc (c'est le pouvoir qui crée l'intellectuel, celui-ci est fait pour servir celui-là, voir *le Scribe*), Bernard-Henri Lévy prône au contraire le rôle irremplaçable de l'intellectuel en tant que garde-fou du pouvoir. Dans son récent *Eloge des intellectuels* (Grasset), Lévy se lance dans une ardente défense de la pensée et des clercs, remis en question par « la singulière faveur dont jouissent les fameuses " nouvelles stars " des affaires, de la chanson, ou du monde du spectacle ». (*Eloge des intellectuels,* op. cit.)

Là où Lévy s'oppose à Debray, c'est dans son rapport aux médias. Opposition purement médiatique. « Médiocratique », comme dirait Debray. L'un est aussi chouchouté par les journalistes, photographes et animateurs de télévision que l'autre est desservi, accusé ou oublié. Beau et grave, l'allure romantique, la crinière artiste, la chemise blanche, sans cravate, ouverte jusqu'au troisième bouton, été comme hiver, sur une poitrine d'adolescent, B.-H. L. possède au départ une télégénie et une aisance naturelles qui font hélas défaut à son condisciple Debray, facilement râleur, plutôt rébarbatif, et dont le pamphlétaire Jean-Edern Hallier brosse en deux traits (ou plutôt deux poils) le portrait : « Ce pauvre garçon à la moustache d'Astérix fatigué passe mal à la télévision. »

Les médias sont injustes, il est vrai, « racistes », même, pour reprendre l'expression de François de Closets (*le Système E.P.M.*, Grasset), puisqu'ils avantagent l'un au détriment de l'autre avant même qu'aucun des deux n'ait parlé. Et, lorsqu'ils parlent, peu importe qu'ils n'aient rien à dire : seul celui qui le dira bien acquerra de l'audience.

Lorsqu'ils parlent, l'opposition s'aggrave. Là où Debray fulmine et lance des imprécations qui lui reviennent toutes au visage comme autant de boomerangs, Bernard-Henri Lévy a tranché une fois pour toutes : « La télé existe. Je m'en sers. J'essaie qu'elle ne se serve pas trop de moi. » (*Eloge des intellectuels* », op. cit.) Cynisme ? Si l'on veut. Machiavélisme ? Sans doute. Ce que B.-H. L. perd en sincérité, il le gagne en efficacité. Il sait parfaitement, tout comme Debray, qu' « Apostrophes » ne peut en aucun cas, du point de vue de la pensée, rivaliser avec la moindre conférence en Sorbonne. Il sait aussi que, grâce à « Apostrophes », il s'adressera à 5 millions d'auditeurs au lieu de 100. Le message ainsi dirigé vers les masses connaîtra sans doute une déperdition de sens, mais ceci est un faible prix à payer en regard de cela. Bien sûr, Bernard-Henri Lévy souscrit entièrement à cette démonstration de Régis Debray : « L'information coûte. (...) L'entropie ou la déperdition d'énergie croissent en proportion géométrique avec l'allongement des circuits et l'accroissement du volume des transmissions. En d'autres termes, l'exactitude de l'information deviendrait de plus en plus improbable à mesure que s'élargit la sphère informative. La mauvaise information chasse la bonne parce que la vérité coûte de plus en plus cher. » (*Le Pouvoir intellectuel en France*, op. cit., p. 274.) Il en tire pourtant des conclusions inverses. Au lieu de dénoncer le système, B.-H. L. l'exploite et en tire profit. La télévision est le diable ? Soit. Alors il est sage d'avoir « le diable en tête », de bien le connaître et le fréquenter, pour mieux lutter contre ses artifices. La mauvaise information chasse la bonne, et, à la télévision, un menteur qui parle fort aura toujours le pas sur un timide qui a raison ? Eh bien, il suffit de crier plus fort que tout le monde, quitte à se servir par moment de la mauvaise foi et flirter avec le terrorisme intellectuel. Le péché sera absous, puisque c'est pour la bonne cause. La fin justifie les moyens. Bernard-Henri Lévy est un nouveau Robespierre.

Dans son *Eloge*, B.-H. L. propose d'ailleurs à ses pairs une leçon de stratégie télévisuelle, en développant la notion séduisante d' « homo cathodicus », ou « intellectuel du troisième type » : « Je dirai ce que je pense de la télévision. Je dirai pourquoi je l'aime, pourquoi je m'y sens à l'aise. J'expliquerai comment, au lieu de pleurnicher sur la prétendue “ barbarie ” dont elle serait l'agent, les intellectuels, mes pairs, feraient mieux d'apprendre à s'en servir et à en maîtriser le langage » et, plus loin : « Qu'un Claude Simon se dérobe, je le comprends. Mais qu'un Debray, un Derrida, se drapent dans la pose de la vierge effarouchée, je le comprends moins bien. » L'argument que fait valoir Bernard-Henri Lévy à ses pairs est le suivant : la télévision est un bon diable qui gagne à être connu, et qu'il s'agit avant tout de démythifier. « On ne m'empêchera pas de penser qu'il y a, dans cette résistance [des intellectuels vis-à-vis de la télévision], toute une dimension de panique ou de phobie qui excède les raisons rationnelles » et : « Je trouverais aussi niais de porter [la télévision] aux nues que de la traîner en enfer. » Oui, mais la déperdition du sens ? Le coût exorbitant de l'information ? « Si on va à la télévision dans le secret espoir d'y exposer en détail les tenants et aboutissants d'une doctrine philosophique, alors, oui, en effet, il vaut mieux renoncer tout de suite. En revanche, il y a un autre jeu possible. D'autres stratégies pensables. Il y a de tout autres effets de sens à faire passer. » Lesquels ? « Des effets de vérité. La télévision a tous les défauts que vous voudrez. Il y en a un qu'elle n'a pas : elle ne sait pas mentir. Regardez les hommes politiques. Regardez comme elle les traite. Regardez comme elle les dévoile, les débusque, comme elle les met mal à l'aise, comme elle les force à se livrer ou improviser. A la télévision, je l'ai souvent dit, on lit à livre ouvert dans les visages. (...) Les hommes politiques apprennent à mentir ? Les téléspectateurs apprennent, du même pas, à détecter leur mensonge. »

Bernard-Henri Lévy, dans cette ardente défense de la télévision, gardienne de la vérité et de la démocratie, ne nous cache-t-il pas quelque chose, qui est peut-être l'essentiel ? La vérité, en effet, est une bonne fille qui ne demande pas mieux que de s'offrir à celui qui souhaite parler de bonne foi. Mais elle ne s'offrira que plus volontiers si le locuteur a en outre une belle prestance, s'exprime bien et sait habilement manier la dialectique ou toucher la fibre sensible de ceux qui l'écoutent. Avec un tel interprète, la vérité sera tellement aux anges qu'elle tolérera bien la cohabitation avec quelques à peu-près, manipulations ou demi-vérités.

Il existe pourtant des garde-fous, heureusement. La dramaturgie d' « Apostrophes » comporte des règles strictes d'arbitrage, dont Bernard Pivot est le garant. L'oreille aux aguets, le texte en poche, prêt à dégainer les propres citations de l'auteur qui a perdu la mémoire, l'arbitre d' « Apostrophes » veille, et sait fort bien remettre les gens à leur place à l'occasion.

Ainsi, au cours de l'émission du 3 avril 1987, au cours de laquelle le Nouveau philosophe vint présenter son *Eloge des intellectuels*, Bernard Pivot interroge : « Mais, B.-H. L., ces Tapie, Montand et autres Coluche, pourquoi voulez-vous les empêcher de parler ? » C'est vrai, après tout, n'est-on pas en démocratie ? Bernard-Henri Lévy sort aussitôt sa parade numéro un, qui consiste à nier en bloc, et passer à autre chose (Chirac, Barre, Marchais ou Mitterrand agissent-ils différemment lorsqu'un débatteur leur pose une question embarrassante ?). Et B.-H. L. nie : « Ce n'est pas vrai. Je n'ai pas dit ça. D'ailleurs je respecte beaucoup ces gens-là et plusieurs sont mes amis. » Pivot saute en l'air, et fait jouer aussitôt une contre-offfensive mille fois éprouvée : « Comment ? Vous niez ? Mais vous l'avez écrit ! D'ailleurs, je vous cite », et Bernard Pivot, du tac au tac, sort la citation en question. En face, B.-H. L., tout sourire, semble penser : « O.K., Bernard, 1 à 0, ça ne peut pas marcher à tous les coups... » Gabriel Matzneff, présent sur le plateau, sorte de Lord Byron franco-russe des années 80 et grand expert, lui aussi, en communication télévisuelle, vole au secours de son petit camarade : « Allons, Pivot, vous êtes de mauvaise foi ; vous sortez la phrase de Bernard-Henri de son contexte ! » Et B.-H. L., aux anges, exulte : « 1 à 1. Egalité. Que dis-tu de cette contre-contre-parade insoupçonnée, Bernard ? » Joli moment de joute oratoire à trois, splendide passe d'armes, superbe échange d'escrime...

C'est cela, plus qu' « avoir raison et dire la vérité », qui permet de « bien passer » à la télévision et de réussir à « Apostrophes »...

Faire mouche, avoir le sens de la formule, piéger l'autre, déstabiliser l'adversaire, ne pas se laisser voler la parole, savoir l'abandonner en pâture lorsqu'on s'en est servi, ne surtout pas s'enferrer et se justifier lorsqu'on est pris en faute, s'excuser d'un sourire et parler d'autre chose. Surtout parler d'autre chose : les images défilent si vite, que le sens n'a pas le temps de les marquer de façon indélébile. Tel pourrait être le credo de l' « homo cathodicus »...

Des exemples ? En voici, répartis sur dix ans, à l'occasion des cinq passages de Bernard-Henri Lévy à « Apostrophes ». Cinq leçons magistrales que devrait visionner et revisionner tout élève aspirant au grade d' « intellectuel cathodique ».

27 mai 1977. Thème : « Les Nouveaux philosophes sont-ils de gauche ou de droite ? » Avec, dans le rôle des « bons », Bernard-Henri Lévy et André Glucksmann, épaulés par le « papa » Maurice Clavel ; dans le rôle des « méchants » François Aubral et Xavier Delcourt, détracteurs de la « Nouvelle philosophie ». Entre les deux camps, Bernard Pivot, nouveau John Ford, règle dans ses moindres détails,

en direct, le déroulement de ce western cathodique et philosophique... Car c'est bien d'un western qu'il va s'agir.

En voici le scénario. Il est classique. Deux clans s'affrontent. Le premier, celui des « bons », a conquis, à la sueur de son front et grâce à son courage, une terre nouvelle. Le second, celui des « méchants », vient alors lui en disputer la propriété. « Cette terre nous revient », disent-ils, « elle appartenait à nos ancêtres. Rendez-la-nous » ! Les premiers se défendent : « Vous l'aviez laissée à l'abandon. Nous lui avons rendu la vie par notre travail, elle nous appartient désormais. Passez votre chemin, tas de feignants ! » On hausse le ton, on se dispute. Les « méchants » attaquent les premiers, en traîtres. Mais les « bons » savent aussi se servir d'un revolver, et après une salve nourrie, gagnent la partie.

Les personnages, à présent. Chez les « bons », deux frères courageux, Bernard-Henri Lévy et André Glucksmann, et leur oncle, Maurice Clavel. Chez les « méchants », leurs deux cousins rivaux et jaloux, François Aubral et Xavier Delcourt. Tout le monde est en place ? Moteur !... Bernard Pivot peut lancer le premier tour de manivelle. Tout de suite, il donne le ton : « Maurice Clavel, je pourrais lire une ligne de votre livre et mettre immédiatement le feu aux poudres... » Prétextant du débat qui, dans la deuxième partie de l'émission, se transformera obligatoirement en conflit, Bernard Pivot demande à ses invités de parler tout d'abord de leurs livres.

Le film commence donc par une description du champ de bataille sur lequel les deux partis rivaux vont s'affronter : le relief est-il accidenté ? L'un des clans a-t-il le soleil dans les yeux ? L'autre a-t-il la possibilité de s'abriter des balles ? Quelle est la stature des héros en présence ?

Khâgne et hypokhâgne au lycée Louis-le-Grand, Normale Sup', écrivain, directeur de collection chez Grasset depuis 1973, chef de file naturel des « Nouveaux philosophes » et heureux auteur, en ce printemps 1977, d'un essai resté fameux dans les annales, *la Barbarie à visage humain* (où il est démontré que la révolution est un leurre , le pouvoir une fatalité et le socialisme un chemin vers le totalitarisme, et où il est proposé « une politique provisoire, une morale positive qui sauront peut-être préserver le monde de la tentation barbare »), Bernard-Henri Lévy incarne, par son bagage, sa prestance et son bagou, l'idéal du héros positif de western. Sorte de John Wayne philosophique, il est par définition le porte-parole d'une cause juste, celle des « Nouveaux philosophes », qui selon lui sont « antimarxistes, lacaniens, issus de la même génération, celle de mai 68, mais ne formant ni un mouvement, ni une chapelle ».

Son livre-manifeste, arme de précision, est paru au bon moment. Cela fait plus d'un an, en effet, que l'on entend parler de ces « Nouveaux philosophes » (l'appellation vient d'un article à eux consacrés par *Les Nouvelles littéraires* au printemps 1976 ; elle est restée. Comme jadis les « existentialistes » ou les « hussards », les « Nouveaux philosophes », fils de l'air du temps, ont été baptisés par la presse). Lévy, Lardreau, Jambet, Guérin, Némo, d'autres, ont en moins de deux ans publié des essais qui ont fait sensation. Comme le relèvent Hervé Hamon et Patrick Rotman dans leur étude consacrée aux *Intellocrates* (Ramsay), ils sont tous d'anciens « khâgneux » de Louis-le-Grand (entre 1966 et 1968) et ont tous publié chez Grasset, dans les collections « Figures » et « Théoriciens », toutes deux dirigées par Bernard-Henri Lévy. André Glucksmann est leur voisin de palier : agrégé de philosophie, normalien (mais de Saint-Cloud, et non de la rue d'Ulm), il publie aussi chez Grasset. Ces jeunes gens proviennent du même sérail. Ce sont d'authentiques cow-boys. Maurice Clavel, qui s'est un jour illustré en quittant le plateau télévisé d' « A armes égales » sur cette célèbre réplique : « Bonsoir, messieurs les censeurs... », leur sert de grand-père spirituel, ou plutôt, comme le baptise Pivot, de « tonton des philosophes en herbe ». Le terrain des « Nouveaux philosophes » est, on le voit, parfaitement solide et bien gardé. Au besoin, si des renforts sont nécessaires, on pourra sonner la cavalerie de la presse : *Le Nouvel Observateur, Le Monde, Les Nouvelles littéraires* sont acquis à la cause. Quant à Philippe Sollers, chef indien très influent, il a décrété, par quelques nuages de fumée envoyés depuis son village de *Tel Quel*, que *la Barbarie à visage humain* représente « le premier grand style romantique depuis 1968 ».

Dans le clan Aubral-Delcourt d'en face, les positions sont moins sûres. Ces deux professeurs de philosophie dénoncent dans cette « Nouvelle philosophie » une simple mode, un avatar révisionniste et archaïque, une exploitation du sensationnel, en un mot une invention de journaliste et une récupération bourgeoise. Perfidement, Bernard Pivot les cite : « Ce livre est né d'un sentiment de dégoût que nous inspire cette mascarade de professionnels de la philosophie qui se vautrent dans la mare aux balivernes avec les mystificateurs. » Aubral-Delcourt, qui sont restés fidèles à Marx — contrairement aux « N.P. », traîtres de classe — savent bien que tout ça, c'est du vent, et que la philosophie contemporaine, la vraie, se situe ailleurs. Des noms ? Ils en citent. Hélas, ce sont des noms inconnus du grand public, et qui en outre ne sont pas regroupés en Ecole. Pour un peu, on soupçonnerait Aubral et Delcourt de les avoir inventés pour la circonstance. La réalité — laissent entendre perfidement l'oncle Clavel et ses neveux — c'est qu'Aubral et Delcourt ne sont que de vilains envieux, qui ne songent qu'à détruire la terre promise de la « Nouvelle philosophie » pour se venger d'être restés sur la touche. Nous, « Nouveaux philosophes », sommes trop à la mode ? Oui, mais vous, vous n'êtes que des « has-been »...

Le ton monte. Pivot-John Ford, qui sent venir la scène de sa vie, pique les uns, fouette les autres, ranime les querelles et verse du plomb fondu sur les plaies ouvertes. Aubral ouvre le feu : « Les gauchistes de 68 étaient des staliniens ! » Piqué au vif, Glucksmann riposte : « Je ne me laisse pas insulter ! » Delcourt cite un extrait de la *Lettre confidentielle de l'Expansion* selon laquelle Giscard d'Estaing, président de la République, verrait dans l'ouvrage de B.-H. L. une arme qui servira à « lutter dans le rang des intellectuels contre le Programme Commun de la gauche ». B.-H. L. fulmine : « Votre démarche a un côté policier ! » C'est alors que Clavel implore justice, car, dans leur livre, les deux contempteurs de la « Nouvelle philosophie » ont osé le traiter de « crétin, doublé d'un écœurant manipulateur de cadavres, un homme à la pensée nauséabonde ». « Veuillez retirer ces injures ! » exhorte Clavel. « Nous ne retirerons rien ! », répondent Aubral et Delcourt, cousins et fils dénaturés... C'en est trop ! Il faut sauver l'honneur ! Bagarre générale ! Empoignades verbales ! Des revolvers pointent dans les regards ! On se jette des mots à la figure : « goulag », « terrorisme ». Clavel, Lévy et Glucksmann ne font qu'une bouchée des deux voyous. Aubral traite Lévy de « génie de la publicité ». Lévy répond : « Si la pub consiste à avoir le maximum de lecteurs, et à diffuser largement les idées, alors oui à la pub ! » Ravi, Bernard Pivot enchaîne : « Je suis là pour la pub. Il en faut ! » Et il clôt l'une de ses meilleures émissions par : « J'ai posé la question : " Qui a peur de la Nouvelle philosophie ? ", j'ai bien peur que beaucoup de téléspectateurs répondent : " Moi ! " »

Les téléspectateurs n'eurent pas peur. Le lendemain, les « Nouveaux philosophes » furent catapultés au firmament (dix ans après, on parle encore d'eux). L'émission, entrée dans les annales d' « Apostrophes », fera florès dans les esprits, elle sera rediffusée en « Apostrophes d'été », le 22 août 1986. *La Barbarie à visage humain,* tirée modestement à 6 000 exemplaires, deviendra un best-seller. Quant à Bernard-Henri Lévy, il a brillamment passé son épreuve de jeune premier philosophe cathodique.

23 janvier 1981. C'est la troisième fois que B.-H. L. est invité à « Apostrophes ». Le 1er juin 1979, il est venu présenter *le Testament de Dieu.* Aujourd'hui, il revient avec un brûlot consacré à *l'Idéologie française.* S'estimant désormais expert es médias, Bernard-Henri Lévy, au risque de jouer à l'apprenti-sorcier, fomente cette fois-ci une stratégie de lancement médiatique de son livre en utilisant absolument tous les vecteurs et toutes les chambres d'échos possibles. En quinze jours, B.-H. L. obtient tous les grands journaux, les plus grandes signatures et la télévision, grâce à une polémique savamment lancée et orchestrée, qui doit atteindre son apogée avec « Apostrophes ». Cette « technique du lancer » a

été décrite par Hervé Hamon et Patrick Rotman dans *les Intellocrates*. Nous en résumons ici l'essentiel :

3 janvier 1981 : *L'Express* annonce la pré-publication des « bonnes feuilles » du livre de B.-H. L. La livraison suivante du journal contient en effet des extraits, judicieusement choisis pour leur aspect polémique : il y est question, sous Vichy, d'une convergence entre Emmanuel Mounier et les siens et les idées fascistes, l'école des cadres d'Uriage n'ayant été qu'une sorte de pépinière de collabos. Cet extrait ne pouvait que pousser les intéressés ainsi mis en cause à réagir, autour de la revue *Esprit*. Comme le notent Hamon et Rotman : « Avec cette pré-publication, le stratège marque deux points : il claironne la sortie de son essai, et sème les graines de la polémique qui se profile. »

Lundi 12 janvier. Bernard-Henri Lévy est interviewé sur FR3 ; au cours de la même émission, Jacques Fauvet, directeur du *Monde*, déclare : « Ce livre est susceptible, s'il provoque un débat, comme je le souhaite, assez large, d'éclairer un peu plus l'opinion sur ce qu'on appelle le fascisme sournois. » Par cette déclaration, Jacques Fauvet met en cause le précédent directeur du *Monde*, Hubert Beuve-Méry, ancien d'Uriage, qui ne pourra que réagir.

14 janvier : mise en place en librairies de 40 000 exemplaires de *l'Idéologie française*.

15 janvier : la polémique rebondit avec un dossier de six pages consacré au livre par *Les Nouvelles littéraires*, avec les signatures de Jean-François Kahn et François George. *Le Matin* prend le relais avec un « ensemble Lévy », concocté par les plumes de Catherine Clément, Philippe Sollers (le chef indien crie au génie), Daniel Lindenberg, Jean-Toussaint Desanti. Puis *Le Monde*, avec un « feuilleton » de Bertrand Poirot-Delpech (violemment hostile). B.-H. L. réplique dans *Le Monde* du 23 janvier, ce qui pousse Poirot à faire une mise au point de la mise au point. Le 24, toujours dans *Le Monde*, Paul-Henri Chombart de Lauwe décrit « ce que fut Uriage ». Le même jour, dans *L'Express*, échauffourée entre Hubert Beuve-Méry, qui crie au mensonge et à la manip' : « Que peuvent valoir les idées quand les faits

invoqués sont délibérément tronqués ou faussés ? », et Bernard-Henri Lévy, qui persiste et signe : « Uriage fut le meilleur laboratoire d'un fascisme à la française. »

La veille au soir, le vendredi 23 janvier, il y a eu « Apostrophes ». Sous le thème « Au carrefour des idéologies », Bernard Pivot a réuni un plateau de choc. Autour de B.-H. L., le communiste Raymond Lavigne, le sociologue François Bourricaud et surtout Paul Thibaud, directeur de la revue *Esprit*. 10 % d'indice d'écoute panel, soit 3,800 millions de téléspectateurs de plus de 15 ans (un des trois « Apostrophes » les plus regardés de l'année 1981).

On se doutait que ça allait chauffer, et cela chauffa effectivement. Le cow-boy noble et généreux du western des « Nouveaux philosophes » (voir plus haut) se trouva ce soir-là fort isolé, confronté à des interlocuteurs hostiles prêts à le massacrer. Contrairement à ce qui s'était passé quatre ans plus tôt, Bernard-Henri Lévy se tient pour l'heure dans la situation inconfortable de l'agresseur sommé par ses victimes de s'excuser ou de produire ses preuves. A vouloir mener la polémique trop loin, B.-H. L. a outrepassé les limites de ce que, dans les médias, il est convenable de dire. D'apprenti-sorcier, le voici devenu sorcier. Sa chemise blanche n'est plus un symbole d'âme immaculée. Et voici que l'Apollon du belvédère de la rue Cognacq-Jay devient un personnage antipathique. Citons Hamon et Rotman : « Moins à l'aise que d'habitude, Lévy rate sa prestation. Pincé en flagrant délit de trucage de citation par Paul Thibaud, directeur d'*Esprit*, il est aussi malmené par le professeur Bourricaud, sommité de la sociologie, qui recale, pour “ bricolage idéologique ”, l'élève Lévy devant le tribunal universitaire. » Cette fois-ci, le preux B.-H. L. a fait les frais de cette assertion par lui-même défendue : « La télévision ne sait pas mentir » si bien que cette hostilité unanimement déchaînée, « fort néfaste au plan intellectuel, affaiblit modérément la vente », ainsi que le font remarquer Hamon et Rotman. Et ils concluent : « Comme auteur, Lévy se vend (plus de 20 000 exemplaires pour un essai philosophique, c'est un succès). Comme penseur, il se “ grille ”. Mais c’est une autre histoire... »

B.-H. L. s’aperçoit qu’il a fait fausse route, et que son image de marque est égratignée. La fée média s’est transformée en fée Carabosse. Il est prudent de disparaître un peu, se faire oublier, laisser le temps panser les plaies. Pas trop longtemps, tout de même... Un intellectuel cathodique ne saurait demeurer à jamais loin des plateaux de télévision sans dépérir... Mais attention, il faut soigneusement préparer sa rentrée, car un nouvel échec pourrait être définitif. « Grillé » après *l’Idéologie française*, B.-H. L. sait qu’on l’attend au tournant de son prochain essai philosophique. Alors, que faire ?... Bon dieu, mais c’est bien sûr ! comme disait le commissaire Bourrel. La solution est simple : il suffit d’écrire un roman !

Aussitôt dit, presque aussitôt fait. B.-H. L. disparaît volontairement de la circulation, durant deux ans. Il s’exile de longs mois dans une thébaïde de l’arrière-pays niçois, dans sa maison de famille à la campagne ou dans l’anonymat des hôtels de Jérusalem, Londres ou New York. On ne le voit plus errer des heures entières entre la maison Grasset et le pub du Twickenham. Que se passe-t-il ? Une rumeur circule dans le monde des Lettres : « B.-H. L. écrit un roman. » Pas n’importe quel roman, attention : un « premier » roman ! (B.-H. L. n’a jusqu’ici écrit que des essais.) Pas, non plus, n’importe quel premier roman : une somme de 1 000 pages manuscrites, avec coups de théâtre, nombreux personnages, parmi lesquels on reconnaît Althusser, Lacan, Jouhandeau ou Barthes ; une fresque éblouissante qui traverse les décennies et les continents ; une sorte de *Guerre et Paix* de la fin du XXe siècle. Quant à la forme, elle est résolument moderne et originale, mêlant le style du journal, de l’interrogatoire, de la correspondance, de la déposition et de la confession. Ce sera *le Diable en tête*, annoncé avec humour par Bernard Pivot dans ses « carnets » (*Lire*, septembre 1984) : « Tiens, B.-H. L. ! Son premier roman ! Ce sera, dans la production romanesque, l’événement de la rentrée. Inventeur de la

" Nouvelle philosophie ", Bernard-Henri Lévy ne pourra pas lancer le " Nouveau roman ", A.R.G. (Alain Robbe-Grillet) l'a fait il y a trente ans. »

Dès la sortie du livre (dont B.-H. L. a demandé l'embargo total jusqu'au dernier moment, afin que le livre soit lu « pour lui-même »), le nouveau romancier est convié sur le plateau d' « Apostrophes », le 21 septembre 1984, dont le thème est justement : « Premiers romans ». Dans la même émission, une jeune romancière de 16 ans (future Sagan ?), visiblement sous le charme, prend fait et cause pour le nouveau philosophe nouveau romancier. Retombant ainsi dans l'enfance de l'art, Bernard-Henri Lévy est diaboliquement parvenu à ses fins : se refaire une nouvelle virginité intellectuelle et cathodique. Pari gagné : *le Diable en tête* est un succès, et le vilain B.-H. L.-Hyde est définitivement oublié au profit du gentil B.-H. L.-Jekyll...

3 avril 1987, enfin. Dix ans, presque jour pour jour, après sa première prestation à « Apostrophes », Bernard-Henri Lévy vient défendre son *Eloge des intellectuels* sur le plateau d' « Apostrophes ». Tout de noir vêtu (pour une fois, il a abandonné la sempiternelle chemise blanche du Juste), front lisse et boucles brunes, il tranche, par son physique et son aisance, avec le vieux petit monsieur à la diction embarrassée qui est assis à côté de lui, Maurice Bardèche, beau-frère de Brasillach et auteur d'une biographie de Céline.

Le débat s'engage et, le premier, Bardèche égratigne Lévy, l'interrompt, lui reprochant d'avoir omis de parler dans son livre de tel ou tel intellectuel, de n'avoir pas dit que la langue de bois des démocraties valait bien celle des pays totalitaires. D'un mot, Lévy avoue « préférer infiniment la première à la seconde », puis, sans plus s'occuper de son interrupteur, poursuit. L'autre revient à la charge et Lévy, invoquant alors l'autodéfense, hausse la voix, et d'un ton emporté aux accents lyriques et pathétiques, s'écrie, main sur le cœur : « J'avais juré de ne pas me mettre en colère ce soir, mais puisque vous insistez, les téléspectateurs doivent savoir que, pour ces vingt pages au moins, que vous avez consacrées aux pamphlets antisémites de Céline, votre livre est infâme ! » Vlan. Uppercut du droit. Bardèche au tapis, K.O. en trois rounds. B.-H. L., vainqueur, conserve son titre de champion.

Bien sûr, nous ne prétendons pas que la « colère » de B.-H. L. était feinte, ni qu'il eût dû ménager, à cause de son âge, M. Bardèche. Ce qui est vrai, en revanche, c'est que du strict point de vue de la dramaturgie (et qu'est-ce qu' « Apostrophes », sinon une dramatique dans laquelle le texte est écrit au fur et à mesure par ses protagonistes ?), B.-H. L. a endossé de bout en bout le rôle du héros, justicier et redresseur de torts (John Wayne), tandis que ce pauvre Bardèche, adoptant le rôle du « méchant », lui servait de faire-valoir. Et lorsque, tirant de sa poche une citation de B.-H. L. à propos de Camus, le vieux biographe prétendit confondre le Nouveau philosophe, ce dernier n'eut même pas à argumenter, se contentant, offusqué, de nier avec vigueur : « Vous vous trompez, monsieur Bardèche, je n'ai jamais écrit cela. » Or — on l'aura déjà compris — que Bernard-Henri Lévy ait ou non écrit la phrase incriminée n'avait plus aucune importance dès ce moment-là. Catalogué dans son rôle de « faf », Bardèche n'avait plus qu'à se taire. Seul Bernard-Henri Lévy disait la vérité. Un regard interrogatif porté par ce dernier à ses quelques amis disposés dans la salle (« Ai-je été bon ? ») suffit d'ailleurs à le rassurer sur ce point. Quant au vieux M. Bardèche, à peine remis de sa déconfiture cathodique, il confiait après l'émission à qui voulait l'entendre : « Je m'en doutais un peu ; à présent j'en suis sûr : lorsqu'on a quelque chose à dire, il ne faut pas le dire à “ Apostrophes ”. Si je suis venu, c'est pour faire plaisir à mon éditeur, car tout cela ne m'amuse pas du tout. » Maurice Bardèche, homme de 1940 plutôt que de 1987, eût été en effet mieux inspiré en ne venant point se fourvoyer sur un plateau de télévision où était présent Bernard-Henri Lévy. Car ce soir-là, le loup et l'agneau de la fable avaient changé de camp.

per-
ctrice.
rianne I.
texte d'un
ssonien. A
I (celui qui
er) a déjà cé-
accroupi, un
à ses pieds,
ptif, comme
re tournage.
fi d'une petite
t ! Marianne
passé et pré-
ictoires sont

ne cinéaste italien, Francesco Ranieri-Martinotti, connaissait la réponse : *« C'est très simple : il m'a appris à comprendre et à aimer les acteurs. »* ●

Vincent Remy

A lire sur Kieslowski :

La Passion Kieslowski, hors-série *Télérama* consacré à la trilogie *Trois Couleurs Bleu, Blanc* et *Rouge*. En vente par correspondance, 48 F. Paiement par chèque bancaire ou postal à l'ordre de Télérama. Télérama abonnements, 163, bd Malesherbes 75859 Paris Cedex 17.

Etudes cinématographiques nos 203-210, analyse de l'œuvre de Kieslowski. Ed. Lettres modernes, J. Minard, 178 p., 160 F.

Dix Brèves Histoires d'images, par Véronique Campan, étude détaillée du *Décalogue*. Ed. Presses de la Sorbonne nouvelle, L'œil vivant.

Qu'est-ce qui l'a poussé, qu'est-ce qui a compté pour lui dans le cinéma ? Impossible de cerner sa personnalité complexe sans emprunter des voies détournées. On peut l'entendre, certes, comme dans la soirée thématique d'Arte (il est aujourd'hui un peu plus bavard qu'hier) avec ses aphorismes, ses réponses laconiques, ses longs monologues inattendus. On peut écouter les autres parler de lui, bien sûr. On peut aussi le regarder faire, le voir confier à d'autres une certaine idée du cinéma. **Gérard Pangon**

Krzysztof

Lorsqu
pour
le ciné
les rais
pour arrêter »
une sorte de t
à un coup de
pu survivre au
en cinq ans
tant, il a conf
faites-vous ? »

IV – L'« EFFET APOSTROPHES »

« Ils ne mouraient pas tous, mais tous étaient frappés. »

La Fontaine,
« Les Animaux malades de la peste »

« Apostrophes » repose sur presque rien : un seul homme, secondé par une faible équipe ; un budget des plus spartiates ; une formule, des décors amortis depuis longtemps. Or, depuis treize ans que cette émission existe, on entend dire qu'elle fait la pluie et le beau temps dans le monde de l'édition. Les professionnels les plus extrémistes affirment que nul livre ne saurait désormais raisonnablement se vendre sans le soutien de Pivot, et que la suppression d'« Apostrophes » serait immanquablement suivie d'une recrudescence du nombre des faillites chez les éditeurs et du taux de suicide chez les auteurs. Vrai ? Faux ? Il est temps d'étudier de plus près l'effet véritable d'« Apostrophes » dans le monde de l'édition.

Osons une image : l'édition est un lac secoué d'ondes qui s'étendent en cercles concentriques autour du point d'impact que représente la naissance du livre. Le passage à « Apostrophes » revient à lester le livre de plomb, afin qu'il produise de plus grosses vagues.

Plus on se tient près du centre (1er cercle : les auteurs ; 2e cercle : les attachés de presse ; 3e cercle : les éditeurs), et plus les ondes se situent dans une zone de turbulence extrême. Les trois premiers cercles sont trop directement liés au sort du livre pour être objectifs. D'où le bouillonnement de fantasmes et rumeurs en tous genres qui sévissent dans cette zone critique (et « Apostrophes » est un excellent exutoire à fantasmes et rumeurs).

Plus on s'éloigne du centre (4e cercle : les diffuseurs et

représentants ; 5e cercle : les libraires ; 6e cercle : les lecteurs et téléspectateurs), plus l'onde retrouve une relative quiétude. Ayant affaire à des livres dans leur ensemble, et non à tel ou tel livre particulier, les intervenants de ces trois derniers cercles appréhendent généralement de façon plus concrète l' « effet Apostrophes ».

Les damnés du 7e cercle (les concurrents de Pivot, dans les médias ou la presse écrite) prétendent ignorer l' « effet Pivot » — car il leur fait de l'ombre. Beaucoup d'entre eux sont en réalité plus touchés qu'ils ne le reconnaissent.

Enfin, le 8e cercle concerne l'étranger, où l'émission « Apostrophes » est de plus en plus largement diffusée. L' « effet Pivot » est-il encore sensible à New York ou au Québec ?

C'est ainsi que, en suivant chaque étape qui jalonne la vie d'un livre, nous allons faire quelques incursions dans les huit cercles (tour à tour de l'Enfer, du Purgatoire et du Paradis) qui constituent la Divine Comédie éditoriale d' « Apostrophes ».

1. *Premier cercle : les auteurs*

Nous voici dans l'œil du cyclone ; au cœur de l'enfer du Premier cercle. Car c'est bien les affres de l'enfer que doit endurer l'auteur « apostrophable » (la gent éditoriale désigne sous ce terme la faculté pour un auteur d'être invité à « Apostrophes » et d'y être bon).

Sitôt son manuscrit remis à l'éditeur, voilà l'auteur saisi d'une seule et unique obsession : être invité chez Pivot.

Ici il semble nécessaire de faire une légère digression sur la structure mentale de l'écrivain français. En effet, cet être favorisé par les dieux (« Au commencement était le Verbe », affirme l'Evangile selon saint Jean), qui fait preuve d'une intelligence si acérée et d'une psychologie si remarquable dans ses essais et ses romans, perd subitement tous ses moyens intellectuels aussitôt que, dépossédé de son livre par l'imprimerie puis les services commerciaux chargés d'en assurer la promotion, il n'a plus qu'à attendre le verdict des lecteurs en se tournant les pouces. Peu d'auteurs parviennent dans ces conditions à garder la tête froide. Ils sont généralement gagnés par une sorte d'état d'abattement qui dure de un à trois mois (beaucoup plus chez d'aucuns) et que l'on peut, toutes proportions gardées, assimiler à l'état dépressif que ressentent certaines femmes après l'accouchement, lorsqu'on retire le nouveau-né de leur vue (« writing blues » au lieu de « baby blues »). La crise intime que traversent nos auteurs parturients prend des apparences beaucoup plus graves car, à l'inverse des nourrissons que l'on replace bien vite au creux des bras des accouchées, les livres publiés ne reviennent pas dans le giron de leurs auteurs, mais au contraire sont jetés en pâture au public. Un tel choc affectif et émotionnel rend les auteurs publiés absolument déraisonnables. Telles des lionnes à qui on prétend arracher leurs lionceaux, ils sont prêts, pour la survie et le succès de leur livre, à toutes les luttes, toutes les folies, toutes les bassesses.

Les plus « accros » font le siège de leur éditeur, lui téléphonant plusieurs fois par jour, l'interrogeant avidement sur les chiffres de tirage et de mise en place de leur ouvrage, le budget publicité qu'on entend lui allouer, le montant des ventes, les critiques que la presse écrite va lui consacrer.

Ces bonheurs ne suffisent plus depuis longtemps à nos auteurs anxieux, qui désormais ne rêvent que de passer à la télé, et, en priorité, à « Apostrophes ». Seule cette satisfaction compte aux yeux d'un écrivain français aujourd'hui ; elle compte tant qu'il en oublie même parfois le plaisir humble de l'écriture. Avide de faire la roue sous les sunlights, il renâcle devant la feuille blanche.

A ce propos, Bernard Pivot note dans ses « carnets » de *Lire :* « J'entends de plus en plus souvent les éditeurs grogner contre leurs auteurs — principalement les romanciers. Ils leur reprochent de devenir " impossibles ", d'avoir des exigences sans cesse grandissantes, de remettre des manuscrits bâclés, bourrés de fautes de tous ordres. (...) Les relations entre romanciers et éditeurs seraient, selon ceux-ci, devenues difficiles, en raison d'une hâte généralisée et excessive à devenir célèbres et riches. » (*Lire,* octobre 1986.) Bernard Pivot illustre ce pénible constat par cette confession d'un éditeur tenant à garder l'anonymat : « Le moindre de mes romanciers considère que je suis un mauvais éditeur si je ne lui obtiens pas le feuilleton de Poirot, le papier d'ouverture de la rubrique lettres de *L'Express,* du *Point,* du *Nouvel Observateur* et de *L'Evénement du Jeudi,* une interview dans *Le Fig Mag* et *Madame Figaro,* bien sûr un passage à " Apostrophes ", le " peigne fin " de *Lire,* plus quelques photos dans *Paris-Match* et *Télé 7 jours,* un article élogieux dans *Télérama,* plus Chancel, plus Mourousi, plus Luce Perrot, plus Garcin, plus Caloni, plus Elkabbach, plus France-Culture, et tout ça rassemblé en huit jours, quinze au maximum, pour que ça cogne dur dans les librairies... » (*Lire*, op. cit.) Atteints de « médiaphilie » galopante, on conçoit que ces romanciers exigeants n'aient plus le temps d'écrire...

On cite, dans l'ensemble des maisons d'édition, des cas qui semblent tout à fait désespérés : certains auteurs, déçus de n'avoir pas été invités à « Apostrophes », accusent l'attachée de presse d'incompétence, l'insultent parfois au téléphone, puis le lendemain reviennent pleurer dans son giron ; menacent leur éditeur d'aller porter leur prochain livre chez un concurrent réputé mieux traité par « Apostrophes » (comme Harris et Sédouy qui quittèrent le Seuil parce que leur livre, *Qui n'est pas de droite ?*, paru en novembre 1978, n'avait pas été présenté à « Apostrophes », pour cause de grève à la télévision ; or leur livre fut un échec commercial) ; s'interrogent à l'infini sur les causes de l'inimitié qu'entretient Pivot à leur égard, puisqu'il ne les invite pas ; cherchent des coupables qui en secret les ont calomniés, en trouvent, ou plutôt croient en trouver ; tentent en grand secret de circonvenir Untel qui doit prochainement déjeuner avec Pivot, etc. Malades du « complexe d' " Apostrophes " », les auteurs sombrent dans la paranoïa galopante et la démence précoce.

Pierre-Antoine Dupuy, directeur commercial de Flammarion, confie : « La vanité et la suffisance ont toujours été le sdéfaut des écrivains ; mais dès qu'il s'agit d' " Apostrophes ", leur aveuglement n'a plus de bornes. Certains, et des plus grands, très connus du grand public et qui pourraient se passer de telles actions de promotion, téléphonent tous les jours et posent la même question angoissée : " Et 'mon' 'Apostrophes', c'est pour quand ? " Si par malchance ils ne sont pas invités, ils se sentent blessés, brimés, injustement oubliés ; ils deviennent fous furieux, tombent malades, font une dépression nerveuse, songent au meurtre ou au suicide. L'idée de ne pas passer chez Pivot leur est insupportable. »

Les écrivains en mal d' « Apostrophes » peuvent déployer

des trésors d'imagination jésuitique pour exprimer leur passion amoureuse frustrée. Ainsi un auteur voulut que figurât dans son contrat une clause selon laquelle l'éditeur lui assurait qu'il serait invité à « Apostrophes » : l'éditeur eut un mal fou à convaincre l'auteur de l'aberration d'une telle clause. D'autres composent eux-mêmes le plateau pour lequel ils souhaiteraient être invités : « Que pensez-vous de Machin, pour me donner la repartie ? » Une femme, auteur d'un livre dont la parution fut signalée par Pivot en fin d'émission (fin 1986), piqua une véritable crise de rage, car se contenter de citer son livre signifiait qu'elle ne serait pas invitée lors d'une prochaine émission, tout en convenant implicitement que le livre s'insérait parfaitement dans le thème de ce soir-là, mais n'avait pas mérité que son auteur fût convié. « Compte tenu du thème de l'émission, Pivot ne pouvait pas ne pas m'inviter ! », se plaignit-elle à son éditeur.

Le dépouillement statistique de tous les plateaux d' « Apostrophes » devrait pourtant rassurer les auteurs quant à leurs chances de se produire un jour à l'émission. En effet, 2 136 auteurs différents ont été invités en plus de douze ans (janvier 1975-juillet 1987), dont les trois quarts (77,50 %) ne sont passés qu'une seule fois. Les « abonnés » (3 passages et plus) représentent moins de 10 % de l'ensemble des auteurs (9,89 %, soit 204 auteurs), mais deux auteurs seulement sont passés plus de 10 fois (il s'agit de Max Gallo, 13 passages, et de Jean d'Ormesson, 12 passages et une rediffusion).

Les femmes invitées forment une minorité de 20 % des auteurs invités, malgré le fait qu' « Apostrophes » aborde fréquemment des thèmes féminins (les femmes publient moins que les hommes). Les romans et documents littéraires représentent aussi une grosse minorité de 39 %, mais l'équilibre entre romans et non-romans n'a pas toujours été identique selon les années. Ainsi, en 1975, les romans ne constituaient que 21 % de l'ensemble des livres, contre 48 % en 1979.

La carte géographique des invités d' « Apostrophes »

reflète donc une synthèse réaliste de la carte des écrivains en France (convenons en effet que les auteurs étrangers sont peu souvent invités). Ce qui semble équitable au plan statistique peut néanmoins, au cas par cas, paraître injuste aux yeux des principaux intéressés. « Qu'importe que Pivot ait invité plus de 2 000 auteurs si je n'en suis pas ? », murmurent-ils d'un air douloureux. Rappelons en effet que s'il existe environ 3 000 auteurs professionnels en France, il faut y ajouter 50 000 amateurs ! (source : Michèle Vessilier-Ressi, *le Métier d'auteur,* Dunod.)

Les écrivains déçus n'ont pas le pardon facile, et commuent le plus souvent leur déception en haine. Les écrivains « oubliés » d' « Apostrophes » vouent à Bernard Pivot une solide inimitié, qu'ils entretiennent généralement en lâchant des phrases perfides au cours de dîners en ville.

Parfois, cette haine éclate au grand jour, et prend des allures de règlements de comptes. Régis Debray, François George... L'écrivain et auteur dramatique Raymond Cousse, auteur notamment de *Stratégie pour deux jambons,* a écrit à Pivot une lettre violemment pamphlétaire, publiée dans *A bas la critique et vive le Québec libre* (Editions Rupture, 1983). Au reproche habituel de « plouquerie », formulé par les intellectuels à l'encontre de Pivot, Cousse ajoute... l'imbécillité ! : « Le maintien de votre cerveau en jachère reste votre plus précieux atout. Par-delà son alibi culturel, votre émission a pour objectif principal de solliciter la moelle épinière du téléspectateur. Votre art de la communication se réduit en effet à une stimulation entre moelles de part et d'autre de l'écran. Il s'agit avant tout de déclencher l'automatisme de la main à la poche du client sous hypnose. Le message serait tout aussi accessible au dernier des vertébrés, s'il avait des poches... Et les mollusques eux-mêmes, en s'y prenant bien... C'est ça, mettez des poches aux limaces, vous pulvériserez sous peu vos indices d'autosatisfaction. » Le livre de Cousse, aujourd'hui introuvable, a bien failli ne jamais paraître. L'auteur explique : « Mon éditeur habituel, Flammarion, a eu peur de publier ce brûlot. J'ai donc dû trouver un petit éditeur qui, suite à cette charge, a fait faillite et a même dû fuir à l'étranger ! Heureusement, tout ce système — la civilisation blanche et occidentale — crève, est même définitivement mort. Il ne pue pas encore assez. C'est tout. »

Le cas le plus représentatif est celui de l'écrivain Jacques Lanzmann, qui défraya la chronique à la fin de l'année 1986, et brandit durant quelques semaines le flambeau des écrivains injustement floués par le système Pivot (d'ailleurs il continue presque chaque semaine dans sa rubrique de *VSD*). « Il faut déstabiliser Pivot », proclamait-il à l'encan. « Lanzmann part en guerre contre Pivot », titrait *France-Soir* du 13 janvier 1987, auquel l'écrivain confiait : « Pivot ne supporte pas que je passe ailleurs que chez lui à la télévision ; " Apostrophes ", comme je l'ai écrit, c'est fini. C'est une mondanité ; mais personne n'ose prendre position. »

Rappelons l'objet du scandale. Convié à « Apostrophes » le 28 novembre 1986 pour parler de son dernier roman, *le Jacquiot* (Lattès), dans lequel il conte ses aventures d'adolescent durant la Seconde Guerre mondiale, Jacques Lanzmann se vit reprocher par Pivot d'avoir repris in extenso les situations des vingt-cinq dernières pages d'un précédent roman, *le Têtard,* publié chez Laffont dix ans plus tôt, pour rallonger la sauce des cent premières pages du *Jacquiot.* Un peu plus tard, Pivot pria André Rollin (collaborateur de *Lire,* invité ce soir-là pour un recueil d'interviews d'écrivains consacré à leurs habitudes d'écriture) d'interroger Lanzmann sur sa façon d'écrire. Rollin déclara tout à trac qu'il jugeait plus intéressant de l'interroger sur son hobby préféré, la marche. Le pauvre Jacquiot, perdant subitement l'humour qu'il pratiquait jadis en tant que parolier du chanteur Jacques Dutronc, apprécia peu ce costume qu'on lui taillait en direct. La voix tremblante, des pleurs dans les yeux, le bouillant sexagénaire au regard bleu, à la crinière blanche et à la moustache en croc, laissa alors éclater sa révolte : « C'est injuste ! Cela fait quatre ans que je n'ai pas été invité à " Apostrophes ", et voilà que je m'y fais descendre en flammes ! »

Les choses auraient pu en rester là. Mais il se trouve que Lanzmann tient une rubrique hebdomadaire consacrée à la télévision dans le magazine *VSD*. Perdant tout sang-froid, indigné à l'extrême par le piège que Pivot et Rollin lui avaient selon lui tendu à « Apostrophes », criant au complot, Jacques Lanzmann rédige, à chaud, sa prochaine rubrique sous le titre « " Apostrophes "... c'est fini », et lâche la bride à sa hargne et son ressentiment : « Ce qui ne passe pas, c'est la manière, la méthode, les vannes, ce climat de règlement de comptes. Costaud, le Jacquiot ne plia pas sous l'accusation, ne rougit pas comme un petit garçon. Le contraire : il dit ses quatre vérités en sachant que, pour lui, " Apostrophes ", c'est fini... Vrai, j'en prends encore au moins pour dix ans de mitard. Drôle de zazou que cet incorrigible Jacquiot. (...) N'empêche, il continue à s'évader des sentiers battus et des plateaux où l'on a tenté de le fusiller, une fois de plus, quarante et un ans après la guerre. Vrai, le lendemain, dans les rues, ça rappelait la Libération. Spontanément, des personnes m'arrêtaient : " Eh bien, dites donc, Pivot, hier soir, il était drôlement agressif. Il a changé de formule, ou quoi ? " » (*VSD*)

Pour lui, c'est clair : Pivot a voulu se payer Lanzmann, a tout manigancé en ce sens. Pourquoi ? Lanzmann s'explique : « On en veut à Lanzmann d'avoir égratigné Pivot ici même [dans *VSD*]. Tout ça, c'est de la faute de Soljénitsyne. Souvenez-vous : une émission enregistrée aux Etats-Unis. Le célèbre dissident soviétique recevait Pivot en son nouveau pays d'exil. J'avais alors écrit que Bernard était meilleur à domicile qu'à l'extérieur. Pas méchant pour un sou, mais extrêmement mal perçu du côté d' " Apostrophes ". »

Voilà, pour Jacques Lanzmann, en quoi consiste sa seule et unique faute : avoir osé critiquer Pivot. Ce dernier, vil tyran, s'est lâchement vengé en n'invitant plus Lanzmann durant plus de quatre ans, après lesquels il ne l'aurait fait venir que pour mieux l'assassiner.

Pivot ne pouvait pas rester insensible à de telles attaques. Il répond dans ses « carnets » de *Lire* en janvier 1987 : « Jacques Lanzmann a repris les vingt-cinq dernières pages du *Têtard*, y a ajouté du ragoût et en a fait les cent premières pages du *Jacquiot*. C'est son droit. C'est aussi mon droit de le dire aux téléspectateurs. J'aurais pu, preuves en main, vraiment l'accabler. Mais il est si peu habitué qu'on lui tienne un langage de franchise que, stupéfait, ulcéré, humilié, déboussolé, le célèbre marcheur a cru se venger par des propos outranciers et ridicules dans sa chronique de télévision de *VSD*. »

Que Lanzmann ait usé du pouvoir que lui confère cette chronique dans le monde des médias par pure vengeance personnelle, cela Pivot ne le supporte pas. Aussi attaque-t-il Lanzmann à son tour, dénonçant la collusion de ce dernier avec la télévision : « Cette chronique est pour Jacques Lanzmann une jolie rente. Sitôt qu'il publie un livre, il est invité dans de nombreuses émissions de télévision où des caresses le remercient des douceurs qu'il a prodiguées avec constance et non sans talent. Ce sont renvois d'ascenseurs dans des confiseries. Aïnsi, après la dernière distribution de 7 d'or, il s'était félicité des choix des professionnels de la télévision, tout en publiant une interminable liste de noms qu'il aurait aimé voir couronner. Article démagogique hautement rentable. Ainsi va le petit commerce. » (*Lire*, janvier 1987.)

Faut-il croire à la bassesse de Pivot ou au délire paranoïaque de Lanzmann ? Résumons les pièces du dossier.

Dans le passé, Jacques Lanzmann a déjà été convié à quatre reprises à « Apostrophes », dont la dernière fois le 12 février 1982 pour *la Baleine blanche* (Laffont). Jusque-là Lanzmann est invité régulièrement tous les ans ou tous les deux ans (le 5 août 1977, pour *le Têtard*, justement ; le 6 octobre 1978 ; le 13 février 1981). Donc, tout va bien pour lui. Vient la diffusion, en 1983, du « spécial Soljénitsyne », suivi du papier critique de Lanzmann dans *VSD*. Pivot aurait alors décidé de punir Lanzmann en le privant d'« Apostrophes », ce qui d'ailleurs n'empêchera pas ce dernier de vendre, sans « Apostrophes », 135 000 exemplaires du *Lama bleu* (Lattès, chiffres communiqués par l'auteur), son roman paru cette année-là et record de vente de sa carrière. « Pivot a voulu se venger, mais cela a raté, et il a été jaloux de voir que mon livre se vendait mieux sans son émission qu'avec. »

Le seul problème, c'est que le « spécial Soljénitsyne » a été diffusé le 12 décembre 1983, alors que *le Lama bleu* était sorti en avril, huit mois auparavant, et a fait le plein de ses ventes en quatre mois. La critique par Lanzmann de l'émission sur Soljénitsyne n'a donc pas pu influer sur la décision de Pivot de bouder l'écrivain cette année-là.

Lanzmann publie ensuite l'un après l'autre, et avec succès, *le Septième ciel* (90 000 exemplaires selon l'auteur) et *Fou de la marche* (40 000 exemplaires, source idem). Toujours pas d' « Apostrophes » en vue.

L'auteur à succès en prend son parti : à son habitude, et de son propre aveu, cela ne l'empêche pas de suivre méthodiquement la progression journalière de ses ventes : « Quand un de mes livres sort, j'appelle tous les jours Françoise Six, du service commercial de Lattès, pour lui demander où en sont les ventes. » Et, comme Lanzmann est en outre un marcheur infatigable, il se fait un devoir d'inspecter lui-même toutes les librairies de Paris, afin de s'assurer que son livre est bien mis en place et se dresse en piles avantageuses. Inlassablement, il arpente les trottoirs des grands boulevards et vérifie que son œuvre n'est pas absente des vitrines. S'il n'est pas satisfait de la place qu'occupe son ouvrage sur les rayonnages, Lanzmann se plaint auprès du libraire, engueule le service commercial, sermonne l'attachée de presse, gourmande le distributeur.

Le courriériste littéraire du *Figaro*, un certain Bernard Pivot, stigmatisait déjà les penchants intéressés de notre auteur dans une rubrique intitulée « Jacques Lanzmann millionnaire » et datée du... 30 mai 1959. Jacques Lanzmann venait d'être primé par la Bourse de la fondation del Duca, ce qui lui rapportait la coquette somme, pour l'époque, d'un million de francs : « “ Ça vaut le coup ! ”, disait-il en serrant sur son cœur le chèque que venait de lui remettre Monsieur Cino del Duca. Il vérifiait de temps à autre qu'on ne le lui eût pas subtilisé, et déclarait à la cantonade qu'enfin devenu riche il allait consommer force fromages. » (*Le Figaro littéraire*, 30 mai 1959.)

Vingt-huit ans plus tard, ce n'est plus le fromage que Pivot sert à Lanzmann, mais l'huile de ricin : « Mais voici que Lanzmann ne reçoit pas ce qu'il croit être son dû, il s'en dit scandalisé et y voit un complot, ne pouvant imaginer un seul instant que son *Jacquiot* puisse être tenu comme un méchant appendice de l'excellent *Têtard*. Alors il hurle et pleure comme si on lui avait marché sur les pieds. La vérité est que, depuis quelques années, Jacques Lanzmann écrit à côté de ses pompes. » (*Lire*, janvier 1987.)

Une attachée de presse eut encore meilleure mémoire que Pivot : « Avant *le Jacquiot* (Lattès, 1986) et *le Têtard* (Laffont, 1976), Lanzmann avait déjà rapporté ses souvenirs de guerre dans un roman autobiographique beaucoup plus sincère que les deux autres ; il s'agissait de *Qui vive !*, paru en 1965 chez Denoël. Je crois en effet que Lanzmann commence un peu à se répéter. »

« Il est stupide d'accuser un écrivain de se plagier lui-même, on écrit toujours le même bouquin », se défend l'intéressé. Fort de ce principe, Jacques Lanzmann revisite tous les dix ans les mêmes champs de bataille. C'est en effet son droit. Mais n'est-il pas également du devoir de Pivot — et de tout critique — de faire un effort de mémoire et de ne pas respecter les délais de prescription ni les vœux de silence observés par l'auteur ?

Pierre Boncenne, bras droit de Pivot et rédacteur en chef de *Lire*, commente ainsi les réactions de déception qui agitent parfois les auteurs que Pivot n'invite pas : « Il existe un effet pervers d' “ Apostrophes ” qui pousse les auteurs à confondre magazine et critique littéraire. Les auteurs croient qu'être invité à “ Apostrophes ” représente forcément une sanction et un jugement positif de leur travail. Ils croient aussi que si Pivot ne les invite pas, c'est qu'il n'a pas aimé leur livre, ou qu'il a une dent contre eux. C'est absolument faux. Il arrive que Bernard invite un auteur qu'il n'aime pas, ou un auteur qui vient d'écrire un livre qu'il juge médiocre, mais qui fait événement. Bernard choisit les livres grâce à son flair de journaliste, et non en fonction de ses goûts personnels. »

Lors d'une tribune organisée par la radio libre de *L'Express* en direct du Salon du livre (le 26 mars 1986), la question fut posée à Pivot par un journaliste :

« — Vous aimez tous les livres qui passent à " Apostrophes " ?

— Ah non, pas du tout ! Il y a même des livres que je déteste. Mais ce sont des livres importants parce qu'ils sont dans l'actualité, parce que leurs auteurs sont célèbres, et il m'arrive très souvent de ne pas en dire un seul mot d'éloge. Il y a même des émissions où je suis particulièrement froid (et ça se voit !). Il m'est arrivé plusieurs fois d'être complètement irrité par un auteur qui a écrit un livre intéressant et qui s'enferre dans des discours que je juge stupides, et là j'ai envie de l'étrangler. Je ne sais pas masquer mon approbation ou mon désintérêt, un élan d'amour ou un repli stratégique. »

Les auteurs élus, ravis d'être invités à « Apostrophes », ont depuis longtemps perdu leur innocence. Ils savent très bien que l'invitation chez Pivot ne suffit pas en soi ; encore faut-il réussir une « bonne prestation ». Là est le secret. Car il est bien connu qu' « une bonne prestation fait vendre », mais qu'en revanche « une mauvaise prestation peut avoir des conséquences catastrophiques » pour l'auteur et le livre. Si d'aventure les auteurs n'étaient pas au courant de cette distinction primordiale, leurs éditeurs et attachés de presse sont là pour la leur rappeler avec exemples à l'appui : nul n'a oublié les « cas » Bukowski, Macciochi, Joffroy, etc. (nous avons eu l'occasion plus haut de narrer leurs démêlés). Aussi les auteurs invités chez Pivot ne se crêpent-ils plus aussi volontiers le chignon que par le passé. On leur a trop répété : « Surtout ne sois pas agressif ; dis du bien du bouquin des autres ; glisse une phrase sur le foot ou la bouffe pour te mettre Pivot dans la poche... » Le résultat est que désormais les auteurs « apostrophés » entonnent en chœur la même antienne : « Passe-moi la rhubarbe, je te passerai le séné », se font des cajoleries, s'offrent des friandises, se flattent mutuellement dans le sens du poil. L'écrivain Gérard Guégan (le même qui avait organisé et « mis en scène » la prestation éthylique de Bukowski), convié la dernière fois le 18 juin 1982 pour présenter son roman *Une femme coincée* (Grasset), se vit sur le plateau entouré de gentils romanciers et romancières s'envoyant des baisers et des brassées de fleurs (le thème de l'émission, « Affaires sentimentales », se prêtait fort, il est vrai, à ces démonstrations affectives). Sommé par Pivot de faire la critique des romans de ses confrères et consœurs ici présents (Gérard Guégan était alors critique aux *Nouvelles littéraires*), il hésita tout d'abord à rompre cette atmosphère de concorde. Mais Guégan sortait — comme tous les vendredis — d'une séance de karaté, et, abandonnant sa fausse politesse, il s'en prit vertement à Patrick Poivre d'Arvor, dont il jugea que le roman, *les Enfants de l'aube* (Lattès), était « nul ». Gérard Guégan se rappelle : « A la fin de l'émission, et les jours suivants, de nombreuses personnes m'ont félicité : " Bravo ! Qu'est-ce que tu lui a mis ! Enfin, quelqu'un qui a le courage de ses opinions ! " En réalité, c'est P.P.D.A. qui a gagné, car il est apparu comme la victime, et moi le bourreau. J'ai eu avec moi les intellectuels ricaneurs, mais lui a eu la France de Guy Lux ; ce qui, du point de vue des ventes, est beaucoup plus intéressant ! »

Rares sont les auteurs, dans ces conditions, qui prennent encore le risque de voler dans les plumes de leur prochain, même s'ils le détestent. Il s'ensuit, depuis quelques années, que l'émission ronronne plutôt qu'elle ne détonne. Ce qui ne fait pas du tout l'affaire de Bernard Pivot. « Avant les auteurs se battaient, maintenant ils sont trop courtois », lui fait remarquer un journaliste (Tribune radio libre *Express*, 26 mars 1986). Il répond : « Vous mettez le doigt sur le défaut majeur d' " Apostrophes " ; le défaut qui risque d'abattre à terme l'émission. Les écrivains étaient beaucoup plus spontanés il y a cinq ou six ans ; s'ils avaient quelque chose de désagréable à dire à un auteur assis en face, ils le disaient. Maintenant, les éditeurs conseillent aux auteurs de ne pas prendre parti ; s'ils détestent un livre, de cacher leurs sentiments, ou au contraire d'en dire beaucoup de bien. J'ai remarqué que depuis quelque temps à " Apostrophes " les auteurs ne sont pas tout à fait eux-mêmes. Et souvent montrent une certaine duplicité dans leur manière de parler ou de ne pas parler. Et c'est bien regrettable pour certaines émissions, et notamment pour les émissions très littéraires comme les émissions sur les romans. J'essaie parfois d'attiser le feu, mais parfois le feu ne prend pas. »

Pour sortir son émission de cette dangereuse ornière, le « gentil » Pivot est alors contraint d'être à son tour agressif, d'égratigner davantage ses invités, de les pousser dans leurs retranchements, de les accuser publiquement, parfois. Aux points d'interrogation il substitue parfois les points d'exclamation, afin de redynamiser une émission qui ronronne et de faire réagir les auteurs assoupis.

Ainsi, recevant le juge Lambert, magistrat chargé de l' « affaire Grégory », pour son livre *le Petit Juge* (Albin Michel), le 10 avril 1987, Pivot n'hésite pas à apostropher ainsi son invité : « On emploie le verbe " commettre " pour un crime ou un livre... Avez-vous commis un livre, Monsieur le juge ? » *France-Soir* avait d'ailleurs de façon prémonitoire titré le matin même : « Le juge Lambert devant le procureur Pivot. ».

« — Vous avez un rôle d'avocat d'assises ; vous avez un côté Floriot », lançait déjà un journaliste lors de la tribune *Express* déjà citée.

« — Non, rétorquait Pivot, parce que jamais aucune tête n'est tombée après " Apostrophes ". Je préfère qu'on me compare à M. Loyal au cirque, à une sorte d'intermédiaire entre la République des Lettres et les libraires et les lecteurs ; mais avocat de cour d'assises, ça me glace ! »

Le 28 novembre 1986, avant de régler son compte à Jacques Lanzmann, Bernard Pivot s'en était pris à Pierre-Jean Remy, lauréat du Grand Prix du Roman de l'Académie française, pour *Une ville immortelle* (Albin Michel) : « Les jurés de l'Académie ont dû vous lire aussi rapidement que vous écrivez, sinon ils auraient pu vous reprocher un style un peu relâché : ainsi, dans un seul paragraphe, on compte cinq fois le verbe “ prendre ” ! » Surpris de cette agression provenant de l'homme qu'il avait aidé à entrer à la télévision, Pierre-Jean Remy tenta de se justifier auprès de l'ingrat : « Oh, les répétitions, cela ne me gêne pas du tout. D'ailleurs, Julien Gracq en fait souvent. » « Oui, mais il écrit mieux que vous ! », rétorque Pivot. « Ce n'est pas gentil de me dire ça ! », conclut, déçu, le pauvre Remy, renvoyé à ses chères études par le professeur Pivot.

La pire insulte, pour un auteur — et surtout s'il s'agit d'un « abonné » d' « Apostrophes » —, c'est encore de ne pas passer chez Pivot. Ainsi Jean-Louis Servan-Schreiber, convié deux fois à « Apostrophes » [le 18 février 1977 pour *A mi-vie* (Stock) et le 13 janvier 1984 pour *l'Art du temps* (Fayard)], fut très vexé de ne pas être réinvité pour *le Retour du courage*, ainsi qu'il l'espérait.

Il y a aussi les auteurs heureux, les petits chouchous d' « Apostrophes ». Christiane Collange, par exemple (sœur de Jean-Louis Servan-Schreiber), invitée déjà trois fois sur le plateau [notamment pour son best-seller *Moi, ta mère* (Fayard), le 25 janvier 1985], ne se faisait pas trop d'illusions au sujet de son dernier livre, *Chers enfants* (Fayard), qui paraissait en janvier 1987 alors que Pivot avait programmé un spécial Françoise Dolto le 2 janvier 1987, consacré à la sortie d'*Enfances* (Seuil). Malgré l'affection qu'il leur porte, Pivot était en droit d'estimer que tous ces bambins faisaient un peu doublons. Or, surprise, emballé par le livre de Collange, Pivot décide de l'inviter tout de même quinze jours après, le 16 janvier. Christiane Collange, qui s'était déjà fait une raison, ne se tint plus de joie : « Ce jour-là, le roi n'était pas mon cousin ! Jusque-là je m'étais dit : “ Pivot t'invite parce que tu es une forte en gueule et que tu lui crées une animation sur le plateau ” ; tandis qu'avec *Chers enfants* j'ai eu la preuve que Pivot avait adoré mon livre ! »

Les auteurs heureux ne sont pas forcément ceux qui parlent le plus fort. Sébastien Japrisot, par exemple, n'est pas très à l'aise devant les caméras, et a longtemps pratiqué les vertus du silence et du secret vis-à-vis des journalistes. Venu présenter son dernier roman, *la Passion des femmes* (Denoël), à « Apostrophes » (le 29 août 1986), il n'avait en outre pas lu les romans de ses confrères, ce qui l'empêcha de participer à la discussion. Longuement interrogé par Pivot, puis félicité par les autres, il réussit à tenir l'antenne 23 minutes, c'est-à-dire beaucoup plus que les autres (c'est sa famille qui a minuté). Une attachée de presse confie : « Il y a huit ans, Japrisot ne se mêlait pas de faire la promotion de ses livres. A présent, bien qu'il ait horreur de cela, il participe à des émissions de télévision et de radio : il vient non seulement à " Apostrophes ", mais participe aussi à des jeux comme " Le raton laveur " ! »

L'angoisse des auteurs sur le plateau d' « Apostrophes » est accrue par le fait qu'ils ne savent pas dans quel ordre ils seront interrogés. Quel moment est le plus favorable ? le début ? le milieu ? la fin ? Une attachée de presse répond : « Pour un auteur " traqueur ", c'est très difficile de passer en premier, de " lever le torchon ", comme nous disons ; c'est encore pire d'être le dernier, car il faut écouter parler les autres invités et cela démobilise l'attention. En outre, en fin d'émission, Pivot a généralement pris du retard et la prestation du dernier invité est écourtée. Le moins risqué est donc d'être interrogé en seconde ou troisième position. En réalité il n'y a pas de règle, chaque émission et chaque auteur étant un cas particulier ! »

Même adorés d' « Apostrophes », certains auteurs très productifs ne peuvent pas non plus être invités — à leur grand regret — à chacune de leurs livraisons. C'est par exemple le cas de Max Gallo, qui est pourtant le « recordman » absolu des « apostrophés », avec 13 passages en 12 ans ! Durant la période, il a publié une trentaine d'ouvrages, et il est venu autant pour parler de ses livres que pour présenter ceux des autres ; il y a donc forcément eu une sélection : « Lorsque j'ai publié mon étude sur le Chevalier de la Barre, début 1987, mon éditeur m'a dit : " C'est dommage : vous venez de passer pour *Maximilien de Robespierre* (le 31 octobre 1986), vous ne serez pas réinvité pour *le Chevalier de la Barre* trois mois après ". » Quant à Louis Nucéra, il confiait en décembre 1986 à son attachée de presse : « Pivot m'a invité pour tous mes livres sauf *le Kiosque,* alors il va certainement m'inviter pour le prochain. » Il ne fut pas déçu, et fut reçu, pour la sixième fois, le 26 juin 1987, pour *Mes Rayons de soleil* (Grasset).

Le plus heureux est sans contestation possible Jean d'Ormesson, invité 12 fois à « Apostrophes » (plus une rediffusion) ! Il talonne donc de très près Gallo (13 passages), mais en réalité il le dépasse, car Gallo n'est apparu que 7 fois pour présenter ses livres, contre 8 pour d'Ormesson, avec une production plus faible que celle de Gallo ! A tel point que, depuis longtemps, Jean d'Ormesson ne conçoit plus de sortir un livre sans venir en parler à « Apostrophes » ou — s'il n'a pas publié — d'être au moins prié une fois par an chez son ami Pivot (d'Ormesson a salué tous les millésimes d' « Apostrophes » depuis 1975, sauf les crus 1977 et 1979). Convié — une fois de plus — le 27 septembre 1985, à l'occasion de la « 500e » de l'émission, il entreprit même d'élaborer une « psychologie » de l'auteur apostrophé, et de fournir un véritable guide pratique à l'usage de ses confrères moins expérimentés que lui : « Mettez une cravate, ayez une tenue vestimentaire correcte sans paraître endimanché, couchez-vous tôt la veille, ne faites surtout pas d'excès... » Interrompu par Pivot qui lui demande si cet entraînement à « Apostrophes » inclut — comme pour les footballeurs avant un match important — l'abstinence sexuelle, d'Ormesson répond, ravi : « Allons, mon cher Bernard, vous ne voulez tout de même pas étendre votre influence jusque-là ! »

On a pu contempler tout récemment (mars 1987), dans le journal *Lire* que dirige Bernard Pivot, une publicité (pour la marque « Rodier ») tout à fait édifiante : dans une chambre en désordre, une jeune femme nue serre contre son corps une robe accrochée à un cintre, tandis qu'en encadré au-dessus d'elle, une phrase entre guillemets nous livre l'objet de ses pensées intimes : « J'écrirais bien un livre, mais je ne sais pas quoi mettre pour aller chez Pivot. »

Derrière la provocation gentille de cette publicité ciblée pour les abonnés de *Lire* et d' « Apostrophes », se cache en vérité une réalité sociologique de première importance : si l'on écrit encore des livres en France aujourd'hui, c'est dans l'unique espoir de « passer chez Pivot ».

Entendons-nous bien : il n'est pas question ici des écrivains connus, auteurs de best-sellers, académiciens et lauréats de prix pour lesquels « Apostrophes » apporte de l'eau à leur moulin, certes, mais n'en mout pas la farine. Il est encore moins question des « écrivains dans l'âme », qu'une vocation farouche a tôt dirigés vers les abysses de la création littéraire, et qui, s'ils devaient ne plus écrire, en mourraient. Non, nous parlons ici des quelques millions de Français qui, un jour ou l'autre, mettent la main à la pâte et le stylo dans l'encrier, et pondent un manuscrit qui — du moins l'espèrent-ils — va les conduire au faîte de la gloire littéraire. Symboliquement, cette gloire littéraire naissait jadis de l'édition du manuscrit, ou de sa publication à la N.R.F. Aujourd'hui, elle naît de l'invitation chez Pivot. Et s'il y a de plus en plus de Français qui écrivent, l'animateur d' « Apostrophes » n'y est pas pour rien.

L'éclosion en masse de vocations littéraires est indiscutablement liée à l' « effet Pivot ». A preuve la constatation faite par plusieurs directeurs littéraires : « Lorsqu'un livre est " lancé " par " Apostrophes ", ou lorsqu'un thème revient souvent, on peut être sûr, six mois après, de recevoir des manuscrits très fortement inspirés des livres ou des thèmes en question. Nous refusons bien entendu de publier de tels manuscrits, et il arrive que leurs auteurs se fâchent : " Qu'est-ce que mon livre a de moins que celui d'Untel ? Lui, pourtant, a été invité à 'Apostrophes' ! " Ces apprentis-écrivains croient naïvement qu'il suffit de copier les sujets et les thèmes des ouvrages qui passent à « Apostrophes » pour y être invités à leur tour. » Un autre directeur littéraire confie :

« Il y a des vagues, des modes, c'est très net. Par exemple, après le succès des prestations d'Henri Vincenot sur le plateau d' “ Apostrophes ”, nous avons reçu une flopée de documents relatant la vie des paysans bourguignons. A la suite d'une émission consacrée à la cuisine, nous recevions des tonnes de manuscrits de recettes de cuisine. Généralement, cela dure quelques mois et puis ça se calme. Les vocations littéraires qu'engendre “ Apostrophes ” ne durent guère plus que les succès commerciaux que l'émission provoque. » C'est ainsi que l'air du temps, modulé par « Apostrophes », a successivement fait naître, puis disparaître presque aussitôt, de nouveaux Vincenot, de nouveaux Bukowski, de nouveaux « Nouveaux philosophes », et ainsi de suite. Hélas, ces néo-écrivains néophytes avaient toujours un « Apostrophes » de retard.

Puisque nous sommes dans le nouveau, restons-y. *C'est nouveau, ça vient de sortir*, tel est le titre d'un très amusant « Traité de néopathie », écrit par Lucas Fournier (Le Seuil), et présenté à « Apostrophes » le 19 juin 1987. L'auteur s'en prend avec beaucoup d'humour à la folie du nouveau qui étreint notre société, et en impute notamment la faute à Bernard Pivot, traité d' « animal néopathique » et accusé de ne se nourrir « que de nouveau, et, à défaut, de renouvelé ». Il est vrai que, reflet des mouvements de mode intellectuels, « Apostrophes » a toujours été à la pointe du « nouveau », même si le contenu est souvent apparu éphémère. Citons, pour mémoire, quelques thèmes d' « Apostrophes » aux titres fort révélateurs : « Jésus-Christ 1975 » (28 mars 1975) ; « Existe-t-il une nouvelle cuisine française ? » (26 mars 1976) ; « Les nouveaux philosophes sont-ils de gauche ou de droite ? » (27 mai 1977) ; « Y a-t-il une nouvelle science-fiction ? » (30 juin 1978) ; « Quelles “ nouvelles femmes ” ? » (26 janvier 1979) ; « La nouvelle histoire » (2 février 1979) ; « Quelle “ nouvelle droite ” ? » (28 septembre 1979) ; « Des produits de l'époque ? » (11 janvier 1980) ; « Nouveaux documents sur des écrivains pourtant bien connus » (13 mars 1981) ; « Les Nouveaux héros de la B.D. » (6 août 1982) ;

« La cuisine : du nouveau ou du réchauffé ? » (10 décembre 1982) ; « A l'Est, quoi de nouveau ? » (4 novembre 1983) ; « Les nouvelles sont bonnes » (9 août 1985) ; « Tout nouveau, tout beau » (19 juin 1986). (Comme on peut le remarquer, le « nouveau » fleurit surtout au printemps, à « Apostrophes », en même temps que les nouveaux bourgeons). Ajoutons, pour faire bonne mesure, des allusions aux « nouveaux pères », aux « nouveaux célibataires », aux « nouveaux aristocrates », au « nouveau roman », à la « nouvelle vague », aux « nouveaux romantiques », aux « nouveaux riches », aux « nouveaux pauvres » et, bien entendu, au « beaujolais nouveau ».

« Comme le disait le duc d'Elbeuf », dans une chanson de Jacques Brel (« La Dame patronesse »), « c't'avec du vieux qu'on fait du neuf ». Le « nouveau quelque chose » étant estampillé « apostrophable », auteurs et éditeurs se sont lancés depuis quelques années dans une « course au neuf ».

Et, lorsque le nouveau marche, le plus simple est encore de le renouveler, dans l'espoir de bisser aussi le succès. Un exemple frappant : l'éditeur Robert Laffont fait paraître en 1984 *les Mouvements de mode expliqués aux parents*, guide écrit par trois « nouveaux jeunes », tendance « décalé » (Hector Obalk, Alain Soral et Alexandre Pasche), et dont deux chapitres sont consacrés — évidemment — à la « new wave ». Comme c'est nouveau, eh bien ça passe à « Apostrophes », le 1er juin 1984. Dès le lendemain, ce nouveau guide s'arrache dans les librairies : une fois de plus, l'impact du « nouveau » combiné à l' « effet " Apostrophes " » a porté ses fruits, et *les Mouvements de mode* font un succès de librairie.

Pourquoi s'arrêter en si bon chemin ? Trois ans après *les Mouvements de mode expliqués aux parents*, paraît chez le même éditeur *le Chemin de la réussite expliquée aux impatients*, sous la plume de deux nouveaux « nouveaux jeunes » (énarques, cette fois-ci, car le mythe des études supérieures revient en force), Alexandre Lazareff et Jean-Pascal Tranié. Sur un sujet différent, l'éditeur a tout fait pour rappeler et renouveler le succès du premier ouvrage : même maquette, mêmes chapitres centrés sur un « type » de mode ou de réussite, mêmes schémas, recettes et tests. Jusqu'au titre du livre, qui évoque étrangement l'intitulé d'une émission d' « Apostrophes » qui a déjà servi deux fois dans le passé : « Les chemins de la réussite », le 7 mai 1982 et le 27 février 1987 ! Un bel exemple de pérennité dans le renouveau du nouveau. Or, ça n'a pas manqué (tout avait été prévu en ce sens), ce nouveau guide (promis, certainement, à un nouveau succès de librairie) passe à son tour à « Apostrophes », le 19 juin 1987, en même temps que le livre de Lucas Fournier !

Assurés qu'ils étaient — ou presque, refaisant le livre type qui « a marché à " Apostrophes " » — d'être invités chez Pivot, Lazareff et Tranié se sont même payé le luxe, dans un chapitre expliquant comment « réussir » en écrivant, de fournir une liste de conseils aux auteurs qui se rendent à « Apostrophes » :

« — prévoir la coupe de cheveux adaptée (coiffeur l'avant-veille) ;

— prendre garde à ses chaussettes si l'on croise les jambes [ayant suivi point par point leurs propres conseils, ces deux professeurs de maintien pour " apostrophés " exhibèrent en fin d'émission leurs fixe-chaussettes !] ;

— parler plus que les autres, mais ne pas indisposer Pivot ;

— montrer qu'on a lu les autres livres en parlant du sien ;

— évoquer son enfance malheureuse, ça peut rapporter gros ;

— ne pas provoquer autrement qu'avec charme ;

— pour susciter la compassion, apparaître mal à l'aise ;

— éviter de se jeter sur les livres distribués à la fin. »

Gageons que, au mois de juin 1990, seront reçus à « Apostrophes » les fringants nouveaux auteurs, étudiants en théologie chez les frères Maristes, d'un guide intitulé *la Nouvelle foi expliquée aux incroyants* (la religion revient en force). Quel en sera l'éditeur ?

D'ailleurs, « Apostrophes » était déjà entrée, bien avant les initiatives de ces jeunes gens, dans la littérature et même la bande dessinée. Généralement Bernard Pivot goûte fort ces avatars de lui-même qu'on lui présente, et se fait un plaisir d'en inviter les auteurs sur son plateau. Ainsi fut convié, le 8 avril 1983, le dessinateur Pétillon, auteur d'une bande dessinée cocasse, *les Disparus d'Apostrophes* (Dargaud). Bien que peu amateur de B.D., Pivot fut très impressionné par les facultés de divination de Pétillon : son récit repose en effet sur l'étrange disparition collective d'auteurs à la fin d'une émission d' « Apostrophes » : tous ont été enlevés sauf l'ignoble « Jean-Edern Alien »... Or cette aventure avait été publiée avant l' « enlèvement » de Jean-Edern Hallier, au soir de son passage à « Apostrophes » le 23 avril 1982 ! L' « Apostrophes-fiction » de Pétillon avait anticipé l'enlèvement (avec cette différence que dans la réalité le seul Jean-Edern avait été enlevé, alors qu'il avait été le seul à ne pas l'être dans la B.D.) !

Quant à l'« Apostrophes romancé », Bernard Pivot y eut également droit grâce à l'imagination du jeune Didier Van Cauwelaert, qui narre dans *les Vacances du fantôme*, Le Seuil, (présenté à « Apostrophes » le 12 septembre 1986) le cas étrange d'un boucher réincarné par erreur dans la peau d'un avocat et qui se retrouve un vendredi soir à « Apostrophes » en train de défendre le livre écrit par l' « autre » !

A la réflexion, cette dernière fiction est aussi vraisemblable que la première. Non pas que les auteurs présents à « Apostrophes » soient « possédés » par des esprits étrangers, mais il est indéniable que bon nombre de ces auteurs se contentent de simuler la paternité de leur livre, en réalité rédigés par un autre (Didier Van Cauwelaert a dû songer à cette interprétation de son roman, lui qui a conçu une pièce de théâtre intitulée *Le Nègre*).

Etre invité à « Apostrophes » implique en effet qu'on a auparavant écrit un livre, fruit de délais interminables et d'un triste gaspillage d'énergie, le temps consacré à écrire empêchant l'auteur de se consacrer entièrement à la promotion de son œuvre. Les personnalités connues, mais paresseuses, utilisent donc les services d'un « nègre ». Voilà une profession qui — bien qu'il n'existe pas de statistiques officielles — a pris depuis quelques années un singulier essor grâce aux médias, et notamment « Apostrophes ».

Ainsi, l'auteur le plus souvent présenté à « Apostrophes » n'est pas — ainsi que nous le notions plus haut — Max Gallo ou Jean d'Ormesson, mais un « rewriter » professionnel, un « nègre littéraire », si l'on préfère, qui — on s'en doute — tient à conserver l'anonymat. Cet auteur prolifique, bien qu'anonyme, a en effet, devant son téléviseur, assisté aux prestations à « Apostrophes » de quinze « auteurs » dont il avait écrit les livres !

Cela veut-il dire qu'en l'absence d'un livre, d'un nom ou d'un « nègre » les plateaux d' « Apostrophes » demeurent interdits à l'auteur en mal de gloire ? Non pas ! Le cas du jeune parolier Etienne Auberger, venu pousser sa complainte lors d'un « Apostrophes en chansons » (le 26 décembre 1986) est à cet égard exemplaire, et fort révélateur du mélange de cynisme et de naïveté qui caractérise les auteurs avides de passer à « Apostrophes » : « Pivot m'a téléphoné pour me demander si j'avais une chanson sur le plaisir d'écrire. J'ai répondu oui, bien sûr. C'était faux, mais j'aime tellement la promotion... J'avais même commencé à écrire un bouquin, un jour, pour passer à “ Apostrophes ”... Bref, j'ai écrit ma chanson dans la nuit et je suis allé la chanter à Pivot » (interviewé par Anne-Marie Paquotte, *Télérama*, 17 décembre 1986).

Devant ces anecdotes on se prend néanmoins à formuler de troublantes réflexions : à force d'offrir une caisse de résonance à toutes les modes intellectuelles, « Apostrophes » n'est-elle pas devenue à son tour une mode intellectuelle ? C'est pourquoi les auteurs traitant des modes intellectuelles sont naturellement amenés à traiter d' « Apostrophes », tout en ayant de fortes chances d'y être invités. Parler d' « Apostrophes » à « Apostrophes », cela revient alors à tendre un miroir au miroir et représente, on en conviendra, une forme particulièrement raffinée de narcissisme (on pourra également objecter que le présent livre ne déroge pas à la règle, puisqu'il est entièrement inspiré par Pivot et « Apostrophes » ; soit, mais à la différence des livres cités plus haut, celui-ci — Pivot dixit — ne passera jamais à « Apostrophes », ce qui est tout de même d'une grande consolation morale).

2. *Deuxième cercle : les attachés de presse*

S'il existe une profession qui a vraiment bénéficié à fond de l' « effet Pivot », c'est bien celle d'attaché de presse de l'édition.

Toute la journée (avec une accalmie le jeudi après-midi), les collaboratrices de Pivot sont pendues au téléphone, sollicitées du 1er janvier au 31 décembre par une légion d'attachés de presse qui leur signalent la parution imminente de tel bouquin formidable, « et qui, vraiment, mériterait d'être retenu pour un prochain " Apostrophes " », alors que de Pâques au Vendredi saint lesdits attachés de presse sont non moins systématiquement tannés par les éditeurs qui, tous en chœur, répètent la même antienne : « Alors, " Apostrophes ", c'est pour bientôt ? », tandis que de l'époque des grands départs en vacances du 1er août à celle des retours du 31 juillet, l'armée des ombres des auteurs en quête de gloire téléphone tous les jours pour poser cette unique question : « Et pour " Apostrophes ", entre nous, j'ai mes chances ? ».

De l'auteur à l'éditeur, de l'éditeur à l'attaché de presse, et de l'attaché de presse aux assistantes de Pivot, c'est une guerre d'usure permanente, d'un bout de l'année à l'autre, avec cet objectif unique : décrocher un « Apostrophes ».

Ce harcèlement impitoyable et univoque a empiré inexorablement depuis les débuts d' « Apostrophes ». Les raisons en sont diverses : la notoriété croissante de l'émission, bien sûr, mais aussi l'augmentation des publications, d'où la nécessité pour les livres d'obtenir la caution des médias et surtout d' « Apostrophes » s'ils veulent toucher un grand public (phénomène de « best-sellarisation » de l'édition), la durée de vie de plus en plus courte de ces livres (effet secondaire de la « best-sellarisation » : les libraires retournent aussitôt les livres dont les ventes ne « décollent » pas), enfin l'inflation progressive de la profession d'attaché de presse (autre effet secondaire de la « best-sellarisation »). Ainsi, réunissant les attachés de presse de l'édition le 22 juin 1987, pour leur présenter ses programmes d' « Apostrophes » de la rentrée, Bernard Pivot leur déclara : « Vous étiez 40 il y a dix ans, vous êtes 180 aujourd'hui ! »

Résumons les causes du développement accéléré de la profession d'attaché de presse :

— l'augmentation massive des titres publiés depuis douze ans (13 080 titres nouveaux et 160 millions d'exemplaires en 1985 contre 9 577 titres nouveaux et 136 millions d'exemplaires en 1974, source Cercle de la librairie) ;

— le mouvement de centralisation et de restructuration que connaît depuis quelques années le monde de l'édition, et qui a conduit à créer des postes d'attachés de presse par secteurs et départements, alors qu'auparavant il n'existait qu'un seul attaché de presse par maison d'édition ;

— l'importance accrue du dialogue entre l'édition et les médias (radio et télévision) ;

— Pivot lui-même, qui en acceptant de ne choisir les livres présentés à « Apostrophes » que par l'intermédiaire des attachés de presse (en principe, aucun rapport direct avec l'auteur ou l'éditeur), a contribué à accroître l'importance fonctionnelle de la profession.

Tous les attachés de presse sont catégoriques sur ce point : Pivot a toujours eu un profond respect de leur travail, ce qui a permis de redorer le blason de cette activité dont le rôle, jusqu'à « Apostrophes », n'était pas toujours bien reconnu, ni par les journalistes — qui exigent des informations exclusives et sensationnelles —, ni par les auteurs — qui estiment qu'on ne parle jamais assez de leurs livres, et en rendent facilement responsables leurs attachés de presse — ni — ce qui est plus étrange — par les éditeurs qui les emploient. Dans les premières années d' « Apostrophes », certains éditeurs passèrent par-dessus la tête de leurs propres attachés de presse pour tenter de circonvenir Pivot et son équipe. Constatant que ces interventions, loin de les aider, les désavantageaient plutôt (Pivot revient rarement de lui-même sur ses décisions, jamais lorsqu'une pression s'exerce sur lui), ces éditeurs trop interventionnistes firent machine arrière et apprirent à apprécier à leur juste valeur ces indispensables médiateurs et surtout médiatrices que sont les attachés de presse (la profession est en large majorité féminine).

Bernard Pivot, qui pratique les attachés de presse depuis la fin des années 50 au *Figaro,* leur a toujours accordé sa confiance et, si nécessaire, a tenu à prendre leur défense. Dans ses « carnets » de *Lire,* il a même introduit un recours en béatification : « Les attachées de presse des maisons d'édition sont des saintes. Mal payées, corvéables à merci, toujours suspectes d'être inefficaces, accusées de laisser tomber des livres au profit d'autres, sollicitées pour des interventions inopportunes, submergées d'exigences et de plaintes, forcément attentives aux états d'âme de tous les auteurs, elles sont certaines d'être associées à un échec alors que la part qu'elles ont prise dans un succès n'est pas toujours reconnue. » Car « si un écrivain est encensé, couronné, son livre vendu à plusieurs dizaines de milliers d'exemplaires, il considère que c'est la juste contrepartie de son talent ; s'il est ignoré de la critique, son livre dédaigné par le public, il en tient l'attachée de presse pour la principale responsable — avec l'éditeur, lequel n'est pas loin de penser, lui aussi, que sa collaboratrice aurait pu quand même faire mieux... » (*Lire,* octobre 1986.) Cette prise de position ne date pas d'aujourd'hui. En 1972 déjà — donc avant « Apostrophes » —, Pivot s'exclamait dans les colonnes du *Figaro :* « Ah ! il faut les entendre parfois, avec l'énergie de l'avocat d'assises, vanter les charmes d'un débutant ou l'originalité d'un écrivain difficile. Il y a toujours plus de sincérité dans leurs propos que des esprits sceptiques pourraient le croire. Car, au fil des années, les attachés de presse des maisons d'édition ne peuvent miser dans leurs relations avec les journalistes littéraires que sur la confiance. » (*Le Figaro,* 14 janvier 1972.)

Il faut noter que ce métier est fort récent : la première attachée de presse de l'édition, Yvette Bessis, fut recrutée en 1947 par René Julliard, mais ce n'est qu'en 1964 que la profession a été reconnue officiellement. L'attaché de presse est en fait un conseiller en relations publiques, spécialisé dans l'information des agences de presse écrites, filmées, parlées ou télévisées. En ce qui concerne l'édition, le rôle de l'attaché de presse est de réunir et de mettre en forme l'information sur les livres et sur les écrivains pour la diffuser auprès de tous les médias, en rédigeant, par exemple, les prières d'insérer.

Si l'Union Nationale des Attachés de Presse (U.N.A.P.) a été créée il y a trente ans, ce n'est qu'en 1972 que les attachés de presse des maisons d'édition se sont regroupés en association. A cette époque il n'y avait guère plus d'une trentaine d'attachés de presse dans l'édition (dont cinq ou six hommes tout au plus). Le *Guide de l'Edition française* édité par *Livres-Hebdo* en recense aujourd'hui 278 (y compris les éditions techniques et les éditeurs de province). L'appellation recouvre des réalités fort diverses : chez Gallimard, par exemple, les cinq attachées de presse ont chacune la responsabilité d'un secteur éditorial particulier, tandis que chez les petits éditeurs, l'attaché de presse cumule souvent sa fonction avec celle de responsable de la publicité, des droits étrangers, voire de directeur littéraire. Parfois, c'est l'éditeur lui-même qui s'occupe des relations avec la presse.

Si l' « effet Pivot » a incontestablement redoré le blason de la profession d'attaché de presse de l'édition, il en a aussi durci les enjeux. Ainsi, il y a quelques années, le prestige d'une attachée de presse se mesurait en « unités Pivot », c'est-à-dire en nombre d'invitations à « Apostrophes » obtenues par ladite attachée de presse. Inversement, ne pas décrocher un seul « Pivot » en trois mois passait pour un aveu d'incompétence manifeste, et certains éditeurs jugèrent qu'il s'agissait là d'une faute grave justifiant le licenciement. D'autres n'engagèrent d'attaché de presse que sous condition : « Si vous obtenez un “ Pivot ” durant votre période d'essai, je vous garde. Sinon, adieu ! » Ces abus professionnels ont — en principe — disparu aujourd'hui, depuis que Bernard Pivot soi-même y a mis le holà, en dénonçant le cas d'un éditeur (aujourd'hui patron de presse), qui avait froidement licencié son attachée de presse, sous le seul prétexte qu'elle n'avait pas décroché de « Pivot » !

Pendant que la profession d'attaché de presse de l'édition a crû et embelli, l'équipe d' « Apostrophes » est restée la même (ou presque) depuis l'origine. D'où l'inévitable goulot d'étranglement. La masse énorme de l'information ne peut plus être diffusée en entier. « Apostrophes » est une PME artisanale qui voudrait fournir les plus grosses entreprises nationales et internationales, sans vouloir grossir ni embaucher. Un jour ou l'autre, elle ne peut plus suffire à la demande et le système craque.

« Depuis quelques années, non seulement je ne peux plus toucher directement Pivot, mais il m'est devenu difficile de parler à Anne-Marie Bourgnon. De plus en plus je tombe sur l'assistante de l'assistante ! », déplore l'attaché de presse d'une petite maison d'édition. « Aujourd'hui, du fait qu'il paraît de plus en plus de livres, il y a quatre à cinq fois plus d'attachés de presse qu'il y a cinq ou dix ans ; donc Pivot et son équipe sont beaucoup plus sollicités. Lorsqu'on travaille dans une petite maison d'édition, il faut vraiment “ ramer ” pour s'imposer auprès de l'équipe d' “ Apostrophes ”, souvent en pure perte. Le plus sage est alors de faire comme si Pivot ne prenait pas le livre, et de se tourner plutôt vers la presse écrite ou les autres émissions de radio et de télévision. »

Claudine Lemaire, attachée de presse chez Grasset, qui a fait ses classes dans de petites maisons, remarque aussi la différence : « Pour un petit éditeur, ce n'est vraiment pas évident de faire passer souvent des auteurs à “ Apostrophes ”. Pour un éditeur connu, qui sort de 90 à 120 livres par an et qui en outre monte des "coups", c'est relativement plus facile. » Elle souligne aussi la difficulté qu'ont de plus en plus les attachés de presse à défendre directement la cause de leurs auteurs auprès de Pivot : « Au début, les rapports avec lui étaient plus faciles, plus directs. Lorsqu'il a pris sa rubrique sur RTL, en 1983, il a eu un surcroît de travail et a moins rencontré les attachées de presse. Aujourd'hui il n'en voit plus que quelques-unes, très peu, et se détermine de plus en plus par lui-même. Ce qui fait qu'il est devenu très difficile de prévoir si un livre sera ou non choisi par Pivot : je connais très bien les goûts de Pivot, mais je ne connais plus ses décisions. Elles me semblent maintenant plus arbitraires que par le passé. Peut-être ressent-il une certaine lassitude ? Il invite de plus en plus les auteurs qu'il connaît déjà, ou bien des auteurs nouveaux mais qui vont faire événement. " Apostrophes ", c'est de plus en plus du spectacle... »

Nous avons rencontré l'une des rares attachées de presse qui parvient encore, de temps à autre, à déjeuner avec Pivot : Claude Dalla Torre, attachée de presse chez Julliard, Flammarion, puis Grasset : « Je connais Pivot depuis 1962. Il travaillait au *Figaro littéraire* et venait chercher des échos chez Julliard. J'ai même pigé pour lui. L'époque se prêtait davantage à ces indiscrétions littéraires qui ne passionnent plus que le petit monde du 6ᵉ arrondissement. Cela facilitait les relations. Aujourd'hui je le vois beaucoup moins qu'avant : une fois ou deux par an, pour faire le point. Il a beaucoup de respect pour notre profession, il a même dit que nous étions des saintes. De plus en plus il décide tout seul, sans consulter les attachés de presse. »

Les attachées de presse ont-elles une réelle influence sur les décisions de Bernard Pivot ? Arrivent-elles parfois, par « forcing » ou persuasion, à lui « vendre » un livre ou un auteur ? « Une fois, lors d'un déjeuner, Bernard m'a dit qu'il préparait un spécial premiers romans avec des auteurs de moins de trente ans. Je lui ai proposé le premier roman d'un jeune homme... de 74 ans ! Il a pris les épreuves chez Grasset, les a lues le soir même et m'a rappelée le lendemain : il prenait le livre ! Sans le voir aussi souvent, il est plus difficile de le convaincre », raconte Claude Dalla Torre. Claudine Lemaire explique comment elle est parvenue un jour à convaincre Pivot d'inviter Jean-Baptiste Rossi (alias Sébastien Japrisot) pour une réédition de son premier roman, *les Mal Partis* (Pivot exclut en principe les rééditions) ; mais lorsque Pivot lui demanda de refaire venir Umberto Eco à l'occasion de la sortie du film tiré de son roman *le Nom de la rose* (l'écrivain italien était déjà venu parler de son livre à « Apostrophes » le 23 juillet 1982), elle échoua, car Eco avait annoncé dans *L'Expresso* qu'il n'accorderait plus d'interviews après la sortie du film. Quant à Chantal Terroir, des Presses de la Cité, qui réussit à persuader l'amiral Philippe de Gaulle de venir présenter les Mémoires de son père à « Apostrophes », elle se vit offrir par Pivot, en remerciement, un splendide bouquet de fleurs.

Ce type de geste reste exceptionnel. Pivot ne pratique ni le pot-de-vin, ni le cadeau de fin d'année, ni le voyage de presse aux Antilles. Lorsqu'il reçoit des cadeaux dont l'acceptation pourrait prêter à confusion, il les refuse. Une dame, qui avait adressé à Pivot une caisse de champagne pour lui donner, sans doute, le cœur à l'ouvrage nécessaire pour entreprendre la lecture de son dernier livre, téléphona aux bureaux d' « Apostrophes » pour s'assurer que le colis avait bien été livré. « Oui, lui répondit gentiment Anne-Marie Bourgnon, l'assistante de Pivot, d'ailleurs il est reparti aussitôt et vous ne devriez pas tarder à le recevoir en retour ! » Dans ces cas-là, et lorsque le cadeau témoigne plus de la naïveté de son expéditeur que de sa volonté de corrompre, il faut tout le tact d'Anne-Marie Bourgnon pour refuser sans blesser.

Cela dit, tout est dans la manière, et un cadeau offert avec humour peut faire les délices du farceur qui, chez Pivot, ne dort toujours que d'un œil. En octobre 1978, l'auteur et pamphlétaire Raymond Cousse lui adressa, en même temps que son livre, *Stratégie pour deux jambons* (Flammarion), un jambonneau accompagné de cette lettre : « Je vous envoie mon meilleur jambonneau afin que le plaisir de la dégustation soutienne celui de la lecture. Si vous m'invitez, je vous promets de venir avec un jambon entier. Reste plus qu'à trouver le sujet. Ma foi, dans le cochon, tout est bon, il suffit de se creuser un peu. Tenez, vous pourriez faire une émission littéraire sur les problèmes de l'élevage. Ou sur l'avenir de la charcuterie. Voyez, ce n'est pas le choix qui manque. Evidemment, il faut lire le livre. Si vous avez un peu d'humour, ça m'étonnerait qu'il vous déplaise tout à fait. En attendant, bon appétit. » (Cité dans *A bas la critique et vive le Québec libre,* Editions Rupture.)

Pivot partagea le jambonneau avec son équipe, et fit répondre à Raymond Cousse qu'il l'avait trouvé excellent (le jambonneau). Mais le livre qui l'accompagnait n'en fut pas pour autant retenu au menu d' « Apostrophes ».

Jusqu'aux notes de restaurant, dont Pivot entend ne pas être le débiteur. Si une attachée de presse lui offre un déjeuner, c'est lui qui insiste pour régler l'addition la fois suivante. Il tient le compte des invitations avec une précision maniaque et interroge toujours sa « mémoire », Anne-Marie Bourgnon, afin de savoir où il en est avec chacun. Une telle rigueur comptable — bien connue des attachés de presse — n'empêche pas toujours les « pièges ». Ainsi, un éditeur peu coutumier de l'éthique stricte de l'animateur d' « Apostrophes » convia ce dernier à un véritable festin, digne des agapes de Louis XIV, pour lui présenter la sortie du livre d'un de ses poulains. Pivot, très mal à l'aise, ne desserra pas les dents et ne fit guère honneur — lui si gourmand — aux mets raffinés qu'on lui servit, et s'enfuit avant le café. Quant au livre et à l'auteur, ils n'eurent droit ni l'un ni l'autre aux faveurs d' « Apostrophes ».

Plus sournois encore, certains éditeurs ont longtemps cherché à circonvenir Monique Pivot, épouse de Bernard et rédactrice en chef d'*Intimité* et *Nous Deux,* lui téléphonant, l'invitant à déjeuner, etc., pour lui glisser, entre la poire et le fromage : « Nous avons un auteur qui va sortir son premier livre ; vous ne pourriez pas en parler à Bernard ? » Echaudée plusieurs fois par ce rôle de médiatrice qu'on entendait lui faire jouer — et que, bien entendu, elle refusait de tenir — Monique désormais y réfléchit à deux fois avant d'accepter un rendez-vous ou une proposition d'interview !

Les principaux regrets des attachés de presse ? Pour Charles Rubinzstein (Flammarion, Lieu Commun puis Editions Régine Deforges) : « Il devait y avoir une émission sur le cinéma, début 1981, à l'occasion de la venue à Paris de Gloria Swanson. Je m'occupais d'un livre consacré au cinéma américain dont le second tome venait de sortir chez Flammarion. Le livre a d'abord été refusé par Pivot, car il avait demandé conseil à Claude-Jean Philippe qui lui avait répondu : " C'est chiant. Sans intérêt. " Puis *Le Monde* a publié un papier dithyrambique. J'ai envoyé un mot à Pivot en lui signalant le papier du *Monde*. Et il a pris le livre ! Hélas, l'émission n'a pas eu lieu, car Gloria Swanson ne parlait pas un mot de français ! »

Si, dans leur ensemble, les attachés de presse sont satisfaits de leurs rapports avec « Apostrophes » (bien que pas assez fréquents à leurs yeux), ils sont unanimes à dénoncer un travers apparemment fort partagé parmi les journalistes de la presse écrite : il s'agit de l'étrange mais nombreuse espèce des « journalistes qui pivotent ». L'une des attachées de presse d'une très grande maison d'édition confie : « Un journaliste qui " pivote ", c'est un journaliste qui attend que Pivot lance un livre ou un auteur pour en parler ; à l'inverse, un journaliste qui refuse de " pivoter " est celui qui parlera systématiquement des livres et des auteurs oubliés par " Apostrophes ". » D'autres attachés de presse confirment : « Les journalistes de la presse écrite ne font plus leur métier : sous prétexte qu'il paraît de plus en plus de livres, et parmi eux de mauvais livres, ils n'assurent plus leur vocation de " découvreurs ", et se contentent d'écrire sur les quelques livres " dont on parle " ; généralement les livres en question sont passés chez Pivot. » Une autre attachée de presse confie : « Pivot dit souvent qu'il se fonde sur les jugements de ses confrères de la presse écrite pour sélectionner tel ou tel livre qui aurait sans cela échappé à son jugement : mais ce rôle n'est guère plus assuré que par quelques grandes signatures, comme Poirot-Delpech, Rinaldi ou Nourrissier. Car beaucoup de journalistes chargés de rubriquer l'actualité littéraire font strictement l'inverse : loin d'influencer Pivot par leurs découvertes, ils s'inspirent largement des derniers plateaux d' " Apostrophes ". » Une autre conclut : « L' " effet Pivot " est tellement fort que beaucoup de journalistes de la presse écrite le ressentent comme une fatalité insurmontable. Ils se disent : " A quoi bon lutter et se singulariser ? Autant parler de ce qui plaît aux gens, c'est-à-dire ce dont on parle à " Apostrophes ". En réalité, une large partie de ce qu'on appelle l' " effet Pivot " provient tout simplement de la paresse intellectuelle des critiques littéraires de la presse écrite, à de rares exceptions près ! »

Une bonne illustration des excès que « l'effet Pivot » provoque dans la presse écrite nous est fournie par la pratique grandissante qui consiste à regrouper et traiter de façon thématique certains ouvrages, de la même façon qu'ils ont déjà été réunis à « Apostrophes ». Une attachée de presse commente ce phénomène : « Par paresse et facilité, la presse écrite a sauté sur le côté thématique, inventé par Pivot. Il est plus facile de grouper plusieurs livres traitant du même sujet ; on met ainsi en relief, de façon artificielle, un thème qui est " dans l'air ", et enfin on gagne de la place en parlant de plusieurs livres dans un seul article ! Mais à " Apostrophes " les auteurs sont là pour parler de leur livre et débattre entre eux. Dans la presse écrite, cette méthode contribue au contraire au nivellement et à la banalisation des livres. » Un seul exemple : l' « Apostrophes » du 1er mai 1987, consacré à la collaboration sous l'Occupation, présente à la fois le *Pétain* de Marc Ferro (Fayard), le *Laval* de Fred Kupferman (Balland) et le *Robert Brasillach* d'Anne Brassié (Robert Laffont). Trois biographies publiées au même moment, traitant de la même période historique, et trouvant tout naturellement leur place dans le même « Apostrophes » thématique. Or, ces mêmes ouvrages furent à nouveau regroupés dans la quasi-totalité des critiques dont ils ont bénéficié dans la presse écrite.

La même attachée de presse poursuit : « Cette approche thématique peut, hélas, gagner également les éditeurs et les auteurs. C'est ainsi que l'on voit, au même moment, éclore une multitude de livres consacrés au même sujet, et destinés à coller à l'air du temps ou à " Apostrophes ". Par exemple, lors des récents " Apostrophes " consacrés à la " crétinisation générale " (le 13 février 1987, avec Michel Henry) ou à la " responsabilité des intellectuels " (le 3 avril 1987, avec Bernard-Henri Lévy), Bernard Pivot a dû choisir entre de très nombreux essais et documents consacrés au même sujet. Devant l'inflation et le redoublement de ces ouvrages, il a donc été obligé d'écarter des titres et des auteurs qui, pris individuellement, auraient mérité de passer à " Apostrophes " : s'il a choisi Bernard-Henri Lévy (*Eloge des intellectuels*, Grasset) et Michel Henry (*la Barbarie*, Grasset), c'est au détriment d'Alain Finkielkraut (*la Défaite de la pensée*, Gallimard) et d'Allan Bloom (*l'Ame désarmée*, Julliard). Cela ne signifie nullement que les premiers aient écrit de meilleurs livres que les seconds, mais simplement que Pivot, ne pouvant faire un débat avec vingt-cinq personnes, a a dû choisir de façon arbitraire. »

3. *Troisième cercle : l'édition*

Qu'est-ce qui fait encore vendre des livres aujourd'hui en France ? Un sondage effectué en 1980 par IFOP/*Le Journal de la presse* démontre qu' « Apostrophes » influence 36 % des motivations d'achat des lecteurs, tout de suite après le bouche à oreille, et devant les critiques de la presse écrite (31 %) et les émissions de radio (17 %). Un autre sondage, effectué par le Syndicat de l'édition, crédite l'émission de 26 % des intentions d'achat. Si l'on écarte le bouche à oreille, sur lequel il est difficile, par définition, d'intervenir, « Apostrophes » apparaît comme prescripteur numéro 1 de ventes de livres en France. La sélection d' « Apostrophes » est en outre annoncée par l'ensemble des journaux de programmes de télévision, qui profitent souvent de cette occasion unique pour parler de livres. « Apostrophes » suscite donc à son tour des échos dans la presse écrite (sans parler de ces « journalistes qui pivotent » décrits plus haut). Un éditeur confie : « La presse écrite ne fait plus vendre comme par le passé : une bonne critique argumentée ne saurait rivaliser avec quelques minutes à la télé. Sans parler d'“ Apostrophes ” ! »

Cet avis reflète assez bien le sentiment généralement partagé par les éditeurs : de plus en plus, c'est la télé qui fait vendre.

Or, la loi n'autorise pas les éditeurs à faire de la publicité à la télévision. En auraient-ils le droit que 90 % d'entre eux n'en auraient pas les moyens, aux tarifs pratiqués. C'est pourquoi les émissions littéraires télévisées, « Apostrophes » en tête, leur assurent une promotion d'autant plus rentable qu'elle est gratuite. S'ils devaient payer le temps d'antenne qui leur est attribué par les médias audiovisuels, les éditeurs seraient les premiers investisseurs publicitaires avec 15,6 % du marché, loin devant l'électroménager et l'alimentation. A la télévision, la publicité gratuite consacrée au livre représente 62,6 % de l'investissement total, tous annonceurs confondus (conclusions du publicitaire François Clauteaux lors de la 3e Rencontre interprofessionnelle du livre de l'IFLS, citées dans *Livres-Hebdo* du 6 octobre 1981). Il faut en effet savoir que le coût de la minute de publicité sur Antenne 2 le vendredi soir à 21 h 30, juste avant « Apostrophes », est de 240 300 francs ! A la fin de l'émission, à 23 heures, le coût de la minute est encore de 225 500 F (source : Régie Publicitaire d'Antenne 2). On conçoit bien, dans ces conditions, tout l'intérêt financier que les éditeurs accordent aux fauteuils qui leur sont réservés chez Pivot ! L'éditeur Pierre Belfond a pu ainsi évaluer avec gourmandise le nombre de millions que lui avait fait économiser Bernard Pivot en présentant ses livres à « Apostrophes ».

On peut juger exorbitant le pouvoir ainsi assumé par Pivot, qui consiste à gérer indirectement une bonne partie de la promotion éditoriale française ; il est à craindre en effet que des éditeurs s'estiment lésés et sous-représentés par rapport à certains de leurs confrères. Comment pourrait-il en aller autrement ? La sélection opérée par Pivot laisse dans l'ombre la majeure partie des livres publiés. La véritable question est celle-ci : cette sélection n'avantage-t-elle pas certains éditeurs au détriment d'autres ?

Ici et là, les éditeurs sont persuadés de l'injustice permanente dont ils seraient les victimes : « Dans les livres présentés chez Pivot, il y a une sur-représentation du groupe Hachette », affirment certains. « Il a des chouchous, comme Fayard ou Laffont ; nous, il ne nous invite jamais », se plaignent d'autres. Plus l'éditeur est petit, plus il s'estime floué : « Il n'y en a que pour les gros : Gallimard, Laffont, etc. Pivot se moque des petits éditeurs. »

A ces plaintes se sont ajoutées d'autres craintes : Pivot, jusque-là à l'abri des pressions éditoriales, aurait pu se trouver dans une situation délicate quand son journal *Lire*, faisait partie du groupe de Jimmy Goldsmith, comportant également *L'Express* et les Presses de la Cité. Comment ne pas imaginer qu'à terme les livres publiés par le groupe des Presses de la Cité ne seront pas avantagés dans *Lire* et à « Apostrophes » ? (Ces craintes n'ont plus de fondement depuis que Jimmy Goldsmith a cédé l'essentiel des parts de son groupe à la Compagnie Générale d'Electricité, le 27 juillet 1987.)

Il y a un moyen de confirmer ou d'infirmer les rumeurs, craintes et plaintes formulées par les éditeurs : effectuer le comptage systématique des livres présentés au cours des près de 600 numéros d' « Apostrophes », afin d'en tirer l'importance relative de chaque éditeur, calculée en nombre d'ouvrages dont les auteurs ont été invités sur le plateau. En comparant cette liste des éditeurs « favoris » d' « Apostrophes » avec l'importance éditoriale réelle de chacun (en nombre de titres édités chaque année), on pourra ainsi observer si, oui ou non, Bernard Pivot avantage l'un au détriment de l'autre.

Le dépouillement statistique — réalisé grâce à un micro-ordinateur — de l'ensemble des plateaux d' « Apostrophes » de janvier 1975 à janvier 1987 (12 ans) nous permet de répondre, chiffres en main, à un certain nombre de questions précises :

— Bernard Pivot ne sélectionne-t-il pas exclusivement les livres publiés par les 20 premières maisons d'édition parisiennes ?

— Non. En 12 ans (janvier 1975-janvier 1987), les 2 898 livres présentés à « Apostrophes » ont porté la bannière de 244 éditeurs différents, de toutes tailles, parisiens, provinciaux et même étrangers.

— Soit, mais les gros éditeurs ne sont-ils pas avantagés par rapport aux petits ?

— Vrai. 20 éditeurs représentent 74,53 % des livres présentés à « Apostrophes » (plus de 30 passages en 12 ans), les 224 autres éditeurs se partageant les 25,47 % de livres restants. Ce déséquilibre reflète la réalité éditoriale française, qui connaît une centralisation progressive des éditeurs importants au sein de quelques groupes très puissants. Il est vrai qu'en 1985 les 21 premières maisons d'édition ne réalisaient « que » 58,7 % du chiffre d'affaires global (chiffre cité par Philippe Schuwer, *Editeurs aujourd'hui*, Retz), mais cet écart est explicable : d'une part la représentativité en titres présentés est supérieure au chiffre d'affaires réalisé (car tous les titres ne se vendent pas de la même façon) ; d'autre part Bernard Pivot n'invite bien évidemment que les éditeurs de littérature générale.

— Revenons à la centralisation de l'édition, justement ! Vous n'allez pas prétendre qu' « Apostrophes » ne fait pas la part belle aux livres issus du groupe Hachette ?

— Si, bien sûr : un livre sur quatre présenté à « Apostrophes » est publié par le groupe Hachette. Mais il se trouve qu'avec des maisons comme Grasset, Fayard, Stock, Lattès ou Mazarine, le groupe Hachette « truste » environ 25 % des titres publiés en littérature générale. « Apostrophes » ne fait que refléter cette position dominante.

— Et le groupe des Presses de la Cité ?

— Avec 7 % des titres présentés à « Apostrophes », ce groupe n'est pas mieux représenté que le seul éditeur Laffont : en effet, à côté de maisons de littérature générale (Julliard, Bourgois, Librairie Académique Perrin...) dont les livres sont régulièrement présents à « Apostrophes », les Presses de la Cité publient beaucoup de livres techniques, pratiques ou à format de poche (Fleuve Noir, Presses-pocket) qui échappent aux centres d'intérêt d' « Apostrophes ».

— Les éditeurs qui monopolisent les prix littéraires ne monopolisent-ils pas aussi l'antenne d' « Apostrophes » ?

— Gallimard, Grasset et Le Seuil arrivent en tête du nombre de titres présentés à « Apostrophes », c'est vrai. Mais « Galligrasseuil » ne « pèse » que 27 % de l'ensemble des titres présentés ; 34 % si on y ajoute Robert Laffont. Ce score est plutôt faible par rapport à l'importance accordée à ces maisons dans la presse écrite.

— Les plus gros éditeurs de littérature générale arrivent

en tête, soit. Mais qu'en est-il des éditeurs moyens et petits ? Sont-ils vraiment tous traités en fonction de leur importance éditoriale réelle ?

— Le seul éditeur plutôt favorisé est Grasset, qui arrive en seconde position en titres présentés à « Apostrophes » (250 en 12 ans) en ne publiant que 130 titres par an, derrière le grand vainqueur Gallimard, qui publie 500 titres par an, mais devant Le Seuil qui publie pourtant 300 titres par an. Cet avantage concédé à Grasset reflète bien la politique très médiatique de cette maison, abonnée aux Prix littéraires et familières des « coups » éditoriaux. En revanche, Flammarion est un peu défavorisée : publiant 300 titres par an, elle n'arrive qu'en septième position à « Apostrophes » : cette maison publie beaucoup d'ouvrages d'art qui ne sont jamais présentés à « Apostrophes ». En revanche, la plupart des autres maisons obtiennent à « Apostrophes » le classement correspondant à leur importance éditoriale réelle : Laffont, qui publie 250 titres par an est en quatrième position ; Stock, avec 100 titres, en huitième position ; Belfond, avec 80 titres, en quatorzième position ; Olivier Orban, avec 40 titres, en dix-huitième position ; les Editions Sociales ou les Editions de Minuit, avec 25 titres, arrivent respectivement en vingt-septième et trente-troisième position, et ainsi de suite. Sur 244 éditeurs invités, 118 d'entre eux (les très petits) ont été conviés au moins une fois en douze ans. En conclusion, si d'une émission à l'autre on a l'impression que ce sont toujours les mêmes éditeurs qui sont présentés (parce qu'ils sont les plus connus et éditent le plus de titres), un comptage exhaustif prouve que, pour chaque éditeur, petit ou gros, le nombre d'invitations à « Apostrophes » reflète très exactement son importance éditoriale réelle, en nombre de titres publiés chaque année en littérature générale.

— Ces éditeurs sont également annonceurs dans *Lire*, le journal de Pivot ; les éditeurs en tête du classement en nombre de passages à « Apostrophes » ne sont-ils pas ceux qui font le plus de publicité dans *Lire ?*

— Non. Le premier éditeur annonceur de *Lire* est Laffont, alors qu'il n'est qu'en quatrième position à « Apostrophes ». Gallimard et Le Seuil, respectivement en première et troisième position à « Apostrophes », ne sont que les quatrième et cinquième annonceurs. En revanche, le deuxième éditeur annonceur de *Lire* est... le dictionnaire Le Robert, qui n'a été présenté que deux fois à « Apostrophes » en douze ans ! Quant à Grasset, en deuxième position des élus d' « Apostrophes », il ne fait pas partie des 22 premiers éditeurs annonceurs (source SECODIP).

Si « Apostrophes » donne une image juste de l'édition française, l'inverse a parfois tendance à s'instaurer. Ainsi, à force de privilégier les documents, témoignages, récits autobiographiques et romans historiques, au détriment, par exemple, des ouvrages de poésie, de philosophie et de sciences humaines, Bernard Pivot a incontestablement conforté les éditeurs dans leurs souhaits d'éditer et promouvoir de préférence ces ouvrages-là par rapport à ces ouvrages-ci. C'est ainsi qu'après les succès des livres d'Henri Vincenot ou de Pierre-Jakez Hélias, on a vu fleurir les ouvrages d' « ethnologie régionale », témoignages sur la vie régionale en France et sur la manière dont on vivait autrefois. De même, les « documents humains » : récits douloureux et autobiographiques rédigés par des bandits en cavale, des actrices du porno reconverties, des bonnes sœurs affranchies, des travestis, des peintres aveugles ou des gauchers contrariés (tous ces cas ont été vus à « Apostrophes »), ont été accueillis à bras ouverts par les éditeurs.

Il est bien évident — et les éditeurs en sont persuadés — que de tels « documents », bien souvent en marge de la littérature, ne sauraient se vendre que grâce à la compassion et aux achats d'impulsion qui s'ensuivent. C'est-à-dire grâce à « Apostrophes ». Une fois sur vingt, il est vrai, la compassion permet de découvrir un auteur, un talent, une plume, et pour ces occasions-là on peut pardonner à « Apostrophes » d'avoir — involontairement — suscité tant de méchants livres.

Ainsi, quelqu'un raconta un jour à Pivot : « Lorsque je vois Patrick Modiano à " Apostrophes ", j'ai envie de me précipiter pour acheter son livre, afin d'abréger son supplice ! » Fort heureusement, Modiano ne se contente pas d'être un grand garçon timide, à la diction embarrassée et suscitant la sympathie : il est en outre un écrivain. Mais, aux yeux de très nombreux téléspectateurs, le premier s'est avéré le meilleur ambassadeur du second.

Il semblerait, à les entendre, que les éditeurs sont tous des amis intimes de Bernard Pivot. En tout cas, ils ne tarissent pas d'éloges à son égard.

Pour Yves Berger, directeur littéraire de Grasset, « Bernard Pivot, c'est le visage de l'honnêteté incorruptible. En plus de douze ans, je ne suis intervenu personnellement que deux fois pour lui recommander un auteur : pour René Girard, qu'il a pris, et pour un autre auteur, qu'il n'a pas pris. La recommandation qu'il fait d'un livre a valeur de déclaration sacrée. » Yves Berger connaît Bernard Pivot depuis qu'il est entré chez Grasset en tant qu' « editor », en 1960, et il n'a jamais cessé de le fréquenter depuis : « Nous sommes devenus chaleureusement amis ; un jour Bernard m'a fait le plaisir de m'accompagner à un déjeuner du " Club des cent ", où j'étais l'invité d'honneur de Jean Ferniot, autre immense ami. Professionnellement, nous nous voyons deux fois par an à déjeuner : une première fois fin août, et la seconde en février. Nous ne débattons pas des prix littéraires, mais il me demande mes pronostics, que je lui donne bien volontiers. Souvent, il m'arrive de retrouver dans ses " carnets " de *Lire* des informations que je lui ai confiées. »

André Balland a rencontré Pivot alors que ce dernier faisait ses débuts au *Figaro littéraire :* « Je l'ai invité à déjeuner chez " Allard ", mais il était beaucoup moins gourmand qu'aujourd'hui. Au lieu de lui présenter mes projets éditoriaux, je l'ai poussé à me parler de lui. En sortant du restaurant, il m'a dit : " C'est vous qui m'avez interviewé ! " A présent, nous nous retrouvons deux fois par an pour un déjeuner rituel au cours duquel je recule le plus possible l'instant critique où je lui tends mon programme éditorial du semestre, et un paquet de " prières d'insérer ". Ce moment douloureux a généralement lieu après le plat de résistance : en quelques minutes, Pivot écarte les trois quarts de la sélection : " Ça, ce n'est pas pour moi. Ça : peut-être " etc. Et il n'est pas question de le faire revenir sur son choix ! »

Françoise Verny, directrice littéraire chez Flammarion et transfuge de Grasset et Gallimard, connaît également Pivot depuis les années du *Figaro littéraire :* « Pivot est un comédien, un personnage, il incarne le rôle de " Monsieur Français moyen ". C'est quelqu'un qui n'est pas plus compétent que le téléspectateur, qui ne se pose pas en maître, mais qui découvre et jouit des livres en même temps que le public. Il a su faire de la littérature un spectacle. " Lectures pour tous ", c'était du tête-à-tête ; nous ne supporterions plus Desgraupes et Dumayet aujourd'hui. C'est très difficile de devenir Pivot ! Tous ceux qui ont essayé de l'imiter se sont cassé le nez. Pivot est inimitable ! C'est pourquoi aujourd'hui il est prisonnier de son émission. »

Evidemment, les éditeurs de livres techniques, de livres d'enfants ou d'ouvrages spécialisés sont moins heureux, car il est rare qu' « Apostrophes » s'intéresse à leur production. Par exemple, le cas des dictionnaires est limite. S'apprêtant à sortir le Grand Dictionnaire encyclopédique Larousse, en 1980, l'éditeur Claude Dubois se posa effectivement la question : « Comment convaincre Pivot de faire un " Apostrophes " consacré aux dictionnaires ? » Son collaborateur Jean-Noël Nouteau lui apporta la solution : en produisant un faux « Apostrophes » ! En organisant un débat sur les dictionnaires, dans les conditions exactes d' « Apostrophes », on fournirait ainsi la preuve que les mots et la langue française sont aussi médiatiques et « grand public » que les romans !

Jean-Noël Nouteau et Claude Dubois demandèrent à Pivot de se prêter à ce pastiche de lui-même. Il refusa. Ils contactèrent alors Pierre Bouteiller, payèrent une équipe de réalisation de la « S.F.P. », louèrent un salon de l'hôtel Crillon, commandèrent un décor rappelant étrangement celui d' « Apostrophes », placèrent six invités au milieu, le public tout autour (composé de critiques de la presse nationale et régionale), baptisèrent l'émission « Réplique », et la diffusèrent sous forme de vidéo-cassettes (copyright mars 1980). Coût total de l'opération, y compris le cocktail au Crillon et l'hébergement des journalistes de province : 300 000 F.

Cette « Réplique », dont le thème est « Lisez-vous des dictionnaires ? » a quelque chose de surréaliste : dans le rôle de Pivot, Pierre Bouteiller, un peu effrayé par l'ampleur de sa tâche, arbitre les dialogues entre Jean Mistler, de l'Académie française, Jean-François Kahn, des *Nouvelles littéraires*, Georges Perec, écrivain-cruciverbiste, Claude Dubois, rédacteur en chef du dictionnaire Larousse, une bibliothécaire et un libraire.

Bernard Pivot refusa de visionner cet aimable pastiche d' « Apostrophes ». Le but de Larousse fut tout de même atteint, puisque cela donna à Pivot l'idée de faire un « Apostrophes »... consacré aux dictionnaires ! Six mois plus tard (le 12 septembre 1980), le faux « Apostrophes » fut plagié par le vrai ! « Lisez-vous des dictionnaires ? » devint « La guerre des dictionnaires », avec, pour présenter le Petit Larousse, le même Claude Dubois, entouré cette fois-ci, il est vrai, de ses concurrents de chez Hachette, Bordas, Flammarion et Robert !

Devant un tel succès, l'équipe de Larousse décida de bisser, deux ans après, pour assurer le lancement de la fin de la publication du Grand dictionnaire encyclopédique Larousse en 10 volumes. Plus question, toutefois, de refaire un faux « Apostrophes ». Pourquoi ne pas bâtir un plateau d' « Apostrophes », et en soumettre l'idée à Pivot ? Le procédé était certes dangereux, car Pivot n'aime guère qu'on lui dicte ses choix, mais Jean-Noël Nouteau et Claude Dubois, au cours d'un déjeuner où ils convièrent Pivot, furent à ce point convaincants que Pivot, loin de s'offusquer, saisit la balle au bond : le 27 août 1982, sous le titre « Les Marathoniens du livre », l'heureux Claude Dubois revenait, comme il l'avait calculé, défendre les couleurs de Larousse à

« Apostrophes » ! Quant à Jean-Noël Nouteau, le maître d'œuvre de ces audacieuses conquêtes (l'équivalent d'Austerlitz et Wagram pour un éditeur), son sens aigu de la stratégie et de la diplomatie lui ont valu d'être aujourd'hui président de l'Union Nationale des Attachés de Presse !

4. *Quatrième cercle : la diffusion*

« Effet médias » et « effet Pivot » obligent : la vie d'un livre est aujourd'hui de plus en plus courte. Un ouvrage fait le plein de ses lecteurs en moins de trois mois (parfois beaucoup moins), délai après lequel s'amorce le cycle infernal des retours à l'éditeur.

Cette courte période laisse une étroite marge de manœuvre à l'éditeur qui doit « coller » au plus près à la demande des libraires. En effet, s'il a sous-estimé cette demande au moment du tirage et de la mise en place, il risque la rupture de stock (qui fait perdre des ventes) ; en revanche, s'il l'a surestimée, il devra reprendre une partie des volumes en retours. Entre le Charybde de la rupture de stock et le Scylla des retours, le fragile esquif du livre navigue à vue.

Aider l'éditeur à cerner sa demande véritable en « sondant » les libraires quelques mois avant la sortie du livre ; lui permettre de mettre au point une véritable stratégie de mise en place (petits libraires de province ou grandes surfaces ?) ; assurer les livraisons dans les meilleurs délais, honorer sans retard les demandes de réassort : tels sont les rôles majeurs du diffuseur et du distributeur. Le diffuseur met en effet à la disposition des éditeurs une force de vente sur le terrain, composée d'équipes de représentants. La distribution se charge de l'aspect physique : faire les paquets, envoyer les factures, effectuer les recouvrements, réceptionner les retours et les créditer.

Si l'édition française a tendance, ainsi qu'on l'a vu, à la centralisation, le phénomène n'épargne pas non plus le domaine de la diffusion et de la distribution.

Refuser les services d'un distributeur représente aujourd'hui, pour un éditeur, l'assurance que ses livres seront absents des rayonnages des librairies, mal distribués ou acheminés avec retard. Citons l'éditeur à compte d'auteur « La Pensée universelle », qui n'utilise pas les services d'un distributeur, et dont les ouvrages ne sont disponibles... que chez l'éditeur ! Il n'est ainsi pas étonnant qu'un livre édité à compte d'auteur ne dépasse jamais une vente de quelques centaines d'exemplaires (en faisant le plein des amis de l'auteur qui, ayant investi financièrement dans l'édition de son livre, se découvre soudain des talents de vendeur).

Le diffuseur, lui, s'occupe de la force de vente. Quelques mois avant la sortie d'un livre, une réunion est généralement organisée, qui permet de confronter la direction commerciale de l'éditeur, le directeur de collection et l'auteur du livre aux commerciaux qui seront ensuite à même d'informer les libraires. La présence de l'auteur lors de ces réunions a pour but de personnaliser davantage les argumentations des représentants, qui ne disposent que de très peu de temps, dans les librairies, pour défendre l'ensemble des livres qu'ils ont à promouvoir.

Ces réunions ont tendance à se développer depuis quelques années, et ceci pour une autre raison : elles sont une excellente préparation à l'épreuve des médias et constituent autant de « mini-Apostrophes blancs » ! En effet, l'auteur a un quart d'heure pour mettre en valeur son livre devant une vingtaine de commerciaux souvent blasés et qui doivent prendre connaissance de plusieurs publications dans la même journée. Cette prestation périlleuse permet donc de tester ses qualités à l'oral : s'il s'exprime clairement, avec enthousiasme, humour et sens de la formule, s'il parvient à intéresser son public sans le lasser, l'éditeur fera un effort particulier pour lui obtenir une couverture audiovisuelle (et en particulier « Apostrophes »). En revanche, si l'auteur a le trac, bégaie, se perd dans les détails et parle de façon ennuyeuse, l'éditeur le dissuadera de chercher à se rendre sur les plateaux de télévision. Yvan Arzure, des Messageries du livre, qui diffusent les Presses de la Cité, explique : « Nous ne faisons pas systématiquement de réunions entre l'auteur et l'équipe commerciale. Car de la même façon qu'un auteur ne passe pas forcément bien à " Apostrophes ", il peut ne pas bien passer devant une équipe de commerciaux, et alors c'est la pire des choses à faire. Nous vendons avant tout un livre, pas un auteur. » Ainsi, avant même la sortie du livre, on calcule déjà les actions de promotion qu'il mérite et ses chances de réussite en fonction du critère « Apostrophes ».

Si le livre est choisi par Pivot pour un prochain « Apostrophes », la dynamique commerciale éditeur-diffuseur-distributeur-libraire se mobilise aussitôt. « Dès que nous avons un " Apostrophes " en vue, nous envoyons aussitôt des télex pour informer les canaux de distribution », explique Pierre-Antoine Dupuy, directeur commercial et responsable de la diffusion de Flammarion. « Nous avertissons les libraires, et nous imprimons une affichette avec la couverture du livre et la mention " passage à ' Apostrophes ' le... " que nous affichons dans la maison », complète François Camelot, à la direction commerciale de Robert Laffont.

L'information circule donc aussitôt, souvent relayée par une nouvelle visite des représentants chez les libraires, dans le but d'organiser une mise en place supplémentaire : « Il est exceptionnel que l'on sache lors de la première mise en place que le livre passera à " Apostrophes ". Quand on le sait, les représentants font un deuxième travail de mise en place. Souvent le libraire réagit de lui-même dès qu'il reçoit l'information. Les grandes librairies, drugstores, grands magasins et maisons de la presse suivent de très près l'annonce des émissions et ont tendance à se " couvrir " systématiquement en prévision d' " Apostrophes ". Pour les plus petites librairies, c'est davantage le représentant qui doit convaincre le libraire », commente Alain Crochet, directeur commercial du Centre de Diffusion de l'Edition (CDE), qui diffuse une trentaine d'éditeurs en France et à l'export. Pierre-Antoine Dupuy, chez Flammarion, confirme : « Dès qu'il y a un " Apostrophes " en préparation, les grandes surfaces nous commandent systématiquement les livres, sans faire de distinction entre livres grand public et livres difficiles. Même avec " Apostrophes ", mettre Dumézil en piles dans les supermarchés, ça ne sert à rien ! Si le livre est difficile, nous sommes contraints de limiter les livraisons demandées par les grandes surfaces, si nous ne voulons pas avoir 90 % de retours trois mois après ! » Jean Bussy, directeur commercial du Seuil, fait la même remarque. « " Apostrophes " déclenche des commandes de précaution de la part des libraires. Les hypermarchés, notamment, commandent systématiquement les livres qui passent à l'émission, sans moduler leur demande en fonction de l'auteur ou de l'ouvrage. »

Le délai imparti pour remettre en place le livre en vue d' « Apostrophes » est généralement très court : « Nous disposons d'un mois au maximum avant l'émission. Pour les grandes librairies que l'on visite une à deux fois par mois, il n'y a pas de problèmes. Pour les autres, nous envoyons un mailing annonçant l'émission, que l'on joint aux colis de réassorts », confie Alain Crochet, du CDE.

Pour le représentant qui fait sa tournée, la phrase : « ce livre va passer à " Apostrophes " » est un argument majeur vis-à-vis du libraire. Aussi peut-il parfois être tenté d'en abuser inconsidérément. La responsable de la communication de la librairie Decître, à Lyon, se rappelle avoir eu ce type de problème : « Il y a quelques années, certains représentants nous ont affirmé : " Prenez ce livre, l'auteur va passer à ' Apostrophes ' dans quelques mois. " Nous avons donc fait des commandes supplémentaires, mais nous attendons encore l' " Apostrophes " promis ! » Jean-Louis Besse, directeur de clientèle chez Hachette Diffusion répond : « On n'annonce le passage du livre à " Apostrophes " que si l'on en est sûr. Certains représentants ou attachés de presse ont pu, dans le passé, colporter des rumeurs selon lesquelles le livre avait toutes ses chances de passer à l'émission, mais, lorsque le livre n'y passait pas, ils perdaient tout leur crédit vis-à-vis de leurs clients. » Yvan Arzure, des Messageries du livre, ajoute : « Aujourd'hui, tout le monde sait très bien que rien n'est joué jusqu'à l'annonce officielle des plateaux d' " Apostrophes " par Pivot. Donc, il ne faut se prévaloir d' " Apostrophes " que lorsque le libraire peut lui-même vérifier l'information en consultant les listes de *Livres-Hebdo,* par exemple. » Alain Crochet, du CDE, confirme : « " Apostrophes " a été une telle obsession que les éditeurs et les attachés de presse avaient tendance à nous annoncer toutes les semaines qu'ils allaient passer à " Apostrophes ", et certains représentants ont pu commettre des erreurs en répercutant l'information auprès des libraires. A présent, nous jouons la prudence, et nous attendons que l'heureuse nouvelle soit officielle ! »

La semaine précédant « Apostrophes », le livre doit être en rayon chez tous les libraires qui l'ont commandé, car l'annonce du plateau du prochain « Apostrophes » dans les journaux de programmes de télévision suscite déjà quelques ventes. Mais l'effet réel de l'émission sur les ventes du livre ne se ressent qu'au lendemain de l'émission. C'est alors que le diffuseur doit attentivement surveiller les demandes des libraires. Pierre-Antoine Dupuy, chez Flammarion, explique : « Tous les lundis et mardis, nos représentants font le tour de tous leurs clients importants à Paris pour observer les effets sur les ventes suscités par le dernier " Apostrophes ". Si le livre se vend bien, le libraire peut ainsi recommander des livres sans tarder. »

La décision de refaire une mise en place pour « Apostrophes » est le fruit d'une stratégie commerciale. Celle-ci ne repose pas sur des études de marché ou des analyses statistiques, comme dans l'industrie, car, en tant que produit culturel, le livre ne s'y prêterait guère. Aussi la plupart des décisions sont prises de façon empirique, au coup par coup. Parmi celles-ci : la décision de réimprimer.

En effet, si le diffuseur, au moment de la mise en place, conserve par-devers lui environ 20 % d'exemplaires en stock, cela ne suffit généralement pas à couvrir le réassort, qui représente au moins de 20 à 50 % de la mise en place initiale.

Cela conduit donc généralement l'éditeur à réimprimer. Par exemple, pour un ouvrage tiré à 3 000 ou 4 000 exemplaires, l'éditeur réimprimera à 3 000.

« L'annonce d'un " Apostrophes " nous permet de " descendre " davantage dans les canaux de distribution : au lieu de nous contenter, par exemple, des grandes librairies, nous allons également alimenter les petites librairies et les grandes surfaces », explique Jean-Claude Gawsévitch, directeur commercial chez Ramsay. Alain Crochet, du CDE, complète : « Nous avons une réunion commerciale tous les mardis matin, avec nos deux équipes qui se répartissent le catalogue des éditeurs. Au cours de ces réunions, chacun des chefs de vente nous dit combien il pense remettre en place, en fonction des demandes des libraires. Nous regardons alors s'il nous reste un stock suffisant de livres. Sinon nous nous tournons vers l'éditeur qui prend la décision de réimprimer ou non, en fonction du délai imparti. Il y a cinq ans, les éditeurs qui passaient à " Apostrophes " n'hésitaient pas un seul instant à réimprimer. Aujourd'hui, à la suite de quelques échecs, ils sont devenus beaucoup plus prudents. On sait que la réimpression n'est pas une vente ferme, et que le libraire a un droit de retour sur les volumes. Si la prestation de l'auteur à l'émission est mauvaise, il peut arriver que la réimpression nous revienne intégralement en retour, ce qui est financièrement désastreux ! »

Là où l'éditeur prend un vrai risque, c'est lorsque le roman d'un auteur peu connu ou un premier roman est sélectionné à « Apostrophes ». Un premier roman est généralement tiré à 3 000 exemplaires, et vendu entre 800 et 1 500 exemplaires. Grâce à « Apostrophes », l'éditeur a toujours l'espoir que son poulain sera révélé du jour au lendemain au grand public. Alors il refait tout de suite un tirage supplémentaire de 3 000 exemplaires, assorti d'une mise en place plus large auprès des libraires. Neuf fois sur dix, l'auteur paniqué — c'est généralement son premier passage à la télévision — parvient difficilement à s'imposer ; en outre les auteurs de romans sont toujours défavorisés à l'oral, lorsqu'il s'agit de donner vie en dix minutes à des chimères ; enfin ces romanciers inconnus du grand public peuvent être confrontés ce soir-là à des auteurs vedettes qui vont « ramasser la mise », et être ainsi contraints à jouer les faire-valoir polis et timides.

Ce type de prestations donne des résultats commercialement catastrophiques. En effet — et malgré la promotion automatique qui entoure le passage à « Apostrophes » : échos dans la presse, piles chez les libraires qui offrent des « tables “ Apostrophes ” », affichettes —, ces romans ne se vendent, au lendemain de l'émission, ni plus ni moins bien que sans le soutien d' « Apostrophes ». Or, les frais de réimpression, de réassort et éventuellement de publicité engagés par l'éditeur grèvent l'opération d'un déficit impossible à combler. Loin d'être rentable, le passage d'un jeune auteur à « Apostrophes » coûte généralement très cher à l'éditeur.

Pierre-Louis Rey, professeur de littérature française à l'Université de Nanterre et auteur de *le Reflux* (Gallimard), roman « goncourable » de l'automne 1978, et invité à ce titre à « Apostrophes » le 6 octobre 1978 sur le thème de « L'Amour, toujours l'amour », se retrouva coincé entre de véritables « stars » de la littérature et des médias : Hervé Bazin, Régine Deforges, Jacques Lanzmann, Catherine Rihoit et Jean-Didier Wolfromm. Un beau plateau ! Trop beau, justement, pour le « débutant » qu'était alors Pierre-Louis Rey : « Chacun s'est mis à raconter sa petite salade. Comme s'il l'avait vécue, avec un lien biographique évident à son roman. Je n'avais pas prévu de me livrer à une confession, je n'avais rien préparé. Une légère panique m'a pris. J'ai été coincé. J'ai parlé comme j'aurais pu le faire dans mon cours, j'ai eu conscience d'apparaître comme l'intellectuel prétentieux dissertant sur les formes romanesques. J'ai été trop raide, le temps a passé trop vite. » (Interviewé par Anne Ray, *Le Monde,* octobre 1986.)

Résultat : Gallimard avait investi dans un second tirage en vue d' « Apostrophes », mais le premier tirage de 3 000 exemplaires n'a même pas été épuisé. Donc, opération totalement déficitaire pour l'éditeur, ainsi que pour l'auteur — qui eut droit néanmoins à un « rattrapage » un an après, le

9 novembre 1979, pour parler non plus d'un de ses romans, mais de *Football, vérité et poésie* (Hachette) !

Yvan Arzure, des Messageries du livre, estime qu' « il y a eu une période d'euphorie avec " Apostrophes ". Nous étions tous persuadés que cette émission faisait vendre tous les livres qu'elle présentait. Depuis cinq ou six ans, nous sommes beaucoup plus prudents : à présent nous observons le contexte, l'auteur, les autres invités qu'il aura en face de lui, et en fonction de ces critères nous faisons des réassorts beaucoup plus ciblés. Car Pivot fait sciemment des plateaux hétéroclites : il y a les auteurs-phares, et puis il y a les faire-valoir. Ceux-là ramasseront toute la mise ; ceux-ci ne se vendront pas plus que sans l'émission. Et nous devons en tenir compte dans notre remise en place. » Pierre-Antoine Dupuy, chez Flammarion, partage la même réticence : « La décision de réimprimer en vue d' " Apostrophes " pose un véritable cas de conscience. C'est un vrai drame ! Si on sait qu'un auteur passe mal à la télévision, ou s'il s'est montré falot et embarrassé lors de la réunion d'information avec les représentants, on hésitera à réimprimer. » Jean-Claude Gawsévitch, chez Ramsay : « Un jeune auteur a le droit de tenter sa chance comme un autre à " Apostrophes ", et pour lui faire plaisir nous prenons généralement la décision de réimprimer. Mais si l'auteur n'est pas très bon à l'oral, s'il a écrit un premier roman difficile et s'il va se trouver confronté à Patrick Grainville, Michel Tournier ou Jean d'Ormesson, nous savons d'avance que sa prestation n'aura sans doute aucun effet sur les ventes, et nous tâchons de limiter les dégâts en nous en tenant à l'impression d'origine. » Alain Crochet, du CDE : « L'éditeur aimerait être invité plusieurs fois dans l'année à " Apostrophes ", mais aussi pouvoir choisir les auteurs qui y passeront. Si Pivot choisit un auteur qui " passe mal ", l'éditeur, agacé, a l'impression qu'on lui " gâche " une occasion. Il aimerait bien dire à Pivot : " Non pas celui-là ! Prenez donc celui-ci à la place ; il vous fera un tabac ! " Comme il leur est impossible d'influer sur les décisions de Pivot, ils se font une raison. Dans ces cas-là, ils évitent de réimprimer : ils attendent les répercussions de l'émission, à condition qu'il y en ait ! »

Le drame de l'éditeur, c'est qu'il ne peut pas dire à son auteur : « Ecoutez, mon vieux, vous feriez mieux de décliner l'invitation de Pivot, car, entre nous, vous écrivez merveilleusement, mais dès que vous ouvrez la bouche, vous êtes ennuyeux comme la mort ! » L'auteur ainsi traité en serait cruellement mortifié, et risquerait fort de se mettre en quête d'un nouvel éditeur. Yves Berger, directeur littéraire des éditions Grasset, remarque : « Je ne me sentirais pas le droit d'empêcher un auteur d'aller tenter sa chance à " Apostrophes ", même si j'estime qu'il n'est pas très bon à l'oral. Le ferais-je, j'espère bien que l'auteur n'aurait pas la faiblesse de m'obéir aussi aveuglément ! » Parfois — fait exceptionnel —, l'auteur ressent lui-même que sa prestation à « Apostrophes » risque de le desservir, et refuse l'invitation. Ce fut le cas, par exemple, de Jean Orieux, qui publia chez Flammarion son *Catherine de Médicis* en mai 1986. Françoise Verny, directrice littéraire de Flammarion, explique : « Pivot avait invité Jean Orieux, mais ce dernier y a renoncé car à cette époque-là il était très fatigué. Il a eu tout à fait raison, car sur le plateau il aurait été fébrile, peu à son aise. Peu d'auteurs ont le courage de se priver ainsi d' " Apostrophes " ! » En l'occurrence, la sage décision de Jean Orieux fut payante : malgré le fait qu'il refusa toute couverture audiovisuelle, son livre fut l'un des best-sellers de l'année (plus de 100 000 exemplaires vendus, classé en numéro 2 des meilleurs ventes d'essais et documents du classement établi en 1986 par *Livres-Hebdo*). Ce beau succès n'aurait-il pas été occulté par une mauvaise prestation de l'auteur à « Apostrophes » ? En revanche, la jolie Marie Lebey, auteur de *Dix-sept ans, porte 57* (Balland), n'hésita pas à se rendre à « Apostrophes »... sur une civière (le 17 janvier 1986) ! L'éditeur, André Balland, raconte : « Elle s'était fait renverser par une voiture le dimanche précédant " Apostrophes " : triple fracture du bassin, hospitalisation à l'Hôtel-Dieu. A peine sortie du coma, elle m'a dit : " Il n'est pas question d'annuler mon passage à ' Apostrophes ' ; j'irai en ambulance ! " Ce qu'elle fit. Malheureusement, elle était pâle et bourrée de tranquillisants, ce qui a incontestablement desservi sa beauté et son élocution. Sa prestation a plutôt nui à la carrière du livre ! »

Les commerciaux, « près du terrain », connaissent parfaitement le profil de l'auteur qu' « Apostrophes » peut contribuer à faire vendre, et aussi celui de l'auteur qui n'a aucune chance ! Jean-Michel Damase, confrère d'Yvan Arzure aux Messageries du livre, dresse leur portrait robot : « A chaque " Apostrophes ", il y a un auteur qui ramasse la mise sur le tapis. Il vendra son livre, pas les autres. Il faut que ce soit quelqu'un de pas trop intellectuel, qui ait le sens du conte, de la dramatisation. L'idéal, c'est un auteur comme Vincenot ! En revanche, l'auteur terne a peu de chances : pour lui, il vaudrait mieux refuser d'aller à l'émission. De la même façon, les auteurs étrangers qui s'expriment mal en français, ou qui ont besoin d'une traduction simultanée, passent très mal. Car cela casse le rythme de l'émission, et peut engendrer l'ennui. C'est un repoussoir total pour la vente ! Je comprends que Pivot évite d'inviter trop souvent des auteurs étrangers. Enfin, si une dispute éclate sur le plateau, l'agresseur n'a aucune chance de s'en sortir à son avantage, car les Français vont automatiquement prendre la défense de la victime. Il existe une exception, toutefois : c'est lorsque l'agresseur attaque, au nom de la justice, une thèse qui n'est pas défendable : Simon Leys contre Maria Antonietta Macciochi, par exemple. »

Autre « profil » très avantageux : l'auteur interviewé en tête à tête par Pivot pour un « Apostrophes spécial ». Jean Bussy, qui, au Seuil, s'occupe également de la diffusion des éditions Odile Jacob et des Editions de Minuit, a pu ainsi vérifier de près les « effets Apostrophes » sur les « spéciaux » Marguerite Duras, Françoise Dolto et François Jacob : « Ces émissions ont toujours un impact maximum. Ainsi, l'émission consacrée à François Jacob (le 30 janvier 1987) a bénéficié la même semaine d'une très forte couverture presse. Celle consacrée à Françoise Dolto (le 2 janvier 1987) a eu un impact sur tous les livres écrits par elle, et pas seulement sur le dernier. Le cas Duras, lui est exceptionnel (le 28 septembre 1984) : le " spécial Apostrophes " a donné une seconde vie à un livre (*l'Amant*) qui se vendait déjà très bien. Et l'attribution, plus tard, du prix Goncourt, lui a conféré une troisième vie ! De tels cas sont, hélas, rarissimes. »

Réimprimer est un investissement financier qui coûte d'autant plus cher que le délai imparti est bref. L'imprimeur peut, par exemple, facturer des heures supplémentaires. Parfois, il peut ne pas respecter ces délais trop courts, et, au plus fort de la demande, le livre est alors indisponible dans les librairies. Lorsque enfin la réimpression est livrée, l' « effet Apostrophes » est retombé, et le livre ne se vend plus. Ces cas — plus fréquents qu'on ne le suppose — peuvent, s'ils se répètent, faire perdre beaucoup d'argent à un éditeur. Car tout se joue en quelques semaines, voire quelques jours. Un « Apostrophes » chasse l'autre, et lorsqu'un livre n'est pas là au moment où l'on veut l'acheter, il est rare qu'on accepte de patienter quinze jours, sauf lorsque l' « effet Apostrophes » est relayé par d'autres médias.

Il arrive aussi que Pivot, pour les besoins d'une émission thématique, invite un auteur avant la sortie officielle de son œuvre. Dans ces cas-là, l'éditeur fait tout son possible pour avancer la date de sortie du livre, mais n'y parvient pas toujours. Le samedi, lorsque les téléspectateurs demandent le titre, leur libraire leur répond qu'il ne l'a pas encore reçu. Ce délai de quelques jours peut suffire à tuer dans l'œuf la carrière d'un ouvrage. Et comme Pivot essaie de coller au maximum à l'actualité — au besoin en la précédant — ce type de mésaventures arrive très souvent.

Ainsi, Luc Seguin, directeur adjoint de la librairie Arthaud, à Grenoble, raconte : « Le document de David Girard, *Cher David* (Ramsay), passé à " Apostrophes " le 11 avril 1986, nous a été demandé le lendemain par plusieurs personnes. Nous n'avons été approvisionnés qu'une semaine plus tard ; l'effet avait eu le temps de retomber et tous les volumes nous sont restés sur les bras. » Le même sort a failli guetter le roman de Sébastien Japrisot, *la Passion des femmes* (Denoël), invité à « Apostrophes » le 29 août 1986 avant que la mise en place de son roman ne soit terminée. Dans son cas, l' « effet Apostrophes » fut relayé par la presse, ce qui a permis aux acheteurs de patienter. Pour un Japrisot, combien de livres et d'auteurs sont tombés dans l'oubli pour quelques jours de retard dans l'impression et la livraison !

Ce que les diffuseurs n'apprécient pas du tout, pour cette raison précise, ce sont les « auteurs-surprises », programmés au dernier moment ; dans ces cas-là, les représentants n'ont pas le temps de prévoir une mise en place en conséquence, et le public risque de ne pas trouver l'ouvrage en librairie. Jean Bussy, au Seuil, explique que « Françoise Dolto, avant que Pivot n'annonce qu'il lui consacrait un “ Apostrophes spécial ”, devait venir le 14 novembre 1986 pour “ Les livres du mois ”. C'est Francine Cockenpot qui l'a remplacée au pied levé. Comme Pivot a pris cette décision au tout dernier moment, nous n'avons pu faire une mise en place du livre de Francine Cockenpot, *l'Agresseur*, qu'à la dernière minute. Eh bien, l'impact sur les ventes s'est fait sentir avec huit jours de retard, alors que généralement nous sommes fixés dès le lundi ou le mardi suivant. »

La formule des « Livres du mois », inaugurée le 10 janvier 1986, et qui compte toujours un ou plusieurs « invités-surprises », ne facilite pas la tâche des commerciaux. « Les livres ayant une durée de vie de plus en plus courte, il ne faut surtout pas rater le démarrage. L' “ invité-surprise ”, c'est l'horreur ! Nous ne sommes prévenus qu'au dernier moment et le livre n'est souvent pas en place au lendemain de l'émission : lorsque le livre est enfin disponible, l'effet est retombé », déplore Pierre-Antoine Dupuy, chez Flammarion.

« Certains effets sont très courts : du samedi matin au vendredi suivant. D'autres durent plus longtemps, à condition que le relais soit pris par le bouche à oreille, la presse écrite ou d'autres émissions télévisées. Ainsi, la presse régionale et les stations régionales de FR 3 sont souvent à l'écoute de ce qui se passe à “ Apostrophes ”, et peuvent contribuer à accroître la durée de vie d'un livre », explique Alain Crochet, du CDE. Quant à Yvan Arzure, des Messageries du livre, il souligne que « les ventes d'impulsion représentent 60 % des ventes totales, contre 40 % pour les ventes de prescription. Cela signifie que plus on met de livres en place, et plus on a de chances de les vendre. Il s'agit d'un effet quasiment mécanique, mais qui est à double tranchant, car plus on met en place, et plus on a de chances d'avoir des retours ! »

Les retours : de plus en plus, ils sont les bêtes noires de l'édition moderne. Dans son ouvrage *Editeurs aujourd'hui* (Retz), Philippe Schuwer note que « le taux de retour moyen atteint 30 % » c'est-à-dire (si l'on exclut les ouvrages ne bénéficiant pas de cette facilité) qu'un livre sur deux est renvoyé à l'éditeur ! Est-il besoin de préciser que ce coût retentit sur le prix du livre, environ 3 % dans les meilleurs cas. L'effet pervers du système est d'inciter l'éditeur à publier plus de titres, les derniers parus assurant sa très provisoire trésorerie, puisque le libraire est crédité après reconnaissance des invendus. Dans tous les pays, ce mal sévit : on concède aujourd'hui des sur-remises pour non-retour ! »

Incontestablement, « Apostrophes » a contribué à accélérer cet « effet pervers », en suscitant des remises en place automatiques, qui elles-mêmes suscitent des retours et contribuent à une inflation artificielle des titres. En outre, le critère de remise en place d'un livre étant lié à « Apostrophes », cela dessert les 97 % de livres qui n'y passent pas ! Non seulement bon nombre de ces ouvrages ne bénéficient pas de ces remises en place, mais il arrive que les colis d' « offices » (envois automatiques aux libraires avec faculté de retour) ne soient même pas déballés et soient renvoyés tels quels à l'éditeur !

Ainsi que le remarque Philippe Schuwer : « Si c'est un lieu commun de dire que nous vivons en accéléré depuis deux ou trois décennies — et la pression de tous les médias amplifie cette carence — le temps partagé dans la maison d'édition entre tous les protagonistes subit aujourd'hui cette instantanéité du jugement, du verdict rendu, de la prise de décision sur l'avenir immédiat d'un auteur, d'un livre, d'une collection. » (Op. cit.)

Même en ce qui concerne ces quelques privilégiés, l' « effet Apostrophes » est relatif. Yvan Arzure, des Messageries du livre, remarque : « Depuis trois ans, le phénomène des " best-sellers " a diminué d'ampleur, même lorsque les livres ont bénéficié d' " Apostrophes ". Avant, les best-sellers " tournaient " autour de 150 à 200 000 exemplaires; à présent ils se situent plutôt dans la frange des 60 à 150 000 exemplaires. Le dernier grand best-seller de la saison, c'est *Dans le secret des princes* de Christine Ockrent et Alexandre de Marenches (Stock, plus de 400 000 exemplaires). Sans " Apostrophes " (le 5 septembre 1986), le livre se serait tout de même vendu, car il a bénéficié du soutien de toute la presse et de toutes les grandes émissions de télé. Il y a eu aussi *Jean de Florette* et *Manon des sources* de Pagnol (plus d'un million et demi d'exemplaires, toutes éditions confondues !), mais il faut avouer que l'impact a été lié à la sortie et au succès du film de Claude Berri, et non à la prestation d'Yves Montand qui était venu parler de la réédition de ces romans à " Apostrophes " quelques mois auparavant (le 30 mai 1986). » Jean-Michel Damase, des Messageries du livre, fait la même analyse : « L'effet culminant d' " Apostrophes ", on pourrait le dater de l'émission du 5 février 1982, intitulée " Cinq femmes d'aujourd'hui ". En effet, les cinq auteurs femmes présentes ce soir-là (parmi lesquelles se trouvait Brigitte Lozerec'h, qui avait écrit *l'Intérimaire*, publié par J.-J. Pauvert et Julliard), ont toutes vu leurs ventes démarrer en flèche à la suite de l'émission. Ce cas, à ma connaissance, ne s'est plus jamais reproduit depuis. » Jean-Louis Besse, d'Hachette, qui animait alors la force de vente de Grasset et Lattès, se souvient également de cette émission : « C'est vrai, les livres de ces cinq femmes se sont vendus comme des petits pains et on a cru au pouvoir magique d' " Apostrophes ". Toute l'année 1982 d' " Apostrophes " a été formidable : *Toujours plus*, de De Closets

(Grasset, le 11 juin 1982), *le Nabab* d'Irène Frain (Lattès, le 5 mars 1982) ou *le Petit Perret illustré* (Lattès, le 29 octobre 1982). » Alain Crochet, du CDE, confirme : « Depuis quatre ans, la vapeur est tombée. En 1983, par exemple, nous avons eu plusieurs auteurs, publiant dans des maisons d'édition moyennes, pour qui il s'agissait de la chance de l'année. Or, il ne s'est rien passé du tout ! Auparavant, certains de ces auteurs auraient pu tirer leur épingle du jeu ; et là : pas un seul ! Je crois en effet que l' " effet Apostrophes " est en train de tomber. Pourtant, même s'il est moins important qu'il y a trois ou quatre ans, l'impact d' " Apostrophes " reste inégalé, et si l'émission arrêtait, on pleurerait tous ! »

Du point de vue de la promotion publicitaire, l'éditeur qui a décroché un « Apostrophes » se montre généralement plus généreux que de coutume. Il va multiplier les placards dans la presse : « Le... à " Apostrophes " », puis : « Vu à " Apostrophes " », comme autant de labels de qualité.

Pour la plupart des éditeurs et des auteurs, la publicité est en effet un luxe inabordable, car beaucoup trop onéreux en considération des bénéfices qu'il est raisonnable d'attendre de la vente de la plupart des livres. Si l'on exclut les spots télévisés (interdits aux éditeurs) et l'affichage (trop onéreux), il ne reste d'ailleurs qu'une forme privilégiée de publicité littéraire : il s'agit des « placards » achetés dans la presse spécialisée, hebdomadaire et quotidienne, illustrés généralement par la couverture du livre ou la photo de l'auteur, et accompagnés de quelques commentaires élogieux formulés par des critiques littéraires en renom et judicieusement sélectionnés. Un tel placard publié à la « une » du *Monde* daté du vendredi, qui comporte un supplément littéraire *(Le Monde des livres),* assorti de la mention : « Vendredi à " Apostrophes " » ou, quelques semaines après, agrémenté d'une petite phrase prononcée par Pivot à « Apostrophes » ou écrite dans *Lire,* représente, paraît-il, un excellent moteur pour la vente. Il en coûtera toutefois autour de 34 400 F pour un pavé de 200 mm ! (source : *Le Monde,* tarif 1987). Vidé de toute référence à « Apostrophes », un tel placard perd subitement une grande partie de son impact, et l'éditeur hésitera à se l'offrir.

Les autres supports à la disposition des éditeurs ne sont pas plus économiques : la page intérieure en noir et blanc se paye 47 000 F dans *Le Nouvel Observateur,* 90 000 F dans le supplément littéraire du lundi du *Figaro,* 106 000 F dans le *Figaro Magazine,* 136 000 F dans *Le Monde* et 153 000 F dans *France-Soir. La Quinzaine littéraire* est plus abordable (9 800 F la page noir et blanc), ainsi que *Livres-Hebdo* (5 700 F), mais ces publications ont une diffusion beaucoup plus ciblée et confidentielle que les grands journaux et magazines d'information (tous ces tarifs sont applicables en 1987).

Les faits sont patents : les éditeurs n'ont pas les moyens de faire de la publicité pour tous leurs livres. Le budget publicité d'une maison d'édition est donc généralement destiné à soutenir la vente d'un livre dont le démarrage a déjà été amorcé, grâce notamment aux papiers de la presse écrite et, avant tout, grâce à la consécration d' « Apostrophes ». Lorsqu'on a la chance de « décrocher un Pivot », l'essentiel est, comme on l'a vu, d'entretenir dans le temps un effet par définition éphémère. Une semaine après « Apostrophes », tous les lecteurs potentiels auront oublié le livre, si un relais n'est pas pris dans la presse écrite (critiques et placards publicitaires) pour ranimer la mémoire défaillante du lecteur. Un seul exemple, parmi des centaines : Madeleine Chapsal est passée à « Apostrophes » le 7 novembre 1986, pour *la Maison de jade* (Grasset). L' « effet " Apostrophes " » fonctionne à plein dès le lendemain, relayé par le bouche à oreille et les critiques de la presse écrite. Trois semaines après, afin de soutenir cet « effet » au moment où il va commencer à décroître, paraît à la « une » du *Monde* daté du dimanche-lundi (30 novembre-1er décembre 1986), un « placard » publicitaire avec la photo de Madeleine Chapsal, la couverture de son livre et le « jugement » suivant : « J'ai été impressionné, très chahuté par ce livre », proféré par Bernard Pivot à « Apostrophes ».

Philippe Schuwer, dans *Editeurs aujourd'hui* (Retz), note

que si la publicité est extrêmement variable selon la maison d'édition et la catégorie de l'ouvrage, elle a globalement doublé en dix ans, passant de 2,2 % du chiffre d'affaires en 1974 à environ 5 % en 1984 (soit la moitié du montant des droits d'auteurs !). Certains auteurs exigent même de leurs éditeurs qu'ils stipulent par contrat le pourcentage de publicité qui sera attribué à leurs livres ! Pour les maisons de littérature générale, ce budget publicitaire renforcé (qui contribue à augmenter le prix du livre et grève les charges d'exploitation) est en large partie concentré sur quelques titres et quelques auteurs par an parmi lesquels, en majorité, se compteront les élus d' « Apostrophes ».

Economiquement, si « Apostrophes » accélère la demande des livres, elle en accélère aussi l'inflation (inflation de titres et hausse des prix par la publicité) et en réduit la marge nette (augmentation des retours, augmentation des charges : publicité, promotion, augmentation du nombre des attachés de presse). En période de croissance et d'inflation, l' « effet Apostrophes » a un impact positif sur la vente des livres. En période de crise et de baisse du pouvoir d'achat, les effets pervers apparaissent. Voilà sans doute pourquoi les professionnels de l'édition commencent à se méfier, depuis cinq à six ans (baisse de l'inflation, apparition de la crise), des effets économiques d'une émission qui les avait toujours « poussés » par le passé (inflation forte, mais croissance).

Certes, si l'édition va mal, si la crise sévit et si les lecteurs estiment que le livre est trop cher, on ne peut décemment pas en imputer la faute à « Apostrophes ». Néanmoins, à cause de l'effet accélérateur d' « Apostrophes », les plaies conjoncturelles de l'édition en sont ravivées d'autant. D'ailleurs, Bernard Pivot le tout premier a conscience de la crise qui agite l'édition française. Voici le constat qu'il dresse dans ses « carnets » de *Lire*, en janvier 1986 : « Signe clinique le plus spectaculaire de cette mauvaise santé : le retour massif à l'éditeur des livres qu'il a envoyés aux libraires. Surtout, les boomerangs reviennent de plus en plus vite. Si, au cours des trois ou quatre semaines après sa mise en vente, un livre ne démarre pas, il est impitoyablement retourné à l'envoyeur. Les éditeurs affirment même que les réexpéditions immédiates, sans que la couverture ait été exposée aux yeux du public, sont de plus en plus nombreuses. Que font alors certaines maisons d'édition pour assurer malgré tout leur chiffre d'affaires ? Elles hâtent la publication de quelques ouvrages, elles en mettent donc davantage sur le marché. Excédés par l'avalanche, les libraires sont tentés de garder moins de livres, d'en retourner plus, de plus en plus vite... Cycle infernal... Au contraire, plus un livre recueille la faveur du public, plus sa vente est favorisée, trompetée, prolongée. La fosse se creuse entre, d'un côté, les best-sellers et, de l'autre, les livres qui ne peuvent même pas faire la manche. »

Bernard Pivot sait fort bien, au demeurant, que la meilleure façon pour un livre de voir sa vente « favorisée, trompetée, prolongée », c'est justement d'obtenir « Apostrophes » ! Il note, toujours dans ses « carnets » : « Toute l'année, à certains signes, j'ai pu constater la réalité de la crise de l'édition. Pour exemple, j'ai reçu beaucoup de lettres d'auteurs me demandant carrément d'être invités à “ Apostrophes ”, alors que ces suppliques aussi désagréables à lire qu'à écrire, étaient encore, en 1984, très rares. Pour la première fois des éditeurs ne m'ont pas caché leur agacement, et même leur irritation, parce que je n'avais pas retenu un livre sur lequel ils avaient bâti des rêves sonnants et trébuchants. » (*Lire,* op. cit.)

On touche là au cercle vicieux : en effet, on pourrait reprocher à Bernard Pivot ce cynisme — ou cette naïveté — consistant à déplorer un état de fait qu'il a lui-même, avec « Apostrophes », concouru à créer. Pivot serait un peu dans la situation de cet homme qui, après avoir mis le feu à sa maison et coupé l'arrivée d'eau, appellerait les pompiers au secours. Oui, mais, d'un autre côté, la suppression d' « Apostrophes » n'aurait-elle pas un effet encore plus débilitant sur l'édition ? Bernard Pivot serait donc à la fois pompier et pyromane, sauveur et fossoyeur de l'édition française. « Apostrophes » aurait les mêmes qualités et défauts que le sucre : un apport d'énergie rapide mais éphémère, créant un état d'accoutumance, et développant l'obésité et le diabète. « Apostrophes » serait l'opium, non pas du peuple, mais de l'édition : une panacée, un remède absolu, qui s'avère trop souvent éphémère et illusoire, et dont le sevrage brutal est mortel. Voici une thèse, défendue par des professionnels pessimistes : l'édition, assurément, est malade d' « Apostrophes », ou plus exactement droguée : avec « Apostrophes », c'est la mort lente ; sans « Apostrophes », c'est la mort rapide.

Pessimisme ? Fatalisme ? Peut-être. Il n'empêche : il y a trente ans, un romancier s'estimait satisfait s'il touchait 3 000 lecteurs ; Samuel Beckett a fait toute sa carrière avec un auditoire encore plus faible. En 1857, Baudelaire n'a vendu que 1 200 exemplaires des *Fleurs du mal*. En portant le livre et la littérature sur la place publique, à l'attention du grand public, la télévision et « Apostrophes » ont contribué à créer un auditoire nouveau, plus vaste mais moins fidèle. Auteurs et éditeurs se sont habitués à compter en dizaines de milliers de lecteurs, puis en centaines de milliers, parfois en millions. Ces best-sellers sont à la merci de la crise, de la baisse du pouvoir d'achat, de l'augmentation du chômage. Du jour au lendemain, le soufflé retombe. Demeurent les 3 000 lecteurs fidèles, qui avec ou sans « Apostrophes » achèteront et liront toujours des livres, car telle est leur passion. Emballée, la machine éditoriale ne peut plus se contenter d'aussi petits tirages. Il est trop tard. Pour assurer sa survie, l'édition frôle chaque jour l'overdose.

5. *Cinquième cercle : les libraires*

Souvent qualifié de « premier libraire de France », Bernard Pivot, qui adore les farces, s'est un jour déguisé en libraire caricatural, vêtu d'une blouse grise, et conseillant tel ou tel livre aux clients, tandis qu'une caméra cachée saisissait cette situation surréaliste. Un extrait en fut diffusé à l'antenne lors de la « 500e » d' « Apostrophes ». Le plus drôle est que les clients ne s'étonnèrent pas le moins du monde de voir l'animateur d' « Apostrophes » mettre la main à la pâte en vendant lui-même les livres qu'il présente à la télévision. L'un d'entre eux lui demanda même de signer le livre qu'il venait d'acheter, comme si Pivot en avait été l'auteur !

Pourquoi pas ? Après tout, le cahier des charges d'Antenne 2 stipule bien qu' « Apostrophes » a une vocation pédagogique : encourager les Français à lire, et une fonction commerciale : assurer la promotion des livres, produit culturel par ailleurs interdit de publicité à la télévision. Les libraires, qui pour la plupart d'entre eux jouent à fond sur l' « effet Pivot » en dressant chaque vendredi des tables spécialement réservées aux livres présentés le soir même à « Apostrophes », achèvent de provoquer dans l'esprit de leur clientèle le fameux stimulus-réponse : « Apostrophes » = librairie. De là à croiser Pivot, vêtu d'une blouse grise, vendant à la criée le dernier Kundera, il n'y a qu'un pas.

Interrogé sur sa fréquentation des librairies (lorsqu'il ne joue pas à la « caméra invisible » !), Bernard Pivot répondit récemment : « Je ne pénètre jamais dans une librairie ; ce serait de la provocation. D'ailleurs, je reçois tous les livres à domicile. » Cependant, il n'a pas toujours adopté la même stratégie à l'égard des libraires. Interviewé par la *Bibliographie de la France* en 1976, il répondit : « J'ai de bons contacts avec les libraires et les maisons de la presse. Je recherche ces contacts. Il m'arrive souvent, quand je suis dans une ville de province, de m'arrêter chez le libraire, et comme évidemment mon petit nez est connu, il est facile de nouer les conversations. Je m'intéresse aux ventes, à ce qu'ils attendent d'une émission, à leurs griefs, leurs remarques, leurs reproches, leurs félicitations aussi... Donc, c'est un contact utile. » Il précisait même : « Les éditions du Seuil m'ont invité plusieurs fois à rencontrer leurs libraires qu'elles prient à des séminaires de temps en temps à Paris. Généralement ils sont une trentaine. Cela est très sympathique. Et puis à Nice, au dernier festival [du livre], j'ai eu le plaisir d'animer le débat des maisons de la presse. »

« Apostrophes » n'avait qu'un an d'existence, à l'époque, et Pivot avait besoin de l'appui des libraires pour affirmer la crédibilité de son émission. Certains d'entre eux, dès cette époque-là, commencèrent à bâtir des vitrines et des tables « Apostrophes », avec un succès qui n'a cessé de croître depuis.

Les librairies du grand magasin « Le Printemps » sont allées plus loin puisqu'elles ont conclu en 1982 un accord avec « Apostrophes » et le journal *Lire* afin de mettre sur pied des actions communes de promotion. Ainsi, tous les vendredis soir, le photographe Louis Monnier est présent — avec quelques-uns de ses collègues — sur le plateau d' « Apostrophes ». Il prend des clichés des auteurs invités ce soir-là, puis les développe et les tire dans la nuit. Le samedi matin, ces photos agrandies sont disposées dans les librairies du « Printemps », au-dessus des livres des auteurs ainsi portraiturés. Jean de Montozan, responsable de la stratégie de la librairie et du rayon des disques du « Printemps », se réjouit de cette expérience qui porte ses fruits depuis six ans : « Le chiffre d'affaires de la librairie a nettement augmenté depuis que nous avons mis au point cette animation, et nous sommes tout à fait disposés à continuer dans cette voie. » Télégénie oblige : le public peut avoir oublié le nom de l'auteur, celui de l'éditeur, le titre et le sujet de l'ouvrage, mais il reconnaîtra aussitôt la physionomie du monsieur ou de la dame qui a su si bien parler et l'émouvoir à la télévision ! Résultat : grâce aux photos et aux tables « Apostrophes », les ventes des librairies du « Printemps » ont quadruplé en deux ans !

Avec le journal *Lire,* « Le Printemps » a monté une autre opération spécifique : la « Fête du livre », chaque année au mois de janvier (depuis 1982). C'est à la librairie du « Printemps » que Bernard Pivot livre en direct le classement des « 20 meilleurs livres de l'année » élus par la rédaction de *Lire*. José-Marie Boivin, collaborateur de Jean de Montozan, remarque : « Pour nous, le choix du mois de janvier pour organiser la “ Fête du livre ” n'est pas judicieux : c'est en effet un mois très difficile commercialement, puisqu'il se situe après les fêtes de fin d'année. D'un autre côté, on voit mal *Lire* établir son classement annuel dès le mois de septembre, ou au mois de mars suivant ! De toute façon, Pivot n'accepterait pas de se laisser influencer par des arguments commerciaux qui pourraient laisser supposer une collusion entre *Lire,* “ Apostrophes ” et “ Le Printemps ”. » Mme Pellegrin, responsable du rayon librairie du « Printemps-Haussmann », fait le bilan des « effets Apostrophes » sur la vente des livres de la librairie : « “ Apostrophes ” a eu une incidence très forte sur les livres d'histoire, les biographies et les documents, ainsi que sur les livres d'un auteur invité en tête à tête par Pivot au cours d'une émission spéciale. Les sujets “ légers ” (le corps, le sexe) bénéficient aussi beaucoup de l'impact d' “ Apostrophes ”, mais aussi les livres religieux, à la suite des “ Apostrophes ” programmés le Vendredi Saint ! Ce type d'ouvrages se porte beaucoup mieux depuis quelques années. En revanche il y a des secteurs de l'édition qu' “ Apostrophes ” parvient moins bien à lancer : les premiers romans, les livres de sciences humaines. Il y a aussi les sujets qui ne sont jamais abordés : les livres d'enfants, par exemple. Nous avons remarqué aussi que les " invités-surprises " des " Livres du mois " avaient un rendement faible, sauf le chanteur Renaud ! »

Les librairies de la FNAC, même si elles n'utilisent pas les « tables Apostrophes », suivent de très près l'impact d' « Apostrophes ». Jean-Paul Coumont, directeur-adjoint des livres à la FNAC, remarque : « La prise minimale par magasin d'un livre qui passe à " Apostrophes " est de 30 unités. Cela peut être beaucoup plus : 100, 200, voire 500 si le livre est très attendu : un essai de François de Closets, par exemple. » Premier libraire de France, la FNAC offre en outre l'intérêt de susciter très peu de retours : « A la FNAC, nous avons un taux de retour de 1 % à Paris et de 2 % en province, alors qu'il est de 20 % chez les libraires traditionnels, parfois plus ! Et pourtant nous avons 120 000 titres à la FNAC-Montparnasse ! Il arrive que certains " Apostrophes " génèrent des retours, ou bien, au contraire, nous avons sous-estimé l'impact et dès le samedi midi nous sommes en rupture de stock ! Heureusement, nous sommes réapprovisionnés dès le lundi matin. » Comme l'ensemble des libraires et des diffuseurs, Jean-Paul Coumont déplore les « invités-surprises » des « Livres du mois » : « C'est un drame pour nous, car nous n'avons pas le temps de nous " couvrir ". Cela peut également nous arriver lors d'une diffusion : un soir de grève, Pivot a reprogrammé un " Apostrophes " avec Henri Vincenot. Le lendemain matin, nous avons été dévalisés. La FNAC-Montparnasse ouvrait à 10 heures. A 10 h 10, il n'y avait plus un seul Vincenot dans les rayons ! » De la même façon, un 1er avril, Bernard Pivot parla à l'antenne d'un livre intitulé *le Vrai dans le faux et le faux dans le vrai*, attribué à l'humoriste Raymond Devos. Le lendemain matin, les gens se ruèrent dans les librairies et ils exigèrent « le livre de Devos ». Les libraires, qui n'étaient pas au courant de la sortie de cet ouvrage, téléphonèrent en vain aux éditeurs. Personne n'avait entendu parler du livre, pas même Raymond Devos lui-même ! Bernard Pivot finit par vendre la mèche : il s'agissait d'un poisson d'avril, et le livre n'existait pas.

Luc Seguin, directeur adjoint de la librairie Arthaud, à Grenoble (150 000 références, 55 millions de chiffre d'affaires, 2 000 m^2 de surface de vente sur trois niveaux, deuxième librairie de la région Rhône-Alpes, avec la librairie Decître, derrière la FNAC-Lyon), a fait réaliser une enquête de motivation d'achat dans ses rayons, qui montre qu' « Apostrophes » est invoqué par une personne sur cinq : « Le concurrent d' “ Apostrophes ”, ce n'est pas le libraire traditionnel, mais les clubs de livres tels que “ France Loisirs ” ou “ Le Grand Livre du mois ”. Aussi sommes-nous contraints d'exploiter au maximum l' “ effet Apostrophes ” si nous voulons conserver notre part de marché. » Pourtant la librairie Arthaud ne fait pas de « table Apostrophes », mais place les livres présentés à « Apostrophes » en tête des gondoles concernées : Histoire, Littérature, Documents, etc. Une façon habile d'obliger les gens à visiter la librairie et à consulter des rayons différents : « Lorsqu'il y a une “ table Apostrophes ”, les gens n'ont qu'à tendre la main, payer et s'en aller avec leur livre. Tandis que chez nous ils doivent chercher un peu, flâner, prendre le temps de consulter les autres ouvrages du même rayon que celui où se situe un livre d' “ Apostrophes ”. Par exemple, nous avons placé *le Livre du point de croix* de Geneviève Dormann et Régine Deforges (Albin Michel/Régine Deforges) dans le rayon Beaux-arts et dans le rayon Travaux manuels. Ainsi les gens ont pu voir qu'il existait d'autres livres sur ce sujet ou sur des sujets voisins : “ Apostrophes ” peut ainsi nous permettre de générer des ventes sur des livres qui ne sont pas passés à l'émission ! » En revanche, la conjonction « Apostrophes »-auteur connu n'est pas toujours payante : « Pour la rediffusion de l'émission consacrée à Simone Signoret (“ Apostrophes ” du 5 novembre 1976, pour *la Nostalgie n'est plus ce qu'elle était*, au Seuil, rediffusée le 8 août 1986), nous avions fait des commandes, mais nous n'avons vendu aucun livre. De même — et c'est triste à dire —, le décès de Georges Dumézil a eu un impact plus fort sur ses ventes que son “ Apostrophes spécial ” d'été (le 18 juillet 1986) ! »

Combien de temps dure l' « effet Apostrophes » chez les libraires ? C'est très variable. Si l' « effet » prend, le gros des ventes sera réalisé le samedi qui suit l'émission. Luc Seguin remarque : « Si les gens pouvaient acheter le livre dès le vendredi soir, ou le commander par téléphone ou par minitel au cours de l'émission, l'impact serait encore plus fort ! En revanche il suffit qu'il pleuve le samedi pour que nous perdions 20 % de notre clientèle ! » L'impact est également lié aux saisons : la période la plus favorable est la fin de l'année ; en revanche les vacances d'été sont moins propices.

Si les ventes n'ont pas décollé le lundi ou le mardi suivant, le livre sera impitoyablement chassé des « tables Apostrophes » au profit des lauréats du vendredi suivant. L'impact d' « Apostrophes » auprès des lecteurs ne se résume pas à ces achats d'impulsion du lendemain : souvent, des clients demandent au libraire un livre présenté à « Apostrophes » plusieurs mois auparavant. C'est pourquoi les libraires conservent souvent une liste des plateaux d' « Apostrophes » de l'année écoulée, afin de satisfaire le client qui généralement leur dit : « Je ne me souviens ni du titre, ni du nom de l'auteur, je sais simplement que je l'ai vu à " Apostrophes " il y a six mois. » A la librairie Decître, à Lyon, ou à la librairie de l'Université, à Grenoble, on tient ainsi un « cahier Apostrophes », destiné à rafraîchir la mémoire des clients.

Marie-Pierre Galley, gérante de la librairie Compagnie, rue des Ecoles, à Paris, tient ses stocks et ses ventes de livres de façon informatisée, ce qui lui permet de suivre de très près les effets d' « Apostrophes » : « Généralement nous avons quelques ventes la semaine qui suit l'émission, puis cela disparaît. Pour que l'effet dure, il faut qu'un relais soit assuré par les autres médias et la presse écrite. Et même dans ce cas, la durée de vie du livre se raccourcit de plus en plus : un mois, deux mois, trois mois maximum. Ainsi, le best-seller de la rentrée, le " Ockrent-Marenches ", paru en septembre, a fait toute sa carrière en moins de trois mois. »

Françoise Prunère, qui a la responsabilité du groupement

« L'Œil et la lettre », qui réunit dix-neuf librairies de France, remarque que l' « effet Apostrophes » a culminé entre 1981 et 1984 : « Nous avons eu des lancements formidables grâce à " Apostrophes ". Pour *Toujours plus !* de François de Closets (Grasset, " Apostrophes " du 11 juin 1982) et *le Nom de la rose* d'Umberto Eco (Grasset, " Apostrophes " du 23 juillet 1982), on pouvait préparer les paquets cadeaux à l'avance ! A Noël, les gens n'achetaient que ça, pour offrir. Et je songeais aux malheureux qui allaient se retrouver, le jour de Noël, avec deux ou trois exemplaires de chaque livre ! Avant " Apostrophes ", les gens auraient davantage songé aux goûts de la personne à qui elles voulaient faire un cadeau ou auraient demandé conseil au libraire. Quant à la jolie France Huser (invitée le 14 janvier 1983 pour *la Maison du désir*, Le Seuil), elle a touché un public essentiellement masculin, ce qui a même provoqué des scènes de ménage ! Les femmes me disaient : " Qu'est-ce qu'on lui trouve de si bien, à cette fille ? " A une séance de signature, j'ai dit à France Huser : " S'il y a une augmentation des divorces en France, ce sera dû en partie à vous ! " » Aujourd'hui, Françoise Prunère estime que l' « effet Apostrophes » s'est émoussé : « Beaucoup de lecteurs ont acheté, à la suite d'une bonne prestation de l'auteur à " Apostrophes ", des livres trop difficiles pour eux : Emmanuel Le Roy Ladurie, Vladimir Jankélévitch, Claude Hagège. Même si " Apostrophes " n'est pas toujours une émission " intellectuelle ", il arrive souvent que les ouvrages présentés ne correspondent pas à la capacité de lecture du public. Alors les gens sont déçus et, la fois suivante, ils y regardent à deux fois avant d'acheter le livre. En outre, la formule d' " Apostrophes " est usée ; elle fonctionne depuis trop longtemps. »

Pierre Péju, qui dirige la librairie « La Proue » à Lyon, est, quant à lui, beaucoup plus violent. « " Apostrophes " est l'émission qui a fait le plus de mal à la littérature. Elle contribue à faire disparaître la forme littéraire, la vraie littérature, la poésie. En Italie, on tire les recueils de poésie à 35 000 exemplaires ; ce sont des best-sellers ! Et même si " Apostrophes " fait connaître de bons livres de littérature, c'est généralement pour de mauvaises raisons : les gens qui ont vu Duras interviewée par Pivot ont cru que *l'Amant* était un roman sentimental, façon Harlequin ! » Inutile de préciser que Pierre Péju n'a pas de « table Apostrophes » dans sa librairie : « Je préfère conseiller directement mes clients sans utiliser d'intermédiaires : c'est ainsi que je me représente la fonction du libraire ! Ceux qui se contentent des choix d' " Apostrophes " ou de la liste des best-sellers de *L'Express* pour écouler leur marchandise ne sont pas des libraires, ce sont des vendeurs de supermarché ! C'est ainsi que l'on diminue la curiosité des gens, qu'on les frustre de la découverte personnelle d'un livre inconnu, du plaisir de la flânerie dans les rayons d'une librairie et des discussions avec le libraire. D'ailleurs, " Apostrophes " n'a jamais eu pour but de créer de nouveaux lecteurs, comme jadis " Lectures pour tous " de Desgraupes, Dumayet et Max-Pol Fouchet, ou " Post-Scriptum " de Michel Polac, mais uniquement de créer de nouveaux téléspectateurs ! »

Françoise Prunère ajoute : « Le phénomène des best-sellers existait avant " Apostrophes ", mais il portait sur quelques ouvrages très populaires, du style *Au nom de tous les miens* ou *Papillon*. " Apostrophes " a contribué à créer une nouvelle vague de best-sellers, plus recherchés littérairement que les premiers, mais dont le succès s'est banalisé. La qualité moyenne a augmenté, mais au détriment des livres purement littéraires dont on ne parle jamais. Bien sûr il y aura toujours des lettrés qui resteront à l'affût de tout ce qui paraît d'intéressant, mais la grosse majorité des gens se polarisent sur les quelques titres qui émergent d' " Apostrophes ". Au sein de notre groupement qui compte 19 libraires, nous avons remarqué que sur cinq bonnes ventes, quatre sont conseillées par les médias, une par le libraire. A terme, le succès d'une émission comme " Apostrophes " peut signifier la mort du libraire traditionnel au profit des grandes surfaces. »

Sidney Habib, gérant de la librairie Goulard, à Aix-en-Provence, a décidé de concurrencer ce pouvoir des médias et d' « Apostrophes » en créant, avec vingt-six autres librairies réparties dans les principales villes françaises, la formule des « livres clés du mois », annoncée lors du Salon du livre 1987 : chaque mois, l'ensemble de ces librairies votent pour élire cinq ouvrages qu'elles sont décidées à promouvoir, elles font paraître ces choix dans un certain nombre de quotidiens et d'hebdomadaires, avec lesquels elles ont négocié un achat d'espace global pour l'année ; enfin, elles font un effort particulier en faveur de ces livres : présentation en vitrine, présentoirs spéciaux, conseils du libraire. Initiateur de ce projet ambitieux, Sidney Habib souhaite, en imposant la notion de « libraire clé », redonner à cette profession le goût du conseil et de l'indépendance du choix : « Il ne suffit pas d'accuser " Apostrophes " et les médias d'avoir nivelé et banalisé les choix du public : encore faudrait-il que le public en question trouve auprès de son libraire un véritable guide, avec lequel il peut discuter, et non une machine à vendre le dernier livre dont tous les médias parlent. En défendant nos choix, par nos propres moyens, nous ne voulons pas nous substituer à Bernard Pivot ou Bertrand Poirot-Delpech, mais donner au public l'occasion de découvrir d'autres livres, qui ont pu être oubliés des médias, et aussi de renouer le dialogue avec le libraire, qui souvent est le mieux à même de le conseiller dans ses lectures. » Les choix des « libraires clés » ne sont pas faits contre ou en fonction d' « Apostrophes » : leurs choix recoupent donc en partie ceux de Bernard Pivot. Ainsi, parmi les cinq « livres clé » du mois de juin 1987, trois avaient déjà été présentés à « Apostrophes ». Le choix de ces libraires a donc permis d'attirer l'attention du public d' « Apostrophes » sur deux autres ouvrages : les derniers romans de Gabriel Garcia Marquez (*l'Amour au temps du choléra*, Grasset) et de Manuel Vasquez Montalban (*les Oiseaux de Bangkok*, Le Seuil).

6. *Sixième cercle (1) : les lecteurs*

Dans un jeu-test publié dans *Lire* de mars 1986, intitulé « Votre profil de lecteur », est posée la fameuse question : « Qu'est-ce qui peut vous faire acheter un livre ? » Le naïf qui répond en confiance : « Un passage de l'auteur à la télévision » se voit ainsi catalogué par l'auteur du test : « Vous ne savez pas pourquoi vous lisez, ou vous lisez ce qui est à la mode. » Voilà, certes, qui ne flatte guère le public d'« Apostrophes ». Les téléspectateurs venus à la lecture grâce à l'émission de Pivot seraient-ils irrémédiablement des snobs ou des imbéciles ?

« Apostrophes » est un spectacle, certes, mais dont l'objectif final, inscrit au cahier des charges, est de susciter dans le public le goût de la lecture et d'induire la vente de livres. Concernant le strict aspect commercial, nous avons vu que l'« effet Apostrophes » existait, même s'il ne fonctionnait pas à tous les coups. Acheter un livre et le lire sont des opérations bien différentes. Nous avons relevé, en effet, que l'essentiel des ventes de livres induites directement par le passage de l'auteur à « Apostrophes » se concrétisait par des achats d'impulsion, intimement liés à la télégénie et la prestation de l'auteur, ou aux conseils de Pivot lui-même. Pour prendre un exemple parmi cent, combien de téléspectateurs, envoûtés par la brillante prestation du linguiste Claude Hagège, le 6 décembre 1985, et qui dès le lendemain se sont rués dans les librairies pour acheter son livre, *l'Homme de paroles,* ont pu dépasser la vingtième page de ce livre très ardu et très spécialisé ? « Apostrophes », parfois, fait acheter. Mais fait-elle lire ?

On dit que les Français écrivent beaucoup mais lisent peu. Pourtant les statistiques récentes démontrent que le nombre de Français qui lisent ne cesse de croître depuis que Pivot officie sur nos antennes : ils étaient 40 % en 1972 ; ils sont aujourd'hui plus de 60 % (chiffres cités par la revue *Antennes*). En quinze ans, il est vrai que le nombre de titres publiés n'a cessé d'augmenter, offrant ainsi un choix plus large aux amateurs de lecture (et nous avons vu que cette inflation des titres était une des conséquences de l' « effet Apostrophes »). D'un autre côté, bon nombre de ces lecteurs se sont retrouvés noyés dans cette avalanche de titres, et ont pris l'habitude de s'en remettre au choix de prescripteurs : bouche à oreille, conseils du libraire, critiques de la presse écrite, « Apostrophes », placards publicitaires, listes de best-sellers publiées par les grands hebdomadaires.

C'est au cœur de cette ambiguïté qu'il faut sans doute rechercher les modifications profondes qu' « Apostrophes » et les médias ont apportées à la lecture depuis une douzaine d'années. Car si, quantitativement, « Apostrophes » a pu avoir une influence sur la lecture (en suscitant de nouveaux lecteurs ou en faisant lire davantage de livres), son influence a également été qualitative (en guidant le choix des lecteurs).

Deux remarques s'imposent toutefois : d'une part, concernant les pratiques de lecture, il existe fort peu d'enquêtes statistiques suffisamment fines pour permettre d'établir une corrélation directe avec l'impact d' « Apostrophes » ; d'autre part, l'influence d' « Apostrophes » sur la lecture agit comme une incitation et un accélérateur, relayés par d'autres facteurs indissociables : presse, bouche à oreille, etc. Ainsi, si un téléspectateur lit un livre parce qu'il a été présenté à « Apostrophes », la corrélation est directe. Si, ensuite, il conseille la lecture de ce livre à un ami, l'influence d' « Apostrophes » sera relayée par le bouche à oreille.

On peut constater, dans les bibliothèques municipales, les bibliobus ou les bibliothèques pour tous, un « effet Apostrophes » comparable à celui qui agit dans les librairies : les « nouveautés » récemment présentées à « Apostrophes » sont demandées en priorité par les adhérents, qui doivent souvent s'inscrire sur des listes d'attente avant d'avoir enfin accès au livre. D'un autre côté, les bibliothèques ne peuvent acquérir l'ensemble des nouveautés qui paraissent : leur sélection est donc intimement liée à l'actualité littéraire telle qu'elle est présentée dans les critiques de la presse écrite, les médias et « Apostrophes ». De même, dans des cahiers prévus à cet effet, les adhérents de bibliothèques peuvent inscrire des suggestions d'achats de livres : le plus souvent, ces dernières recoupent les titres d'ouvrages « dont on parle » dans les journaux ou à « Apostrophes ».

Même remarque en ce qui concerne les clubs de livres tels que « France Loisirs » (4 millions d'adhérents en 1986, plus de 26 millions de volumes distribués par an, soit 7,5 % de la vente totale des livres en France) ou « Le Grand Livre du Mois » : les titres retenus dans les sélections, destinés à toucher un large public, recoupent forcément les listes de best-sellers et les ouvrages présentés à « Apostrophes » (parus, aux termes de la loi, depuis au moins neuf mois). Ainsi, la « sélection du trimestre » de juillet à septembre 1987 de « France Loisirs », adressée systématiquement aux adhérents qui n'auraient pas opté volontairement pour un autre choix (vente minimale assurée : 300 000 exemplaires), est constituée de deux grands succès de la rentrée 1986 : *l'Etudiant étranger,* de Philippe Labro (Gallimard), Prix Interallié, sorti le 23 septembre 1986, présenté à « Apostrophes » le 3 octobre, 200 000 exemplaires vendus en trois mois (sources *Livres-Hebdo* et *Le Monde*), et *la Passion des femmes,* de Sébastien Japrisot (Denoël), sorti le 29 août 1986, présenté le jour-même à « Apostrophes », 150 000 exemplaires vendus (source *Le Monde*). S'agissant des best-sellers, « Apostrophes » n'est que l'un des rouages (bien qu'assurément pas des moindres) qui concourt à orienter la lecture.

Une analyse du classement des meilleures ventes de l'année, publiée chaque année par *Livres Hebdo* et réalisée sur quatre ans (1983 à 1986) permet de vérifier cette corrélation entre best-seller et passage à « Apostrophes » : sur la période considérée, 81,72 % des meilleures ventes de romans (soit 76 sur 93) et 72,22 % des meilleures ventes de non-romans (soit 65 sur 90) sont passés à « Apostrophes ». Et, dans la majorité des cas, le passage à « Apostrophes » a eu lieu très peu de temps après la sortie du livre (parfois le jour même !) ; quant à l'entrée du livre dans la liste des meilleures ventes, elle a lieu généralement une à deux semaines après « Apostrophes ». Comme le note Marianne Grangié dans *Livres Hebdo* du 5 janvier 1987 : « Tous les livres [que Bernard Pivot] choisit pour " Apostrophes " ne deviennent pas des best-sellers, mais presque tous les romans, les essais et les documents qui figurent sur les meilleures ventes sont passés à " Apostrophes ". D'où les larmes des " mal-aimés " de Bernard Pivot : livres d'art, livres pour enfants et autres bandes dessinées, très rarement remarqués par le journaliste préféré des téléspectateurs et des professionnels. »

Cet « effet best-seller », dont se félicitent les heureux bénéficiaires, est pour certains une véritable maladie, qui non seulement asphyxie l'édition, mais oriente, nivelle, banalise, abêtit et détruit la lecture. Marcel Jullian, par exemple, qui a engagé Bernard Pivot sur la 2e chaîne pour créer « Apostrophes », en 1975, dans le but de développer et d'améliorer la lecture en France, a parfois le sentiment d'avoir joué à l'apprenti sorcier lorsqu'il s'interroge sur les répercussions ultimes de l' « effet Pivot » : « Il est d'abord le résultat d'une maladie grave qui frappe le monde moderne, et (...) notre société française : c'est la " bestsellarisation ". Au lieu de s'intéresser à tout, on ne se préoccupe que de ce qui passionne (du moins les médias nous en persuadent) le plus grand nombre de personnes. C'est la loi de Panurge érigée, par McLuhan, en obligation culturelle. (...) A ce titre, Bernard Pivot, comme la liste des best-sellers de *L'Express*, mais avec l'avantage d'être arbitre et non compteur de moutons, est bien un fléau national. » (*Le Livre franc*, Jacques Chancel, Actes Sud.)

Cette vision pessimiste et globalisante (« la culture du plus grand nombre, c'est la mort de la culture » ; « la culture de masse ruine la culture cultivée ») s'oppose parfois, il est vrai, à une vision optimiste et individuelle : il suffit qu' « Apostrophes » ait provoqué la rencontre entre un livre et un lecteur pour que son rôle soit rempli. Ainsi, une attachée de presse raconte : « Les retombées d' " Apostrophes ", ce ne sont pas uniquement les retombées immédiates commerciales ; elles permettent aussi de favoriser la lecture : le lendemain du spécial Albert Cohen (" Apostrophes " du 23 décembre 1977), un chauffeur de taxi m'a dit : " Superbe ce M. Cohen ; ce matin j'ai cherché ses livres à la bibliothèque : ils ont tous été pris. Cela ne fait rien : je vais les acheter ! " Si " Apostrophes " a permis à un chauffeur de taxi de découvrir *Belle du Seigneur*, c'est qu'elle n'est pas une émission totalement nuisible, non ? »

Sixième cercle (2) : les téléspectateurs

Une étude intitulée « Médiastyle », entreprise par le Centre de Communication Avancée (C.C.A.) démontre qu' « Apostrophes » est l'émission la plus regardée par les « marginaux » qui regardent le moins souvent la télévision : les cadres, les hommes d'affaires, les étudiants. Un sondage réalisé par *Télérama* auprès des lycéens de 13 à 18 ans confirme ce point de vue : « Apostrophes » arrive en tête de leurs émissions préférées.

Une enquête du Centre d'Etudes d'Opinion, effectué du 3 au 9 octobre 1983, et portant sur les émissions de télévision sur les livres, révèle enfin que 44,9 % des possesseurs de télévision regardent souvent ou de temps en temps des émissions de télévision sur les livres (52,5 % les regardent rarement ou jamais). 25,7 % des téléspectateurs ont, au cours du semestre, acheté au moins un livre dont ils ont entendu parler à la télévision ; mais ce chiffre monte à 51,9 % si l'on ne prend en considération que les 44,9 % qui regardent souvent ou de temps en temps des émissions sur les livres ! Enfin, ceux qui regardent souvent de telles émissions sont avant tout des fidèles d'Antenne 2 (21,7 % regardent le plus souvent Antenne 2, contre 14,1 % TF1 et 12,8 % FR3) : preuve évidente de la suprématie d' « Apostrophes » !

Pourtant les taux d'écoute d' « Apostrophes », d'un bon niveau eu égard à une émission à vocation culturelle, ne sauraient rivaliser avec les émissions plus « grand public ». Depuis deux ans la moyenne annuelle d' « Apostrophes » se situe entre 8 et 10 % d'audience Audimat, alors que les émissions de Patrick Sabatier et les « Intervilles » de Guy

Lux font 30 % et plus. La vérité, c'est que la renommée d' « Apostrophes » dépasse de très loin son audience réelle. Si les téléspectateurs citent volontiers « Apostrophes » comme leur émission préférée, c'est parce que cela leur confère une aura intellectuelle et culturelle : il est de bon ton de se référer à l'émission de Pivot, même si on ne la regarde pas systématiquement.

Le taux d'écoute dépend bien évidemment de la notoriété des invités et du thème abordé, de ce qui est proposé sur les autres chaînes (la concurrence de TF 1 avec « Au théâtre ce soir » dans les premières années d' « Apostrophes » ou des émissions de variétés de Patrick Sabatier ou de Guy Lux récemment rejaillit sur le taux d'écoute de l'émission de Pivot), mais aussi de la nature du vendredi et de la saison. Un vendredi précédant un long week-end, ainsi que les « Apostrophes » d'été, voient leur taux d'écoute descendre à 5 % Audimat, alors que les « Apostrophes » de rentrée ou de fin d'année peuvent grimper au-dessus de 12 % ou 13 %.

Lorsqu'une chaîne concurrente retransmet un événement très grand public, comme la cérémonie des « 7 d'or », le taux d'écoute d' « Apostrophes » en pâtit obligatoirement. Le 25 octobre 1985, cette guerre du taux d'écoute prit une saveur particulière, puisque sur l'antenne de TF 1 trois « 7 d'or » venaient récompenser les talents de Bernard Pivot, à l'heure même où ce dernier animait son émission en direct sur Antenne 2 ! Et tandis que son ex-assistante Monique Wendling montait par trois fois sur la scène du Lido pour réceptionner les trophées du sculpteur Mathieu, l'heureux bénéficiaire de ces honneurs discutait de Sartre et de Céline avec ses invités. Pivot sur les deux chaînes, se concurrençant lui-même, voilà qui était original !

L'homme est un loup pour l'homme, dit-on. Il en va de même sans doute pour Pivot, car ces « 7 d'or » à lui si généreusement attribués portèrent un très mauvais coup au taux d'écoute d' « Apostrophes » ce soir-là : 4,2 % Audimat seulement, entre deux et trois fois moins que le score habituel ! Bernard Pivot s'en est plaint dans les colonnes de

Télé 7 jours (1er novembre 1986) : « La programmation de la cérémonie des 7 d'or est quand même pour moi catastrophique. Ce vendredi-là, TF 1 fait un maximum d'audience et, fatalement, " Apostrophes " en pâtit. Mon plus mauvais sondage de l'année 1985, c'est ce vendredi 25 octobre qu'il survint. Et tous ces professionnels de la télévision qui, en majorité, avaient voté pour moi, non seulement ce soir-là ne regardaient pas " Apostrophes ", mais, par leur présence au Lido et sur TF 1, assuraient le succès de l'émission rivale et contribuaient à ma défaite... Nouvelle illustration qu'il n'y a pas loin du Capitole à la roche Tarpéienne. »

La comparaison des taux d'écoute d' « Apostrophes » depuis l'origine est difficile car les méthodes de calcul ont varié. De 1975 à 1982, la méthode employée était celle du panel : un échantillon représentatif de téléspectateurs de plus de 15 ans, devant inscrire les émissions qu'ils avaient regardées sur des fiches qu'ils adressaient ensuite par la poste aux instituts de sondage. Un système lourd et surtout lent (il fallait attendre plusieurs jours avant d'obtenir les résultats), qui avait toutefois l'avantage de donner les chiffres en nombre de téléspectateurs, et qui pouvait être complété par des appréciations qualitatives : indice de satisfaction ou indice d'intérêt.

De 1982 à 1984, l'indice Audimat a été testé, en parallèle avec le système du panel. L'Audimat mesure non plus l'écoute des téléspectateurs, mais la chaîne sur laquelle le téléviseur est branché : un boîtier-enregistreur placé directement sur les téléviseurs de 1 000 foyers sélectionnés permet donc de savoir, de façon instantanée, et minute par minute, quelles chaînes ont été regardées, et pendant combien de temps. Ce système est plus rapide que le précédent, mais il n'a pas la même unité de mesure : il compte des téléviseurs, et non pas des téléspectateurs ! C'est pourquoi les résultats Audimat comptabilisent, non pas des personnes, mais des « foyers équipés d'un appareil de télévision ». Et l'appareil de surveillance Audimat crédite la chaîne allumée, quel que soit le nombre de personnes installées devant : une, deux, trois, cinq ou... pas du tout ! (Il arrive très souvent en effet, notamment au moment des spots publicitaires, que l'écran reste allumé dans une pièce vide.)

Enfin, à partir de 1985, le système de panel fut totalement abandonné, au profit du seul système Audimat.

Quel que soit le système de calcul retenu, l'histoire du taux d'écoute d' « Apostrophes » montre clairement trois périodes :

— De 1975 à 1981, le taux d'écoute annuel moyen d' « Apostrophes » oscille entre 2,1 millions et 2,7 millions de téléspectateurs, avec des pointes à 6 millions de téléspectateurs ! : « Quelles nouvelles femmes ? », le 26 janvier 1979 (avec notamment Christiane Collange, Benoîte Groult et Mariella Righini) et « Qu'est-ce que l'esprit militaire ? », le 14 mars 1975, qui vit s'affronter Georges Brassens et le général Bigeard ! En revanche, le débat sur « La franc-maçonnerie aujourd'hui », le 10 septembre 1976, n'attira que 680 000 personnes (près de dix fois moins).

— Les trois « glorieuses » de 1982, 1983 et 1984 : ce sont les années où « Apostrophes » a battu tous ses records d'audience. Le nombre de téléspectateurs est passé, en moyenne annuelle de panel, de 2,4 millions en 1981 à 2,9 millions en 1982 et à 3,4 millions en 1983 et 1984 ! Les résultats Audimat, mis en place en 1982, donnent les moyennes annuelles suivantes : 10,6 % en 1982 ; 10,9 % en 1983 ; 12,3 % en 1984 ; soit plus de 2 millions de foyers en moyenne ! A quoi est due cette brusque progression de l'écoute ? Une étude détaillée des taux d'écoute de l'année 1982 permet de mettre au jour que la cinquième émission la plus regardée, avec 14,1 %, fut celle du 15 octobre 1982, intitulée « Culture et politique »... et au cours de laquelle Bernard Pivot répondit à Régis Debray, qui l'avait quelques jours plus tôt accusé d'exercer une dictature sur le marché du livre ! La « petite phrase » du conseiller de l'Elysée a donc eu pour effet de relancer le taux d'écoute de l'émission qu'elle prétendait supprimer !

En dehors de l' « effet Debray », ces trois années fastes

comptent de superbes scores : 26,6 % d'audience Audimat (près de 5 millions de foyers !) pour « Cartes sur table », le 26 février 1982 (grâce à la présence de Jean-Pierre Elkabbach, racontant son licenciement après mai 81 dans *Taisez-vous, Elkabbach !*) ; 25,4 % le 8 janvier 1982 pour « Est-ce bien convenable ? » (où Jean-François Josselin parlait des *Fantaisies sexuelles des animaux*) ; 20,2 % le 5 octobre 1984 (tome 1 du *de Gaulle* de Lacouture) ; 18,5 % le 14 janvier 1983 pour « Les femmes parlent de la sexualité » (avec la jolie France Huser — *la Maison du désir* —, la savante Françoise Dolto — *Sexualité féminine* — et la scandaleuse Sophie Chauveau — *Débandade*). Quant au « spécial Soljénitsyne », le 9 décembre 1983, il réalisa le score inouï de 17,3 % : plus de 3,2 millions de foyers !

Notons toutefois que les best-sellers n'ont pas forcément suscité les plus hauts taux d'écoute, loin de là. Ainsi, le *Toujours plus !* de De Closets, le 11 juin 1982, n'a fait « que » 9,2 %. *Le Nom de la rose* d'Umberto Eco, s'est contenté de 4,4 % ; il est vrai que l'émission a été diffusée le 23 juillet 1982, en pleines vacances. *La Bicyclette bleue*, de Régine Deforges, présentée le 7 janvier 1983, avec 8 % Audimat, a connu le succès commercial que l'on sait. En revanche, certains numéros de cirque à très hauts taux d'écoute ne sont pas suivis de ventes.

De même, sur les années 1979-1984, où les réponses panel comportaient une note qualitative (indice de satisfaction ou indice d'intérêt), on peut noter que les émissions les plus appréciées ne sont pas toujours les émissions les plus regardées : l'émission consacrée à Maurice Genevoix, le 20 juin 1980, a obtenu un taux d'écoute panel de 7 % (2,66 millions de téléspectateurs) mais un indice de satisfaction de 15/20 ; en revanche, « Le sexe et ses interdits », le 25 janvier 1980, qui a obtenu 12 % d'écoute panel (4,56 millions de téléspectateurs), n'a eu que 8,8/20 d'indice de satisfaction ; « Quelles “ nouvelles femmes ” », le 26 janvier 1979, avec l'audience excellente de 16 % panel (6,08 millions de téléspectateurs !), n'a même pas eu la moyenne : 9,8/20. Ceci montre bien que le public, loin de gober aveuglément tout ce qu'on lui présente, aiguise son esprit critique, et sait parfaitement faire la différence entre une émission à l'écoute un peu plus confidentielle et très satisfaisante et une émission plus légère mais d'un intérêt éphémère. Cela signifie aussi que le public de Genevoix, bien que moins nombreux, est beaucoup plus motivé que celui du « sexe et ses interdits » !

Ces chiffres, au passage, permettent d'apporter une forme de démenti à ceux qui reprochent à « Apostrophes » de ne produire que de la « littérature spectacle ». La réalité est que, d'un côté, « Apostrophes » peut présenter de la littérature, et de l'autre se contenter d'être un spectacle. Parfois — et c'est bien entendu l'idéal — l'émission parvient, comme avec le spécial Soljénitsyne, à combiner les deux.

— « Apostrophes », qui avait atteint un taux d'écoute annuel de 12,3 % en 1984, vit ce chiffre tomber à 9,5 % en 1985 et 8,82 % en 1986... au moment même où, les soirs d' « Apostrophes », Patrick Sabatier, sur TF 1, animait ses « Jeux de la vérité », « Grand public » et autres « Bonnes vacances », émissions de variété à très hauts taux d'écoute. Celles-ci, programmées à 20 h 30, s'arrêtaient à l'origine à l'heure où « Apostrophes » débutait. Avec la bénédiction d'Hervé Bourges, le président de TF 1, les dents blanches de Sabatier grignotèrent bientôt les tranches horaires de 21 h 45, 22 heures, puis 22 h 30, couvrant ainsi la presque totalité de la durée d' « Apostrophes ». Hervé Bourges aurait, il est vrai, tenté de faire venir Bernard Pivot sur sa chaîne : « Quand vous voudrez ; au prix que vous voudrez. » Pivot a décliné l'offre.

Hervé Bourges, ex-P.-D.G. de TF 1, venu présenter *Une chaîne sur les bras* (Seuil) le 12 juin 1986, et affirmant que, pour diriger une chaîne de télévision, « il fallait mettre ses convictions politiques dans sa poche », s'entendit d'ailleurs répondre par l'animateur d' « Apostrophes » : « Est-ce qu'on doit également mettre sa culture dans sa poche ? »

Ceci illustre parfaitement un constat bien connu des professionnels : le succès d'une émission dépend de trois facteurs : l'horaire, le genre de programme et la concurrence. A partir de ces trois paramètres, on peut généralement prévoir l'audience que l'émission recueillera, quelle que soit la personnalité du présentateur. Le « miracle » d' « Apostrophes » a été, durant des années, de bénéficier d'un taux d'écoute supérieur à celui qu'une émission « culturelle » était en droit d'attendre, et aussi d'un public de base fidèle. « Apostrophes » n'est pas une île, et doit composer avec la concurrence : durant des années, TF 1 n'a pas su ou pas osé s'attaquer au « créneau du vendredi soir », réputé gagné d'avance par Pivot. Hervé Bourges, lui, n'a pas hésité, au contraire, à donner la grande cavalerie des émissions très grand public et racoleuses : du coup, lentement, inexorablement, le taux d'écoute d' « Apostrophes » s'est effrité (que faire en face d'un « Jeu de la vérité » consacré à Coluche ou Gainsbourg ?). C'est pourquoi aussi la toute nouvelle TF 1 privatisée de Francis Bouygues, et la 5 de Robert Hersant, si elles souhaitent gagner des points sur Pivot le vendredi soir, ne le feront certainement pas avec une autre émission littéraire, mais avec des jeux et des variétés !

A terme, bien sûr, ceci peut entraîner la marginalisation de l'écoute d' « Apostrophes », à moins que Pivot multiplie les « coups » et les « scoops » (interview-surprise de Lech Walesa, affaire Loup Durand/Paul-Loup Sulitzer). En effet, si le taux d'écoute d' « Apostrophes » tombait en dessous de 5 %, l'émission pourrait être déprogrammée, placée dans un créneau horaire moins public, voire supprimée. Bien avant ces extrémités humiliantes, Bernard Pivot prendrait certainement les devants, en sabordant lui-même son émission. Plus encore que jamais, Bernard Pivot est contraint au succès.

7. *Septième cercle : les concurrents*

« Je n'ai aucun collaborateur qui lit pour moi ; il y a cependant des collaborateurs qui sans le savoir m'aident, et qui ne coûtent rien à la télévision car ils ne sont pas rétribués : ce sont les critiques littéraires. Je lis d'abondance mes confrères de la presse écrite, que ce soit les critiques des quotidiens, des hebdomadaires ou même de certains mensuels, et tel livre que j'ai par légèreté laissé passer, je puis le reprendre quelque temps après parce que Nourrissier, Rinaldi, Poirot-Delpech, Nadeau en auront dit beaucoup de bien. Je bénéficie des avis de ce formidable comité de lecture que constitue l'ensemble de la critique littéraire. » (Bernard Pivot, Tribune radio *Express,* Salon du livre, 26 mars 1986).

Cette justification si souvent avancée par Bernard Pivot, et qui tendrait à démontrer que la presse écrite n'est pas morte, pourrait parfaitement être retournée ainsi : le rôle de la presse écrite se résume aujourd'hui à annoncer, à suivre, à influencer ou à compléter les choix de Bernard Pivot à « Apostrophes ». Les critiques de la presse écrite seraient-ils pris en otage ?

Attachés de presse et libraires partagent la même idée : une critique isolée, fut-elle signée Poirot-Delpech ou Nourrissier, ne parvient plus aujourd'hui à lancer un livre. « Apostrophes », du fait de son audience plus large, peut seule réussir ce miracle, mais pas à tous les coups. Pour réaliser un impact réel sur un livre, c'est l'ensemble de la presse, écrite et audiovisuelle, qui doit se mobiliser : *L'Express* + *Le Monde des livres* + *Le Figaro Magazine* + *Le*

Nouvel Obs + *Libération* + le Journal de 13 heures de Mourousi sur TF 1 + Soir 3 sur FR 3 + « Apostrophes », et tout cela en deux semaines : voilà l'effet de masse qui a quelque chance d'appuyer la vente d'un livre.

Dans cet effet de masse, le passage à « Apostrophes » correspond le plus souvent à l'apogée, bien qu'il n'intervienne pas toujours en amont de la chaîne ; parfois, même, Bernard Pivot invite un auteur plusieurs mois après la sortie de son livre — s'étant décidé, peut-être, après la lecture d'une critique élogieuse d'un de ses confrères de la presse écrite. Souvent aussi, Pivot lit, sur le plateau d' « Apostrophes », les commentaires que tel ou tel critique a formulés sur l'œuvre de son invité du soir. Tout cela tendrait à prouver que la presse écrite a conservé toute son indépendance et sa liberté de jugement. Et, dans une très large mesure, c'est vrai.

Il n'empêche que, dans leur ensemble, les critiques de la presse écrite, ces damnés du 7e cercle d' « Apostrophes », font un complexe permanent vis-à-vis de Bernard Pivot.

Une ligne de partage s'établit à l'intérieur des critiques de la presse écrite : d'une part les grands critiques de renom, plus que jamais astreints à cette humilité — ou cette fierté : faire son métier honnêtement, et n'avoir pas peur de laisser entendre sa voix face au concert assourdissant d' « Apostrophes » ; d'autre part les nombreux critiques désabusés et « àquoibonistes », qui se contentent désormais de « pivoter », et n'accordent leurs colonnes et leurs louanges qu'aux quelques élus déjà lancés sur l'onde médiatique par les cuirassés audiovisuels.

Pierre Démeron, critique littéraire à *Marie-Claire* (c'est grâce à un de ses papiers que Bernard Pivot a « découvert » Catherine Rihoit il y a quelques années), constate avec humeur : « Ce qui discrédite la presse aujourd'hui, c'est son manque de rigueur. Dans les années 50 et 60, on n'avait pas peur de dénoncer les scandales, de dégonfler les baudruches, de défendre les talents nouveaux. Maintenant, tout le monde se mobilise autour des quelques livres dont on parle. » Pierre Démeron ne « pivote » pas, pourtant il avoue ne pas pouvoir faire abstraction de l' « effet Pivot » : « Dans les mensuels, nous sommes contraints à des délais de fabrication très longs ; ainsi il arrive très souvent que Pivot invite un auteur dont j'ai déjà rubriqué le livre depuis plus d'un mois, mais dont l'article n'a pas encore été publié. Alors, lorsque mon article paraît enfin, les gens disent : " Ce Déméron, il fait comme tout le monde, il emboîte le pas de Pivot ! " C'est agaçant, mais qu'y faire ? En face d' " Apostrophes ", le critique de presse écrite est contraint à beaucoup d'humilité s'il veut continuer à faire son métier sans devenir aigri et hargneux. »

La télévision, en dehors d' « Apostrophes », fait-elle vendre des livres ? Oui. Mais, paradoxalement, cet impact existe surtout avec des émissions non « littéraires ». L'ancienne émission d'Antenne 2 l'après-midi, « Aujourd'hui Madame », le journal télévisé de 13 heures sur TF 1 présenté par Yves Mourousi ou « 7 sur 7 » le dimanche soir, « Droit de réponse » de Michel Polac ou les actualités régionales de FR 3 peuvent, au coup par coup, contribuer à « lancer » un livre. C'est par le biais de FR 3 régional que l'éditeur André Balland a assuré la promotion d'un livre sur le Samu, tandis que Loup Durand a vu les ventes de son *Caïd* (Denoël) s'envoler après être passé chez Mourousi à 13 heures. En revanche, le baron Empain, invité à « 7 sur 7 » pour son livre de souvenirs, n'a pas suscité l'impact commercial qu'il aurait pu avoir avec « Apostrophes ». Une fois encore, on remarque qu'une forte audience (ce qui est le cas de « 7 sur 7 », diffusé entre 19 et 20 heures le dimanche) n'induit pas forcément des ventes en rapport.

Et les émissions littéraires à la télévision ? Eh bien, c'est le calme plat. Pire : le désert ! Fors « Apostrophes », point de salut.

Nous avons déjà vu que Georges Suffert, Françoise Giroud, Jean d'Ormesson, Jacques Paugam, Marcel Jullian, Pierre Dumayet, Christiane Collange, Jean Ferniot, Jérôme Garcin, Luce Perrot et bien d'autres ont tenté, à diverses époques, de donner vie à des émissions littéraires en parallèle avec « Apostrophes », mais aucune n'est parvenue à s'imposer, malgré la valeur et le talent de leurs animateurs.

Aujourd'hui, la plupart des concurrents malheureux de Pivot essaient de cacher leur déception, de ravaler leurs rancœurs.

Christiane Collange, responsable avec son ex-mari Jean Ferniot de l'émission « Le livre du mois » sur TF 1 entre 1975 et 1978, fait aujourd'hui amende honorable : « Ferniot et moi étions peut-être un couple dans la vie, mais absolument pas à la télévision. Je crois que Ferniot aimait plus les livres que la télévision, et moi plus la télévision que les livres. Pivot, lui, aime les deux, c'est ce qui fait sa force et sa rareté ! »

Jean d'Ormesson, qui anima également une émission littéraire sur TF 1, avec Jacques Paugam, reconnaît : « J'avais tenté de trouver une formule différente de celle de Bernard, mais c'est très difficile, car à côté de Pivot tout le monde paraît ennuyeux. Pour tenter de briser l'ennui, je faisais même venir des chanteurs : c'était n'importe quoi ! »

Georges Suffert, lui, préfère ne pas se remémorer sa douloureuse expérience de « La rage de lire », sur TF 1 en 1980 : Bernard Pivot l'avait tout simplement accusé d'avoir plagié la formule d' « Apostrophes ». Suffert avait rétorqué : « Je refuse le spectacle. Le spectacle, c'est vendre Pivot ou l'émission. Moi je vends des livres. Je ne prends pas des auteurs connus ou faciles. » (*Télé 7 jours*, 23-29 février 1980.)

Pourtant, Georges Suffert bénéficia à ses débuts de l'appui direct de maisons d'édition qui acceptèrent de lui donner la priorité sur « Apostrophes » pour certains auteurs. Un attaché de presse confie : « Lorsque l'émission de Suffert est arrivée, il y a eu un consensus dans l'édition : il fallait jouer le jeu de façon à ce que cette émission puisse s'imposer durablement face à “ Apostrophes ”. C'était une chance, pour l'édition, de pouvoir bénéficier de deux émissions littéraires à la télévision, et il ne fallait pas la gâcher. »

Malgré cela, Suffert ne parvint pas à faire décoller son audience, ni à fidéliser son public. La plupart des professionnels s'accordent pour incriminer la personnalité de Suffert, qui n'a pas su se démarquer face au modèle Pivot. Françoise Verny estime que Suffert a été incapable de susciter l'identification chez le public : « Pourtant, Suffert est rond, encore plus rond que Pivot, mais il ne sait pas mener un débat comme Pivot sait le faire. » Une attachée de presse confie : « Aux débuts de son émission, j'ai prévenu Suffert : on ne voit que ton ventre, car tu es assis dans un fauteuil trop profond, tu fumes la pipe, tu interromps les gens au lieu de les laisser parler, tu as un très mauvais réalisateur et il n'y a pas d'invités en arrière-plan sur ton plateau. Il n'a pas voulu m'écouter. » Plus caustique, le critique littéraire de *Marie-Claire*, Pierre Démeron, brosse ainsi le portrait de l'animateur de « La Rage de lire » : « Il avait toujours l'air de sortir de table, mais on n'avait pas envie de déjeuner avec lui ! »

Jérôme Garcin, qui a animé ses « Boîtes aux lettres » sur FR3 de 1982 à 1987 (l'émission a été supprimée en juin 1987), se plaint du fait qu'éditeurs et patrons de chaînes n'ont pas joué franc-jeu avec lui : « FR3 n'a jamais cru bon de me conserver sur un même créneau horaire et un même jour de la semaine ; en quatre ans, j'ai connu cinq programmations différentes ! Le dimanche après-midi, puis le dimanche soir, le jeudi soir, le lundi soir et enfin le samedi soir ! Pivot, lui, a bénéficié dès le départ du créneau de 21 h 30 le vendredi soir, et n'en a plus bougé. C'est FR3 qui est responsable du fait que je n'ai jamais été en situation de concurrence loyale avec Pivot. En effet, en changeant de tranche horaire, je changeais de public, et donc je devais changer de formule : magazine littéraire, puis émission consacrée à un écrivain classique, puis tête-à-tête avec un écrivain, etc. Comment fidéliser un public dans ces conditions ? » Quant aux éditeurs et aux auteurs, Garcin estime qu'ils ont trop souvent donné abusivement la préférence à Pivot. C'est ainsi que Garcin annula une émission consacrée à Roger Vrigny, car l'écrivain avait accepté, au dernier moment, de passer à « Apostrophes » avant « Boîte aux lettres ».

Tout comme Suffert, Garcin n'est jamais parvenu à

imposer un style d'émission. Il a longtemps produit des émissions très littéraires, qui bénéficiaient d'une faible audience, jusqu'au moment où il s'est résolu — trop tard, sans doute — à inverser la vapeur, en invitant des personnalités connues à parler de leurs lectures : Jacques Chirac, François Léotard, Jean-Claude Brialy. Jérôme Garcin explique ainsi ce changement d'attitude : « Dans le passé, j'avais fait des émissions caricaturalement littéraires : spécial Georges Perros, émissions sur la poésie... Le public ne regardait pas les émissions et la presse n'en parlait pas. Alors, j'en ai eu assez, et j'ai décidé de prendre ma revanche ; en invitant des stars, j'ai pu enfin connaître des taux d'audience confortables : l'émission où j'ai invité Simone Signoret a fait 22 % ! Le public me suivait enfin, et en plus la presse en parlait ! Lorsque j'étais, durant trois ans, un " kamikaze de la littérature ", façon Dumayet, cela ne m'a apporté que des ingratitudes. Ensuite, j'ai joué le jeu de l'audience avec un cynisme total. » En pure perte, d'ailleurs, puisque l'émission a tout de même été supprimée. Une attachée de presse commente : « J'ai dit à Jérôme : il faut que tu lises autant que Pivot ; que, comme lui, tu aies réponse à tout. Au début de son émission, Garcin manquait d'assurance. Peut-être aussi était-il trop jeune (24 ans au début de " Boîte aux lettres "). Par la suite, il s'est beaucoup amélioré, mais c'était trop tard, et le public n'a pas suivi. »

Le pari de Luce Perrot était différent puisqu'il s'agissait, avec « C'est à lire », de présenter un livre tous les soirs, durant cinq minutes (puis durant un quart d'heure trois fois par semaine) sur TF 1 après le journal du soir. « C'est très difficile de fidéliser son public lorsqu'on est relégué en fin de programme, à 23 heures ou minuit ! », déplore Luce Perrot, dont le taux d'écoute oscilla entre 0 et 3 à 4 % maximum. « Mais 4 % à minuit, cela fait encore beaucoup de monde ! », se défend-elle.

Luce Perrot n'est pas une nouvelle venue dans le journalisme ou la télévision. Le 11 mars 1974, elle célébrait, dans *Combat,* le premier anniversaire d' « Ouvrez les guillemets », de Bernard Pivot : « Dans la France sceptique de Messmer III, un homme est heureux et ose le dire : c'est Bernard Pivot, le producteur d' " Ouvrez les guillemets " ! » Il y a dix ans, sur Antenne 2, elle animait en début d'après-midi un magazine d'actualité du disque conçu comme un « talk-show » à l'américaine, à l'occasion duquel elle invita un jour... un certain Bernard Pivot qui vint parler de musique sud-américaine !

Luce Perrot, blonde incendiaire affectionnant les robes moulantes et les décolletés plongeants, traqueuse » au possible, est célèbre dans le monde de l'édition pour ses « gaffes ». Ainsi, le soir où elle consacra son émission à Marguerite Duras, qui venait d'obtenir le prix Goncourt avec *l'Amant*, et qu'elle interviewa par téléphone (Duras étant demeurée chez elle à la campagne), Luce Perrot laissa échapper : « Quel effet cela vous fait-il d'avoir le prix Goncourt, Marguerite... euh... Marguerite Yourcenar ? »

En privé, la plupart des éditeurs aiment à se moquer des bévues de la blonde Luce, bien que cela ne les ait pas empêchés de se battre pour faire passer leurs auteurs à son émission ! Pourquoi ? Parce que, même à minuit, « C'est à lire » a un impact non négligeable. Rien à voir avec celui d' « Apostrophes », soit, mais suffisant tout de même pour lancer les ventes de certains livres. Luce Perrot explique : « Je suis en contact avec des libraires qui m'assurent que mon émission a permis de révéler certains auteurs qui ne sont pas passés ailleurs à la télévision. Ainsi, j'ai fait venir René Belletto en mars 1986, pour la sortie de *l'Enfer* ; Pivot ne l'a pris que le 28 novembre, après le prix Fémina, mais le roman de Belletto avait déjà touché son public. »

L' « effet Pivot » ? Le terme agace Luce Perrot, qui déplore que « dès qu'on parle d'émission littéraire à la télévision, on parle d' " Apostrophes ", comme si le reste n'existait pas ! » Elle reconnaît toutefois qu' « Apostrophes » est « la Rolls des émissions littéraires ». A ses yeux, cela ne veut pas dire que « C'est à lire » en soit la 2 CV : « Si j'en juge par mon courrier, j'ai un public de jeunes, d'étudiants, d'universitaires. Pivot, c'est une institution nationale, c'est un peu comme l'Académie française. Moi, j'incarnerais plutôt la culture “ underground ”. »

Le cas de Michel Polac est un peu différent, puisque « Droit de réponse » n'est pas une émission littéraire, c'est une tribune — souvent fort animée — dont le taux d'écoute ne le cède d'ailleurs en rien à celui d' « Apostrophes ». « Passer chez Pivot, Polac, hauts lieux de l'esprit que les télévisions cow-boys nous envient, voilà le rêve », écrit Jean Guenot dans sa revue *J'écris* (n° 2, juin 1987). Depuis que Polac consacre, une fois par mois, son émission à la littérature, éditeurs et libraires ont noté l'apparition d'un « effet Polac » sur la vente de certains livres — en général plus « intellectuels » que ceux prônés par Pivot. C'est ainsi que Polac a révélé *Œil de veau* de Fritz Raddatz trois semaines avant que cet auteur ne soit invité à « Apostrophes » (où sa prestation n'eut aucun effet), a lancé *la Salle de bains* de Jean-Philippe Toussaint (le livre fut ardemment défendu par une lycéenne), a aidé à (mieux) faire connaître Cioran.

Michel Polac — contrairement aux autres concurrents de Pivot — bénéficie de l'antériorité : ses débuts à la radio et à la télévision remontent en effet à... 1951 (22 ans avant Pivot) ! Citons quelques émissions « mythiques » créées et animées par Michel Polac au fil des ans : « Entrée des auteurs » (1951) ; « Lectures à une voix » (1952-1964) ; « Le Masque et la Plume » (1953-1971) ; « Bibliothèque de poche » (1966-1970) ; « Post-Scriptum » (1970-1971). Cette dernière émission fut supprimée après un débat jugé scandaleux à propos de l'inceste, au cours duquel Alberto Moravia et Louis Malle (qui venait de réaliser *le Souffle au cœur*) s'étaient laissé aller à des évocations fort licencieuses, que n'avaient guère appréciées les lignes de vertu dans la France pompidolienne et frileuse de 1971. C'est ainsi que Polac disparut dix ans de la télévision, avant de revenir en 1981 avec ses « Droit de réponse ».

Il existe donc un héritage entre Polac et Pivot. Michel Polac, au temps de « Post-Scriptum », deux ans avant

« Ouvrez les guillemets », avait d'ailleurs demandé à Pivot de venir animer l'émission avec lui ! Pivot avait décliné l'invitation, mais, deux ans plus tard, à « Ouvrez les guillemets », il avait demandé à Polac de venir parler... de Cioran. Michel Polac explique : « Pivot ne croyait pas du tout à Cioran ; pour lui c'était trop intellectuel et cela risquait d'ennuyer le grand public. Il voulait que je parle de Jack London ! J'ai insisté pour Cioran, alors Pivot m'a dit : " D'accord, mais pas plus de deux minutes, car ça n'intéresse personne ! " Aujourd'hui, 15 ans après, tout le monde ne jure que par Cioran, Pivot en tête, qui a lu ses aphorismes à " Apostrophes " ! »

Michel Polac commente ainsi la complémentarité de ses émissions avec celles de Pivot : « " Ouvrez les guillemets " » était construite sur le modèle de " Post-Scriptum ", mais Pivot n'était pas à l'aise dans cette forme d'émission polémique, avec beaucoup d'invités. Avec " Apostrophes ", il a trouvé son ton personnel, mais il est aussi devenu la vitrine du libraire. Les auteurs y viennent pour déclamer leur " 4e de couverture " ! Journalistiquement, Pivot et moi avons la même sensibilité : nous remarquons souvent les mêmes livres, qui se dégagent du lot. Je reproche à Pivot de s'engager sur des livres trop " grand public " et trop " franco-français ". Il ne prend pas assez de risques, notamment en matière de littérature étrangère. Il privilégie une certaine tradition française d'académisme, comme Poirot-Delpech avec son " feuilleton " du *Monde*, qui ne met en valeur que des auteurs français. Cette attitude témoigne d'un protectionnisme frileux qui autorise une vingtaine d'auteurs français contemporains sans talent à se prélasser et à proliférer comme des parasites dans les médias ! »

Tous les concurrents de Pivot, quels qu'ils soient, se sont un jour ou l'autre frottés au même écueil : le problème de l'exclusivité. L'exclusivité, ou plus exactement la priorité, est en effet au cœur des relations entre les éditeurs et les producteurs d'émissions télévisées. Ce qui compte, c'est la première prestation d'un auteur à la télévision ; s'il est par la suite invité dans une autre émission, il aura tendance à se répéter, et l'intérêt de la prestation en sera diminué d'autant. C'est la raison pour laquelle tous les producteurs des médias audiovisuels se battent pour être les premiers à recevoir un auteur, mais font la fine bouche lorsque l'auteur n'est qu'une « seconde main » qui a déjà roulé pour la concurrence. Or, en matière de priorité, Bernard Pivot bénéficie d'une préférence absolue. Son « bras droit », Pierre Boncenne, justifie ainsi cette situation : « C'est le jeu des médias aujourd'hui. Si " Apostrophes " a la préférence des auteurs et des éditeurs sur Suffert ou Garcin, c'est tout simplement parce que l'émission de Pivot est meilleure que la leur. Garcin rêvait d'avoir les auteurs de A à I, et de laisser les J à Z à Pivot. L'argument du gâteau que l'on partage ne tient pas lorsqu'on évolue dans un système de concurrence. Si l'on veut avoir le choix des auteurs, offrir des « scoops » et des exclusivités (comme l'interview de Lech Walesa à " Apostrophes "), il faut prouver au préalable que son émission est meilleure que les autres ! »

Cette alternance, Jérôme Garcin l'a parfois trouvée : ainsi, il a consacré une « Boîte aux lettres » à l'écrivain autrichien Peter Handke, qui s'était toujours refusé à venir à « Apostrophes ». Garcin commente ainsi l'aventure : « Peter Handke est un auteur très pudique, très timide, et la perspective de se trouver sur le plateau d' " Apostrophes " avec d'autres écrivains lui faisait peur. Moi, je lui ai offert un cadre plus intime, en tête à tête. C'était un événement à la télévision ! Hélas, personne n'en a parlé dans la presse... »

Est-il vrai que, jouant de son « droit de priorité », Bernard Pivot applique, vis-à-vis de ses concurrents, la politique de la terre brûlée ? L'animateur d' « Apostrophes » s'en défend : « Il n'est pas vrai que j'ai empêché un auteur de se rendre à d'autres émissions que la mienne... » Et pourtant, tous ses concurrents ont eu à se plaindre de défections d'auteurs qui, au dernier moment, ont préféré « Apostrophes » à « Boîte aux lettres », « C'est à lire » ou « Droit de réponse ». Qu'en est-il en réalité ? Pivot est-il, oui ou non, l'Attila des émissions littéraires à la télévision ? Il faut envisager plusieurs cas d'espèce :

— Tout d'abord, Bernard Pivot peut choisir de faire des « coups » médiatiques : dans ces cas-là, il négocie avec l'éditeur l'exclusivité ou la priorité du passage de l'auteur à « Apostrophes ». Pivot prend alors sa décision suffisamment tôt pour ne pas mettre l'éditeur en difficulté, et invite l'auteur à une date très rapprochée de la sortie de son livre, parfois le jour même. Claude Dalla Torre, attachée de presse chez Grasset, explique : « J'essaie de savoir si Pivot retient ou non un livre important avant sa sortie. Par exemple il a refusé de prendre le comte de Paris, et me l'a dit suffisamment avant la sortie pour que je puisse avoir " 7 sur 7 " à la place. »

— Parfois il arrive que l'éditeur ait déjà promis de faire passer l'auteur au journal de 13 heures ou au 20 heures ; dans ces cas-là, Pivot s'incline et accepte de passer après. Si l'auteur, avant « Apostrophes », doit être l'invité d'une émission importante, Pivot peut parfaitement se décommander, jugeant que l'auteur aura tout dit. Bernard Pivot défend ainsi cette attitude : « Nous sommes contraints de faire une sélection très dure parmi les auteurs ; aussi je ne vois pas pourquoi j'inviterais un auteur qui s'est déjà exprimé durant une heure à " 7 sur 7 ". »

— Enfin — et c'est le cas le plus fréquent —, Pivot ne prend aucune option sur le livre. Cela signifie qu'il pourra soit prendre le livre à la sortie, soit six mois après, soit jamais. C'est dans ce dernier cas de figure que les Garcin, Perrot, Polac et consorts se plaignent de la concurrence abusive d' « Apostrophes ». Généralement, le scénario se déroule ainsi : un livre sort, sans que Pivot ait pris de décision à son sujet. L'éditeur est alors libre d'accepter l'invitation d'une autre émission littéraire. Puis, tardivement, Pivot se décide, et invite l'auteur. L'éditeur donne alors la préférence à Pivot, même s'il n'a pas l'antériorité de la demande, et annule le fauteuil dans l'émission concurrente. On comprend alors que la moutarde monte au nez des rivaux malheureux de Pivot, qui se voient aussi cavalièrement dépossédés de leurs invités ! Pivot manquerait-il à ce point de « fair-play » ?

En réalité, ce n'est pas Pivot qui exige ces priorités

abusives, mais bien les éditeurs qui, par autocensure, se les imposent à eux-mêmes ! En effet, la période de sortie du livre leur pose d'insondables dilemmes : vaut-il mieux attendre que Pivot invite l'auteur, au risque d'attendre en vain, ou est-il plus sage de s'assurer une autre émission, en faisant comme si Pivot ne prenait pas le livre ? Une attachée de presse décrit ainsi les répercussions de ce débat permanent sur l'exercice de son métier : « Pivot préfère avoir la priorité à la télévision, ce qui nous contraint à attendre trois semaines à un mois avant de solliciter d'autres émissions, ce qui est tard ! On ne fait rien sans connaître la décision de Pivot : il bénéficie d'un réel pouvoir de monopole. »

Dans ces conditions, il arrive que l'éditeur, ou son attaché de presse, se « couvre » avec Garcin, Perrot, Polac ou Sinclair, quitte à les répudier si Pivot se manifeste entre-temps. Pivot, généralement, n'est même pas au courant de ces « trahisons », qui sont pourtant des « effets pervers » découlant directement du succès d' « Apostrophes ».

Prenons deux exemples :

Luce Perrot avait prévu d'inviter Jean-Denis Bredin pour son roman, *l'Absence*, paru chez Gallimard, et avait demandé au professeur Schwartzenberg de venir tenir le rôle de « premier lecteur ». Quelques jours avant l'émission, défection de Bredin, qui entre-temps avait été invité à « Apostrophes ». Luce Perrot rue dans les brancards, et reproche à l'auteur et l'éditeur de la laisser tomber au dernier moment. Réponse : « Désolé, mais Pivot veut la priorité. » Sans se démonter, Luce Perrot prend son téléphone et appelle Pivot, décidée à ne pas se laisser marcher sur les pieds. Pivot tombe des nues : « Qu'est-ce que c'est que cette histoire ? Je n'ai rien exigé du tout ! Puisque tu as l'antériorité, il est normal que Bredin passe chez toi en premier ; il viendra chez moi ensuite. » Et, bien qu'ayant intitulé son roman *l'Absence*, Jean-Denis Bredin fut bien présent à « C'est à lire », puis à « Apostrophes », sans autres dommages pour quiconque !

Le 7 mars 1987, Michel Polac consacra son « Droit de réponse » à des femmes écrivains qu'il avait, pour une fois, invitées sur son plateau (Polac invite rarement les auteurs à parler de leurs livres). Parmi ces dames devait se trouver Isabelle Lacamp, jolie Eurasienne auteur d'un très érotique *Dragon d'or*, roman paru chez Lattès. Au dernier moment, la romancière s'excusa auprès de Polac, prétextant un empêchement personnel de dernière minute. En direct de « Droit de réponse », Polac lit la lettre d'excuse et pique une crise de rage : « C'est un mensonge ! Je sais parfaitement pourquoi la jeune Isabelle Lacamp se défile ; c'est parce qu'elle va passer à " Apostrophes " ! C'est une lâcheté de sa part, ainsi que de la part de l'éditeur ! Puisque c'est ainsi, je ne vois pas pourquoi je ne dirais pas que si Isabelle Lacamp a un charmant minois, en revanche, son roman est complètement nul ! »

Vingt jours plus tard, le 27 mars, Isabelle Lacamp est en effet présente à « Apostrophes », sans que nulle allusion soit faite aux reproches formulés vertement par Polac. Interrogé sur l'incident, l'éditeur d'Isabelle Lacamp, Jean-Claude Lattès, répond : « Ah bon ? Polac a dit ça ? Je n'étais pas au courant. En tout cas, cela prouve bien que nous avons eu raison d'annuler " Droit de réponse " en faveur de Pivot : chez Polac, la jeune Lacamp se serait fait assassiner, alors qu'elle a parfaitement réussi sa prestation chez Bernard ! J'estime que, jusqu'au dernier moment, l'éditeur et l'auteur ont le choix des émissions où ils veulent passer. Après tout, ce qui compte, c'est la carrière du livre, pas celle de l'émission d'Untel ou d'Untel ! »

Bernard Pivot répond quant à lui : « Non, je ne savais pas qu'Isabelle Lacamp s'était décommandée à " Droit de réponse ". Tout cela, c'est l'affaire des éditeurs, je ne rentre pas dans ce genre de considérations. » Oui, mais si Isabelle Lacamp était effectivement passée à « Droit de réponse », Pivot aurait-il maintenu son invitation à « Apostrophes » trois semaines plus tard ? Réponse : « Je ne sais pas ; cela dépend. Pour Jean-Denis Bredin, cela valait la peine de le prendre après Luce Perrot, ou encore Philippe Sollers après Garcin (pour *le Cœur absolu*). Pour Isabelle Lacamp, moins célèbre, j'aurais probablement hésité... Non, en fait, si elle était passée ailleurs, je ne l'aurais sans doute pas prise ; je l'aurais remplacée par un autre jeune auteur inconnu. Et ils ne manquent pas ! »

Ainsi, le cynisme apparent de Lattès fut en réalité payant.

Dans ces conditions, comment défendre la place d'émissions concurrentes en face d' « Apostrophes » ? Eh bien, c'est fort simple : on ne les défend pas ! On imagine mal les nouvelles chaînes privatisées rivaliser avec Pivot sur son propre terrain, alors qu'il est si simple — et beaucoup plus efficace — de lui opposer des jeux ou des séries américaines. Dans le fameux « paysage audiovisuel français », les concurrents de Pivot n'auront plus nom Pierre Dumayet, Georges Suffert ou Jérôme Garcin, mais Guy Lux, Patrick Sabatier et Stéphane Collaro. Après tout, on n'a jamais que les stars que l'on mérite.

8. *Huitième cercle : L' « effet Apostrophes » à l'étranger*

Ce huitième et dernier cercle est sans doute le plus paradoxal : parler des répercussions de l' « effet Apostrophes » à l'étranger semble de prime abord receler une contradiction dans les termes. En effet, il ressort de tout ce que nous venons de dire qu' « Apostrophes » est une institution éminemment française, caricaturalement française. Auteurs en majorité français, place accordée au bon usage de la langue française, sujets et thèmes bien français, parfois gaulois, animateur plus que français, puisque provincial... Les adversaires d' « Apostrophes » ont suffisamment stigmatisé les côtés parfois chauvins de l'émission, pour qu'on puisse en induire que l'intérêt de sa vision ne saurait dépasser les frontières de l'Hexagone.

Or, pas du tout ! Bien au contraire ! « Apostrophes » s'exporte aussi bien que les parfums et les vins français ou les romans de Robbe-Grillet. Et son goût de terroir ne lui donne que plus de charme et de séduction aux yeux des publics lointains. Académie télévisée, « Apostrophes » assume en outre un rôle d'ambassadeur, et contribue à entretenir et développer l'importance culturelle de la France dans le monde. Bernard Pivot, prototype du Français moyen, est aujourd'hui presque aussi connu à l'étranger que le fut le général de Gaulle !

Mieux : on nous jalouse Pivot. L'étranger tente avec acharnement de susciter des Pivot anglais, italiens, espagnols, américains, bien qu'avec fort peu de succès jusqu'à présent. En effet, si l'on rencontre ailleurs des animateurs de talent et des tribunes audiovisuelles très suivies du public, il n'existe nulle part de « talk-shows » purement littéraires comme « Apostrophes ». Une brève revue de presse internationale nous fera mieux saisir l'ampleur de l'injustice :

Edward Behr, journaliste américain, responsable des pages culturelles de *Newsweek,* a confié à *Libération* (23 septembre 1983) : « Il n'y a rien au monde qui ressemble à l'émission de Pivot. En Angleterre, il y a bien Frank Delaney [" Bookshelf ", sur " BBC 2 "], mais il fait d'abord dans le show-biz (acteurs, réalisateurs... et écrivains). (...) Tout le monde passe chez lui, et les écrivains aussi, parce que les écrivains sont des putes. Aux USA, il n'y a pas d'émission de masse consacrée aux livres. Le rêve de tout auteur, c'est d'être interviewé dans un programme à forte audience (grandes émissions matinales ou programme pour les femmes qui restent à la maison). Autrement, il y a quelques émissions littéraires sur les chaînes publiques, mais qui ne sont regardées par personne, ou presque. Et des radios et télévisions locales à l'infini, où vous rencontrez le meilleur et le pire. » John Sturrock, du *Times Literary Supplement,* tente une comparaison avec ce qui existe sur les chaînes anglaises : « L'émission qui me semble la plus proche ici serait " Voices ", sur " Channel 4 ", mais on ne la programme que l'hiver, saison pour les discussions. On rassemble trois ou quatre spécialistes de littérature ou de peinture qui échangent leurs avis ; ce n'est pas vraiment un débat, dans la mesure où toutes les interventions sont préparées. (...) Du côté des personnalités comparables à Pivot, il y aurait peut-être Melvyn Bragg : c'est un romancier régionaliste vendu aux médias. » (*Libération,* op. cit.)

Dans le même article de *Libération,* Bernard Pivot confiait : « Un Norvégien est venu me voir pour faire un " Apostrophes " à Oslo. Les Anglais de " Channel 4 " sont également intéressés par la formule mais je crois que ce n'est vraiment exportable qu'en Italie. Le Pivot en italien, ce serait formidable, beaucoup mieux, ce serait de l'Opéra, ils chanteraient. »

Quant à la presse américaine, elle ne ménage pas ses surenchères laudatives. « Le " book show " le plus populaire du monde : cinq millions de téléspectateurs », titre le *New York Times* du 29 septembre 1985. L'auteur de l'article, Frank J. Prial, écrit notamment : « " Apostrophes " a tellement d'influence qu'on prétend que les hommes politiques n'écrivent des livres que pour y être invités. » Pivot et « Apostrophes » ont été en outre les hôtes fréquents de *Time*, *Newsweek*, etc.

A défaut de créer de nouveaux Pivot, les amateurs étrangers de « talk-shows littéraires » se contentent du nôtre, et assouvissent leur passion frustrée en visionnant les émissions d' « Apostrophes ».

Les droits de diffusion de l'émission à l'étranger sont commercialisés par la société « France Média International », qui a pour objet depuis 1983 de promouvoir la diffusion des œuvres et documents audiovisuels télévisés du secteur public dans tous les pays. C'est ainsi que 32 émissions d' « Apostrophes » ont été vendues dans le monde en 1985, et 49 en 1986. Les U.S.A. sont les acheteurs les plus fidèles (65 émissions), suivis par le Québec (10 émissions), et les pays d'Europe de l'Ouest (12 émissions). Les émissions les plus vendues sont généralement les « spéciaux », consacrés à un écrivain unique et considérés comme des références. En tête, le « spécial Lévi-Strauss » (vendu en Belgique, Hongrie, U.S.A., Suisse et Québec), le « spécial Kafka, Orwell et Kundera » (R.F.A., U.S.A., Irlande) ; le « spécial Marguerite Duras » (Belgique, Finlande, U.S.A., Québec) ; le « spécial Marguerite Yourcenar » (Autriche, Finlande, Québec) ; le « spécial Simenon » (Finlande, R.D.A., Québec) ; et surtout le « spécial Soljénytsine » (Corée, R.F.A., Autriche, Suède, Italie, Suisse, Danemark et Québec !).

« Apostrophes » est en outre projetée régulièrement sur certaines chaînes étrangères, sans compter les pays limitrophes (Belgique, Suisse, Luxembourg) qui captent directement Antenne 2. C'est ainsi qu' « Apostrophes » est diffusée chaque semaine au Québec par « TVFQ 99 » (avec un délai de trois semaines par rapport à la France), ainsi qu'en Ontario, sur la chaîne française, depuis le 1er janvier 1987.

Aux Etats-Unis, l'émission est diffusée à New York, sur la chaîne câblée universitaire de Manhattan « CUNY-TV » (City University of New York). L'émission est diffusée en français, sans sous-titres, précédée d'une introduction en anglais et suivie d'un cours de vocabulaire à l'usage des Américains qui souhaitent mieux maîtriser notre langue. C'est par l'intercession du dynamique Henri Hervé, directeur du service de communication audiovisuelle de l'ambassade de France à New York, que ce projet ambitieux a vu le jour le 3 octobre 1985 (la « première » à New York fut la diffusion de la « 500e » d' « Apostrophes », consacrée fort à propos au rayonnement de la langue française dans le monde). L'audience de ces émissions ne s'étend pas encore au-delà des limites de Manhattan — soit 381 000 foyers câblés en 1986, audience approximative : 1 500 à 10 000 personnes — mais des accords passés entre l'université de New York et le Département de l'Education de la ville de New York prévoient une diffusion par voie hertzienne sur l'ensemble des cinq comtés de New York, ce qui permettra un élargissement important de l'audience d' « Apostrophes ».

« CUNY-TV » achète « Apostrophes » par séries de 26 émissions, qui sont diffusées avec un décalage de 3 à 6 mois par rapport à la programmation d'Antenne 2. Chaque émission est programmée 6 fois par semaine à des heures d'écoute différentes (le jeudi à 8 h 30, 12 h, 16 h et 20 h, le samedi à 12 h 30, le dimanche à 18 h 30), et s'adresse à un public pour l'instant très ciblé : la communauté française de Manhattan ; les professeurs et les étudiants des six départements de langue et de littérature française de New York University ; enfin les intellectuels américains francophones et francophiles. Il s'agit de groupes dont le niveau intellectuel et le pouvoir d'achat sont plus élevés que la moyenne américaine.

Dominique Martineau, qui travaille avec Henri Hervé à l'ambassade de France de New York, commente le succès de la diffusion d' « Apostrophes » aux Etats-Unis : « De nombreux articles ont été écrits sur “ Apostrophes ”, son succès en France et le “ phénomène Pivot ” : un tel succès pour une émission littéraire sans autre intervention que celle d'écrivains laisse pantois les Américains et aiguise leur curiosité et leur goût pour la performance. »

Grâce à l'émulation d' « Apostrophes », les producteurs de « First Edition », sur la chaîne non commerciale « P.B.S. », la seule émission littéraire américaine (parrainée par le « Book-of-the-month club »), inaugurée en juin 1984 et abandonnée au bout de douze semaines, ont décidé de relancer le tournage d'une vingtaine de nouvelles émissions, à la suite de l'intérêt suscité par la diffusion d' « Apostrophes », qu'ils s'efforcent de prendre comme modèle. Par ailleurs, « CUNY-TV » vient de coproduire avec le ministère des Affaires étrangères et le service culturel de l'ambassade de France à New York un « Apostrophes made in U.S.A. » autour de cinq romanciers français récompensés par un prix littéraire à l'automne 1985 et invités à New York par le « Pen Club » et la Maison française de l'université de New York. Ces heureux élus sont Michel Braudeau, Yann Queffélec, Hector Bianciotti, Raphaelle Billetdoux et Patrick Besson.

Au-delà du câble de New York, d'autres diffusions d' « Apostrophes » aux Etats-Unis sont en cours ou en projet : une station câblée de Los Angeles est sur le point de signer un contrat de diffusion ; un acheteur américain, « Film for the Humanities », qui fournit des programmes à cinq câbles universitaires, souhaite acquérir des droits de diffusion ; deux demandes en provenance de stations de Washington sont également négociées. En dehors de la télévision, 11 émissions d' « Apostrophes » sont distribuées par le « French-American Cultural Services and Educational Aid », fondation de droit américain diffusant ses programmes auprès des écoles et des universités ; enfin, les Alliances françaises organisent des projections hebdomadaires (New York) ou mensuelles (Boston, Washington).

Qu' « Apostrophes » soit diffusée dans les pays francophones ou non francophones, on perçoit très nettement un impact analogue à celui que nous avons décrit jusqu'ici, sur les éditeurs, les libraires ou les lecteurs. Sans prendre évidemment les mêmes dimensions que celles que nous connaissons en France, l' « effet Pivot » existe bel et bien à l'étranger, où « Apostrophes » fait connaître et vendre les livres français, et participe au développement de la langue et la culture françaises.

Reprenons l'exemple de New York : Shareen Brysac, directrice des programmes de « CUNY-TV », confie : « C'est peut-être une fenêtre qui s'ouvre pour les émissions étrangères à la télévision américaine. Et puis, l'impact sur les ventes des livres français aux Etats-Unis n'est pas à négliger. » Dominique Martineau confirme que certains éditeurs américains demandent à visionner des émissions d' « Apostrophes » consacrées à des auteurs qu'ils ont décidé d'éditer. Ce fut le cas, par exemple, de MacMillan Publishing Company, éditeur de Yann Quéffelec à New York.

Laurine Garaude, chargée de l'acquisition d'œuvres étrangères pour le compte des éditions « St. Martin's Press », a fait parvenir aux services culturels de l'ambassade de France à New York une lettre, datée du 19 mai 1986, dans laquelle elle écrit : « Je ne peux vous dire combien nous sommes heureux que l'émission " Apostrophes " soit diffusée à New York. Je la suis de très près, ainsi que plusieurs de mes collègues à St. Martin's et chez d'autres maisons d'édition à New York. Grâce à " Apostrophes ", nous pouvons suivre la production française et ainsi nous renseigner sur les livres qui pourraient éventuellement être traduits en anglais. J'ai récemment obtenu les droits américains pour le best-seller français *Oro,* par Cizia Zykë (Hachette). Je voudrais si possible revoir [l'émission d' " Apostrophes " qui lui a été consacrée] avec des collègues de St. Martin's (surtout du service promotion et marketing) afin de mieux leur présenter les possibilités d'*Oro* aux Etats-Unis. »

The University Times de février-mars 1986 note que les

librairies de livres français à New York ont dès le début pris l'habitude de disposer dans leurs vitrines les livres dont on parlait à « Apostrophes » sur le câble de Manhattan. Sans provoquer comme en France de véritables rafles dès le samedi matin qui suit l'émission, les libraires new-yorkais ont remarqué que bon nombre de leurs clients venaient leur demander les ouvrages dont ils avaient entendu parler sur le câble.

Enfin, parmi le courrier abondant suscité par la diffusion d' « Apostrophes » à New York, on trouve des déclarations absolument enthousiastes. Ainsi, un téléspectateur américain écrit : « " Apostrophes " est le plus grand cadeau que la France a fait à l'Amérique depuis que Napoléon donna la Louisiane à Thomas Jefferson ! »

Ainsi, Bernard Pivot partage avec son ami Paul Bocuse le rare privilège d'être à la fois prophète dans son pays et à l'étranger. Le succès des diffusions d' « Apostrophes », l'intérêt que suscite à nouveau, grâce à l'émission, la littérature française dans des pays comme les U.S.A., la sympathie et l'admiration que vouent à Bernard Pivot les Américains, les Canadiens, les Belges ou les Italiens confirment bien la réalité et l'ampleur de l' « effet Pivot », qui loin d'être un effet conjoncturel et purement national, prend aujourd'hui des allures planétaires. Sans compter que cet engouement fait bien l'affaire des éditeurs français, pour qui « Apostrophes » offre des débouchés nouveaux en matière de coéditions ou de ventes de droits (comme on l'a vu plus haut avec les exemples de Yann Quéffelec et Cizia Zykë). Aux grandes spécialités de la France, la haute couture, les parfums, les fromages, le vin et la baguette de pain, il faut aujourd'hui ajouter « Apostrophes » et Bernard Pivot. Ceci nous permet de conclure notre huitième cercle de l' « effet Apostrophes » sur une note d'optimisme : un jour, Bernard Pivot présentera ses « Apostrophes » depuis New York, Washington, Moscou, Rome ou Madrid, et les touristes américains s'écrieront avec volupté : « La France ?... Ah ! Paris... Champs-Elysées... Folies-Bergère... Petites madames... Bernard Pivot... » Peut-être, avec le temps et l'aide d' « Apostrophes », la littérature française deviendra-t-elle exportable ?

Fermez les guillemets

« De même qu'un écrivain qui ne passe pas à “ Apostrophes ” n'est pas considéré comme un écrivain par sa concierge, un ministre qu'on ne voit pas à la télévision n'existe pas pour ses électeurs. »

Bernard Pivot, *Communication et Business*

« Le vendredi les Français rent' chez eux
Bâclant leur dîner
Quelques sardines un yaourt ou des œufs
Devant leur télé
Où la nourritur' audiovisuell'
S'ra d'abord spirituell'
Car un seul homm' à ce moment prévaut
C'est Bernard Pivot.

Car le soir de diffusion d' “ Apostroph's ”
Plus un chat dehors
Pour les prolos commerçants philosoph's
L'émission d'abord
Et mêm' ceux qui font l'amour sur la table
Arrêt' leurs ébats coupables
Y prenn' le pied en regardant le show
De Bernard Pivot. »

Pierre Perret,
« Chanson pour Bernard Pivot »

Vendredi 5 mai 2000. Ce soir, à 21 h 30, Antenne 2 présente la 1201e et dernière émission d'« Apostrophes ». Car ce soir, Bernard Pivot fête également son 65e anniversaire, et il profite de l'occasion pour prendre une retraite méritée.

Cette ultime émission a lieu en direct depuis le « Crazy Horse Saloon », dont la célèbre revue nue baptisée « O Apostrophes ! » sera prochainement jouée à Broadway. Les anciens se rappellent en effet qu'en l'an de grâce 1982, répondant à un certain Régis Debray — aujourd'hui gros cultivateur de canne à sucre à Cuba —, Bernard Pivot avait évoqué la « dictature du " Crazy Horse " sur les jolies filles ». Ce soir, les plus jolies filles de la cuvée 2000 du « Crazy Horse », simplement vêtues de lettres, apostrophes et guillemets autocollants aux endroits stratégiques, entourent ce brave Bernard qui ne sait plus où donner de la mèche (car le gaillard a conservé une abondante chevelure que, par coquetterie, il teint en noir foncé). Un orchestre de 60 musiciens accompagne son vieil ami Pierre Perret, venu chanter sa célèbre « Chanson à Bernard Pivot », succès international qui a dépassé les ventes du « Petit papa Noël » de Tino Rossi.

Cette dernière émission de gala est retransmise en direct sur les cinq continents par satellite et en mondiovision, car l'ensemble des pays, industrialisés ou du tiers monde, à l'Est comme à l'Ouest, reçoivent régulièrement « Apostrophes », dont la diffusion mondiale a depuis longtemps détrôné les séries américaines du type *Dallas*. Des trottoirs de Manhattan aux steppes de l'Asie centrale, le héros préféré des enfants n'est plus Tintin ou J.R., mais Bernard Pivot !

Les écrivains, on s'en doute, sont venus en masse ce soir, et montent tour à tour sur la scène du « Crazy Horse » pour lire leur petit compliment à celui qui les a invités sur son plateau depuis vingt-cinq ans.

Madeleine Chapsal, dont le dernier roman raconte la passion tapageuse entre une arrière-grand-mère et un mineur impubère, est accompagnée ce soir par le très jeune poète Jean Jardin, 12 ans, qui s'affirme comme le Rimbaud du XXIe siècle. C'est la troisième fois que Madeleine croise les Jardin à la cour d' « Apostrophes », puisqu'elle était déjà venue le 7 novembre 1986 avec Alexandre Jardin, père de Jean, et le 13 octobre 1978 avec Pascal Jardin, père d'Alexandre et fils de Jean Jardin l'aîné.

Le comte Jean d'Ormesson, 75 ans mais encore frais comme un lapin et vert comme un jeune homme, qui vient de mettre la dernière main à son dictionnaire généalogique des grandes familles en 36 volumes, raconte pour la 500e fois l'histoire de la piscine qui porte son nom, surveillée par le maître-nageur Pivot. Puis l'académicien entame une nouvelle fois le récit de sa vie, et on est obligé de le pousser gentiment dans les coulisses, car l'heure tourne.

Le président de la République Max Gallo — le seul président de la République française dont l'œuvre littéraire mesure dix mètres de rayonnages — a tenu à venir spécialement complimenter l'animateur d' « Apostrophes » : c'est la 27e fois que Max Gallo est l'invité d' « Apostrophes », et il demeure le recordman absolu.

Quel est ce robuste gaillard déguisé en archevêque, et qui s'amuse à écarter les pans de sa robe devant les filles du « Crazy Horse », révélant ainsi qu'il ne porte en dessous qu'un superbe slip de couleur mauve (couleur de la religion) ? Enfer ! C'est Jean-Edern Hallier, dont les récents attentats à la pudeur en direct des plateaux de télévision ont défrayé la chronique ! On expulse discrètement le satyre éructant au moment où le fringant Bernard-Henri Lévy, sans une ride ni un cheveu blanc, s'approche pour déclamer son *Eloge des penseurs*, tout en prenant tout naturellement la pose de celui de Rodin. Il est interrompu par Philippe Sollers, tonsure monacale et œil coquin, qui déverse, avec un débit torrentiel, quelques extraits de *Paradis VI*, qui décrit avec force détails les positions érotiques qu'échangent les anges tout en discutant de Sade.

Voilà qu'on pousse sur le devant de la scène un grand vieux jeune homme mort de trac. C'est Patrick Modiano, l'auteur de *Matinées de septembre*, qui bafouille avec difficulté : « C'est... Je... Bernard Pivot, c'est comme... Je veux dire... C'est bizarre... Un peu... étrange... Enfin, je veux dire... »

Soudain, les lumières de la scène du « Crazy Horse Saloon » s'éteignent. Des femmes poussent des cris d'émoi. L'orchestre entonne une ritournelle bien connue, reprise en chœur par tous : « Joyeux anniversaire... Joyeux anniversaire... Joyeux anniversaire, Bernard... Joyeux anniversaire... » Un énorme gâteau, en forme de livre ouvert, et sur lequel 65 bougies scintillent, est apporté par les meilleurs amis de Bernard Pivot : Robert Sabatier, Jean Chalon, Gilles Lambert, Jean-Claude Lattès, Roger Alexandre, et tous les amis de Quincié-en-Beaujolais. C'est Bernachon qui a fourni le chocolat, mais le gâteau a été préparé par Paul, le pâtissier ami d'enfance de Pivot. Emu, Bernard Pivot souffle comme un démon sur les bougies qu'il éteint d'un seul coup. On applaudit et rallume les lumières. Un groupe de vignerons s'approchent, porteurs d'un tonneau de beaujolais qui est aussitôt mis en perce, à la satisfaction de tous, tandis que Michel Platini, ministre de la Jeunesse et des Sports, offre à Bernard Pivot un ballon d'or. En échange, Pivot lui tend un ballon de rouge et tout ce beau monde trinque.

Enfin, verre à la main, Bernard Pivot fait taire l'assistance. Il va prononcer son discours d'adieu. Fébrilement, il rajuste ses lunettes, relève sa mèche d'un geste nerveux, racle sa gorge serrée par l'émotion et par une cravate passée de mode, et commence :

« Bonsoir à tous ! Eh bien, voici le 1201ᵉ et dernier numéro d' " Apostrophes ", émission que j'ai eu le plaisir de vous présenter chaque semaine à la même heure depuis vingt-cinq ans. Mais, comme dirait l'autre, les meilleures choses ont une fin, et il faut savoir céder sa place le moment venu. Place aux jeunes ! Dès demain, je vais me retirer dans ma maison de Quincié-en-Beaujolais, au milieu de ma famille et de mes amis, où je cultiverai quelques arpents de vigne avec mon frère Jean-Charles. Je réserverai la meilleure cuvée de mon vin aux amis de passage, que j'espère nombreux. Le soir, à la veillée, je lirai, car on ne se débarrasse pas comme cela d'une passion aussi dévorante. Sans doute aussi me remettrai-je à écrire. Non pas mes Mémoires, grand Dieu ! Mais peut-être quelque œuvrette littéraire dont j'ai le projet depuis bien longtemps. Enfant, je voulais écrire le *Guerre et Paix* du Beaujolais, que j'avais intitulé *les Têtières et les Béragnons*. Il est sans doute l'heure de m'atteler à ce rêve d'enfance, qui m'absorbera bien quelques années. Ce n'est pas Eric Neuhoff, qui, voici treize ans, m'exhortait déjà à prendre ma retraite, qui me déconseillera ces sages et littéraires occupations ! Enfin, entre deux lignes, deux livres et deux verres de beaujolais, je songerai parfois avec un brin de nostalgie au journaliste et animateur de télévision que j'ai été, et à la " star audiovisuelle " que j'ai toujours nié être. Et, certains vendredis soir, une forme de cafard s'emparera de moi. Mais, trêve de mélancolie ! L'heure est à la fête et à l'amitié ! Je lève mon verre à la santé de ma famille, de mes amis, et de mes millions de téléspectateurs de par le monde. A votre santé, et à la semaine proch... Pardon... Adieu et merci à tous ! »

ANNEXES

Note préliminaire aux annexes :

Les indications statistiques que l'on trouvera dans les annexes ci-jointes ont été élaborées à partir des sources suivantes :

— plateaux d' « Apostrophes » de janvier 1975 à juillet 1987 (source : Antenne 2) ;

— taux d'écoute d' « Apostrophes » de janvier 1975 à janvier 1987 (source : service des études d'Antenne 2) ;

— meilleures ventes de l'édition française, de 1983 à 1986 (source *Livres-Hebdo*) ;

puis traitées et analysées grâce à un micro-ordinateur.

Nous ne publions ci-après que quelques extraits représentatifs des chiffres et tableaux obtenus au terme de notre étude statistique.

ANNEXE 1 : LES INTELLECTUELS BOUDENT-ILS « APOSTROPHES » ?

Dans son numéro d'avril 1981, *Lire* établit un classement des « 42 premiers intellectuels français vivants », à partir d'une enquête écrite envoyée à 600 personnes et à laquelle ont répondu 448 écrivains, journalistes, professeurs, étudiants, hommes politiques, etc. La question posée était : « Quels sont les trois intellectuels vivants, de langue française, dont les écrits vous paraissent exercer, en profondeur, le plus d'influence sur l'évolution des idées, des lettres, des arts, des sciences, etc. »

Ce classement, comme tout classement, a ses limites. On pourra toujours relever l'absence cruelle de tel ou tel nom (à part Beckett et Duras, peu de représentants du « Nouveau roman ». Alain Robbe-Grillet, Nathalie Sarraute, où êtes-vous ?). Le sociologue Pierre Bourdieu — classé en 36ᵉ position — consacre d'ailleurs 12 pages de critiques à ce classement en annexe de son essai *Homo Academicus* (Editions de Minuit, 1984), dans lesquelles il conteste la légitimité des « juges » chargés d'évaluer les intellectuels (les journalistes et gens de médias étant selon lui sur-représentés). Enfin, par définition, sont exclus dudit classement les intellectuels disparus et les intellectuels étrangers (Soljénitsyne, Borgès, ...). N'importe ! Cette enquête a le mérite d'exister et d'avoir été menée par l'équipe de Bernard Pivot, ce qui permet d'analyser la corrélation entre le classement des principaux intellectuels et leur passage à « Apostrophes ».

Sur ces 42 intellectuels français vivants (dont plusieurs ont disparu depuis), 28 sont venus à « Apostrophes », 14 non. Ce qui signifie qu' « Apostrophes » a « couvert » très exactement 2/3 des principaux intellectuels français. Un joli score, lorsqu'on connaît les habituelles préventions des intellectuels vis-à-vis de la télévision et des médias.

Certains sont même venus plusieurs fois. Le record appartient à

Michel Tournier (9 fois !), suivi de Emmanuel Le Roy Ladurie et Philippe Sollers (6 fois), Bernard-Henri Lévy (5 fois + 1 rediffusion), André Glucksmann (4 fois + 1 rediffusion), Georges Duby (4 fois), Raymond Aron (3 fois + 1 rediffusion), Pierre Bourdieu et Michel Serres (3 fois), Jean Bernard, Roger Garaudy, René Girard, François Jacob, J. M. G. Le Clézio et Marguerite Yourcenar (2 fois), enfin Vladimir Jankélévitch (1 + 1 rediffusion), Pierre Boulez, Fernand Braudel, Claire Brétécher, Albert Cohen, Georges Dumézil, Marguerite Duras, Jean-Luc Godard, Michel Foucault, Eugène Ionesco, Henri Laborit, Claude Lévi-Strauss, Léopold Sedar Senghor (1 fois).

Les 14 intellectuels « empêchés », que Bernard Pivot n'a pas invités ou qui n'ont pas voulu se rendre à ses invitations, sont Louis Althusser, Louis Aragon, Simone de Beauvoir, Samuel Beckett, René Char, E. M. Cioran, Gilles Deleuze, Julien Gracq, René Huyghe, Henri Laborit, Jacques Lacan, Louis Leprince-Ringuet, Henri Michaux, Alfred Sauvy.

On reconnaît, parmi ces « absents », des intellectuels secrets, timides ou misanthropes, qui ont toujours refusé de se rendre sur un plateau de télévision (Beckett, Cioran, Char, Michaux). En revanche, dans les « habitués », figurent des intellectuels hautement cathodiques, pour qui la télévision est un lieu d'expression privilégié (André Glucksmann, Bernard-Henri Lévy, Philippe Sollers).

Parmi les 28 intellectuels invités à « Apostrophes », 7 (soit un quart) ont eu droit aux honneurs de « l'émission spéciale en tête à tête avec Bernard Pivot », comble de la reconnaissance (quelque chose comme le Prix Nobel d' « Apostrophes »). Cette pléiade d'heureux élus sont : Raymond Aron, Albert Cohen, Georges Dumézil, Marguerite Duras, François Jacob, Claude Lévi-Strauss, Marguerite Yourcenar.

Ces intellectuels privilégiés raflent tout : la reconnaissance suprême, respectée et définitive du statut de Haut Intellectuel : l'impact médiatique renouvelé par l'archivage, les rediffusions et les ventes à l'étranger ; les retombées commerciales.

Il faut en effet savoir que ces « tête-à-tête » avec Pivot ont un impact commercial et durable sur la vente des livres des heureux élus, et que ces émissions sont très prisées à l'étranger. Ainsi le « spécial Lévi-Strauss » a été vendu en Belgique, Hongrie, Suisse, Québec et U.S.A. ; le « spécial Duras » a été diffusé en Belgique, Finlande, Québec et U.S.A. ; le « spécial Yourcenar » a circulé en

Autriche, en Finlande et au Québec (source : France Média International).

Notons, pour être complet, que J. M. G. Le Clézio et Pierre Boulez, cités au classement des 42 intellectuels, s'ils n'ont pas eu droit au « tête-à-tête », ont tout de même reçu un traitement de faveur en se partageant l'émission avec un autre intellectuel reconnu : Le Clézio avec Jorge Lüis Borgès ; Pierre Boulez avec Claude Simon. Notons aussi que Raymond Aron (cité à la 2e place dans le classement) a eu droit également, en plus d'un « spécial » à lui seul consacré, à un « Apostrophes à deux places » qui le confrontait à John Kenneth Galbraith à propos du libéralisme. Même cas d'espèce pour Marguerite Yourcenar, qui en plus de son « tête-à-tête » fut invitée une seconde fois avec Jean d'Ormesson à la veille de son élection à l'Académie française.

Citons également, pour mémoire, les intellectuels et écrivains non cités dans l'enquête de *Lire*, mais qui ont eu droit aux feux d'un « Apostrophes spécial » : François, Michel et Robert Debré ; Françoise Dolto ; Maurice Genevoix ; Julien Green ; Louis Guilloux ; Marcel Jouhandeau ; Pierre Mendès-France ; François Mitterrand (deux fois) ; Alain Peyrefitte ; Georges Simenon. Pour les « intellectuels (et écrivains) étrangers », citons les « spéciaux » consacrés à Jorge Luis Borgès (avec Le Clézio) ; Dom Helder Camara (avec Léonide Pliouchtch) ; John Kenneth Galbraith (avec Raymond Aron) ; Henry Kissinger ; Milan Kundera ; Doris Lessing ; Norman Mailer ; Vladimir Nabokov ; Alexandre Soljénitsyne.

Nous reproduisons ci-après, en ordre décroissant de voix, la liste des « 42 principaux intellectuels de langue française », tels qu'ils apparaissent dans le classement de *Lire* d'avril 1981, ainsi que la ou les dates de leurs éventuels passages à « Apostrophes ». Le (S) signifie qu'ils ont eu droit à un « Apostrophes spécial » en tête à tête avec Pivot.

Classement et nom	Passage à Apostrophes	Nbre de passages
1 — Claude Lévi-Strauss	4/5/84 (S)	1
2 — Raymond Aron	18/4/80	3 + 1
redif.	29/1/82	
	23/9/83 (S)	
	24/8/84 (S redif.)	
3 — Michel Foucault	17/12/76	1
4 — Jacques Lacan	—	—
5 — Simone de Beauvoir	—	—
6 — Marguerite Yourcenar	7/12/79 (S)	2
	16/1/81	
7 — Fernand Braudel	21/12/79	1
8 — Michel Tournier	2/5/75	9
	4/3/77	
	15/9/78	
	9/11/79	
	31/10/80	
	3/7/81	
	12/2/82	
	13/5/83	
	10/1/86	
9 — Bernard-Henri Lévy	27/5/77	5 + 1 redif.
	1/6/79	
	23/1/81	
	21/9/84	
	22/8/86 (redif.)	
	3/4/87	
10 — Henri Michaux	—	—
11 — François Jacob	23/10/81	2
	30/1/87 (S)	
12 — Samuel Beckett	—	—
12 — Emmanuel Le Roy Ladurie	5/12/75	6
	15/9/78	
	2/2/79	
	14/11/80	
	12/3/82	
	22/11/85	
14 — René Girard	16/6/78	2
	30/4/82	

15 — Louis Aragon	—	—
15 — Henri Laborit	—	—
15 — Edgar Morin	5/6/81	1
18 — E. M. Cioran	—	—
18 — Eugène Ionesco	10/9/82	1
20 — Marguerite Duras	28/9/84 (S)	1
20 — Roger Garaudy	16/5/75	2
	2/11/79	
20 — Louis Leprince-Ringuet	—	—
20 — Michel Serres	9/9/83	3
	4/1/85	
	20/12/85	
24 — Julien Gracq	—	—
24 — Philippe Sollers	24/1/75	6
	13/2/81	
	22/10/82	
	4/2/83	
	18/1/85	
	13/2/87	
26 — Louis Althusser	—	—
26 — Claire Brétecher	31/3/78	1
26 — René Char	—	—
26 — Gilles Deleuze	—	—
26 — Georges Duby	5/12/75	4
	2/2/79	
	8/5/81	
	19/10/84	
26 — Vladimir Jankélévitch	18/1/80	1 + 1 redif.
	23/8/85 (redif.)	
26 — J. M. G. Le Clézio	19/9/80	2
	15/3/85	
26 — Alfred Sauvy	—	—
34 — Georges Dumézil	18/7/86 (S)	1
34 — Jean-Luc Godard	27/12/85	1
36 — Jean Bernard	29/8/80	2
	19/8/83	
36 — Pierre Boulez	18/9/81	1
36 — Pierre Bourdieu	21/12/79	3
	29/10/82	
	10/5/85	
36 — Albert Cohen	23/12/77 (S)	1

36 — André Glucksmann	27/5/77 18/4/80 30/10/81 26/4/85 22/8/86 (redif.)	4 + 1 redif.
36 — René Huyghe	—	—
36 — Léopold Sedar Senghor	15/7/77	1

ANNEXE 2 : CLASSEMENT DES INVITÉS D' « APOSTROPHES » EN NOMBRE DE PASSAGES

Dans le classement des 2063 invités d' « Apostrophes » depuis janvier 1975, nous ne publions que les noms des 105 invités passés au moins 4 fois à l'émission en 12 ans.

ANNEXE 2-1

invités :	2063	100,00 %
1 passage :	1598	77,50 %
2 et + :	465	22,49 %
dont :		
3 et + :	205	9,89 %
4 et + :	107	5,23 %
5 et + :	57	2,76 %
6 et + :	34	1,65 %
7 et + :	19	0,92 %
8 et + :	8	0,39 %
9 et + :	4	0,19 %
10 et + :	2	0,01 %

Hommes : 80 %.
Femmes : 20 %.

ANNEXE 2-2

Invités	Nbre de passages
Gallo Max	13
d'Ormesson Jean	12 + 1 redif.
Cau Jean	9
Dutourd Jean	9
Labro Philippe	9
Lacouture Jean	9
Tournier Michel	9
Clavel Bernard	8
Laurent Jacques	8
Mauriac Claude	8
Sagan Françoise	8
Troyat Henri	8
Giroud Françoise	7
Hallier Jean-Edern	7
Lapouge Gilles	7
Poirot-Delpech Bertrand	7
Prou Suzanne	7
Rémy Pierre-Jean	7
Revel Jean-François	7
Rihoit Catherine	7
Todd Olivier	7
Amouroux Henri	6
Brenner Jacques	6
Cauvin Patrick	6
Daniel Jean	6
Déon Michel	6 + 1 redif.
Dormann Geneviève	6
Gascar Pierre	6

Gerber Alain	6
Grainville Patrick	6
Le Roy Ladurie Emmanuel	6
Miquel Pierre	6
Modiano Patrick	6
Nucéra Louis	6
Sabatier Robert	6
Semprun Jorge	6
Sollers Philippe	6
Sternberg Jacques	6
Vincenot Henri	6
Attali Jacques	5
Boudard Alphonse	5
Boulanger Daniel	5
Cavanna François	5
de Closets François	5
Deforges Régine	5
Duquesne Jacques	5
Faure Edgar	5
Josselin Jean-François	5 + 1 redif.
Jullian Marcel	5 + 1 redif.
Lanzmann Jacques	5
Lévy Bernard-Henri	5 + 1 redif.
Marceau Félicien	5
Matzneff Gabriel	5
Nourrissier François	5
Perrein Michèle	5
Raspail Jean	5
Tulard Jean	5
Vrigny Roger	5
Alexandre Philippe	4
Ariès Philippe	4
Audouard Yvan	4
Avril Nicole	4
Badinter Elisabeth	4
Bazin Hervé	4

Bianciotti Hector	4
Bodard Lucien	4
Bory Jean-Louis	4
Bosquet Alain	4
Bourniquel Camille	4
Bredin Jean-Denis	4
Caradec François	4
Carrère d'Encausse Hélène	4
Cerf Muriel	4
Chaix Marie	4
Chalais François	4
Chalon Jean	4
Chancel Jacques	4
Chapsal Madeleine	4
Chaunu Pierre	4
Clavel Maurice	4
Collange Christiane	4
Collins Larry	4
Daix Pierre	4
Dard Frédéric	4
de Rivoyre Christine	4
Droit Michel	4
Duby Georges	4
Duneton Claude	4
Elleinstein Jean	4
Ferniot Jean	4
Glucksmann André	4 + 1 redif.
Hélias Pierre-Jakez	4
Hocquenghem Guy	4
Mallet-Joris Françoise	4
Minkowski Alexandre	4
Nadeau Maurice	4
Nora Pierre	4
Perrault Gilles	4
Peyrefitte Alain	4
Peyrefitte Roger	4
Philippe Claude-Jean	4 + 1 redif.
Robbe-Grillet Alain	4

Roy Claude	4
Signoret Simone	4 + 1 redif.
Suffert Georges	4

ANNEXE 2-3 : PART DES ROMANS ET NON-ROMANS À « APOSTROPHES »

1975 :
Total livres : 177
Romans : 37, soit 20,90 %
Essais, documents : 140, soit 79,10 %

1976 :
Total livres : 208
Romans : 59, soit 28,36 %
Essais, documents : 149, soit 71,63 %

1977 :
Total livres : 228
Romans : 84, soit 36,84 %
Essais, documents : 144, soit 63,15 %

1978 :
Total livres : 276
Romans : 120, soit 43,47 %
Essais, documents : 156, soit 56,52 %

1979 :
Total livres : 239
Romans : 116, soit 48,53 %
Essais, documents : 123, soit 51,46 %

1980 :
Total livres : 233
Romans : 82, soit 35,19 %
Essais, documents : 151, soit 64,80 %

1981 .
Total livres : 257
Romans : 109, soit 42,41 %
Essais, documents : 148, soit 57,58 %

1982 :
Total livres : 251
Romans : 106, soit 42,23 %
Essais, documents : 145, soit 57,76 %

1983 :
Total livres : 249
Romans : 113, soit 45,38 %
Essais, documents : 136, soit 54,61 %

1984 :
Total livres : 246
Romans : 98, soit 39,83 %
Essais, documents : 148, soit 60,16 %

1985 :
Total livres : 265
Romans : 107, soit 40,37 %
Essais, documents : 158, soit 59,62 %

1986 :
Total livres : 269
Romans : 97, soit 36,05 %
Essais, documents : 172, soit 63,94 %

Cumul 1975-1986 :
Total livres : 2 898
Romans : 1 128, soit 38,92 %
Essais, documents : 1 770, soit 61,08 %

ANNEXE 3 : REPRÉSENTATIVITÉ DES ÉDITEURS À « APOSTROPHES »

Représentativité des éditeurs en titres présentés à « Apostrophes » de janvier 1975 à janvier 1987 (12 ans).

ANNEXE 3-1

Nbre d'éditeurs	244	
Nbre de livres	2 898	100 %
Grands éditeurs (20)	2 160	74,53 %
dont :		
Gallimard	300	10,35 %
Grasset	250	8,62 %
Seuil	233	8,04 %
Laffont	197	6,79 %
Albin Michel	152	5,24 %
Fayard	132	4,55 %
Flammarion	131	4,52 %
Stock	122	4,20 %
Denoël	85	2,93 %
Julliard	84	2,89 %
Lattès	78	2,69 %
Hachette	72	2,48 %
Plon	62	2,13 %
Belfond	44	1,52 %
Calmann-Lévy	43	1,48 %
Ramsay	41	1,41 %
Balland	37	1,28 %
Olivier Orban	33	1,14 %
Table Ronde	33	1,14 %
P.U.F.	31	1,07 %
Autres éditeurs	738	25,7 %

ANNEXE 3-2

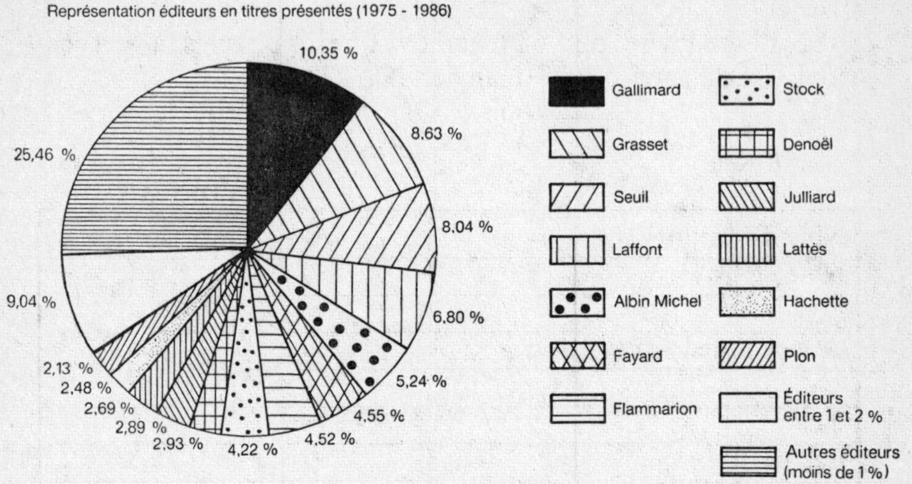

ANNEXE 3-3
CLASSEMENT DES ÉDITEURS PASSÉS À APOSTROPHES SUR 12 ANS (1.1.1975-1.1.1987)

Classement Apostrophes et nbre de passages	Éditeur	(Titres/an)
1 (300)	Gallimard	(500)
2 (250)	Grasset	(130)
3 (233)	Seuil	(300)
4 (197)	Laffont	(250)
5 (152)	Albin Michel	(280)
6 (132)	Fayard	(130)
7 (131)	Flammarion	(300)
8 (122)	Stock	(96)

9	(85)	Denoël	(130)
10	(84)	Julliard/L'Age d'Homme	(100)
11	(78)	Lattès	(85)
12	(72)	Hachette Litt. Gén.	(60)
13	(62)	Plon	(57)
14	(44)	Belfond	(80)
15	(43)	Calmann-Lévy	(60)
16	(41)	Ramsay	(60)
17	(37)	Balland	(60)
18	(33)	Olivier Orban	(40)
19	(33)	Table Ronde	(40)
20	(31)	P.U.F.	(450)
21	(29)	Mercure de France	(35)
22	(23)	Mazarine	(35)
23	(21)	Seghers	(40)
24	(17)	Bourgois	(40)
25	(17)	Lib. Académ. Perrin	(30)
26	(16)	Presses de la Renaissance	(35)
27	(16)	Editions Sociales	(25)
28	(15)	Livre de poche	(250)
29	(14)	France-Empire	(100)
30	(14)	Presses de la Cité	(200)
31	(13)	Maspéro/La Découverte	(68)
32	(13)	Payot	(80)
33	(12)	Editions de Minuit	(25)
34	(12)	Le Chêne	(40)

ANNEXE 3-4

ANALYSE DES DÉPENSES PUBLICITAIRES DES ÉDITEURS DANS *LIRE*

CLASSEMENT PAR ORDRE DÉCROISSANT EN MILLIERS DE FRANCS

(SOURCE SECODIP)

	1985		1986	
Laffont	1 328		1 461	
Fayard	372	519	531	811
Mazarine	147		480	
Presses de la Cité	248		523	
dont :				
Julliard	49		371	
Plon	199		84	
Gallimard	331		333	
Le Seuil	327		316	
Le Robert	427		282	
Larousse	318		278	
Livre de poche	120		264	
Flammarion	184		224	
Denoël	85		208	
Albin Michel	215		201	
PUF	147		168	
Nathan	147		124	
Stock	123		112	
Lattès	180		84	
Dargaud	57		76	
Casterman	58		52	
Calmann	75		47	
Bordas	32		26	

ANNEXE 4 : CORRÉLATION ENTRE MEILLEURES VENTES (SOURCE *LIVRES-HEBDO*)[1] ET PASSAGE À « APOSTROPHES » (1983 à 1986)

(*en italiques les livres non passés à « Apostrophes »*)

Auteur et titre	Date parution	Date succès	Date Apostrophes
1983			
Romans			
1. Régine Deforges : « La Bicyclette bleue » (Ramsay)	11/82	17/1/83	7/1/83
1. Paul-Loup Sulitzer : « Le Roi vert » (Stock) (émission sur les best-sellers)	1/83	14/2/83	22/7/83
3. Bernard Clavel : « Harricana » (Albin Michel)	2/83	14/3/83	25/2/83
4. Benoîte Groult : « Les Trois Quarts du temps » (Grasset)	5/83	6/6/83	13/5/83
5. Michel de Grèce : « La Nuit du Sérail » (Orban)	10/82	6/12/82	12/1/83
5. François Cavanna : « Les Yeux plus grands que le ventre » (Belfond)	4/83	9/5/83	13/5/83
7. Philippe Sollers : « Femmes » (Gallimard)	2/83	28/2/83	4/2/83
8. Jacques Lanzmann : « Le Lama bleu » (Lattès)	*4/83*	*23/5/83*	
9. Françoise Parturier : « Les Hauts de Ramatuelle » (Albin Michel)	6/83	29/8/83	5/8/83

1. Classement en nombre de semaines de meilleures ventes à partir des données fournies par une cinquantaine de libraires.

Auteur et titre	Date parution	Date succès	Date Apostrophes
9. *John Le Carré : « La Petite Fille au tambour » (Robert Laffont)*	*5/83*	*20/6/83*	
11. Françoise Giroud : « Le Bon Plaisir » (Mazarine)	1/83	31/1/83	28/1/83
11. Maurice Rheims : « Le Saint-Office » (Gallimard)	3/83	11/4/83	18/3/83
11. Geneviève Dormann : « Le Roman de Sophie Trébuchet » (Albin Michel)	11/82	20/12/82	12/11/82
11. Françoise Sagan : « Un Orage immobile » (Pauvert/Julliard)	3/83	28/3/83	4/3/83
15. Bernard Simiot : « Ces Messieurs de Saint-Malo » (Albin Michel)	3/83	29/8/83	17/6/83
15. Alphonse Boudard : « Le Café du pauvre » (La Table Ronde)	9/83	10/10/83	16/9/83
15. France Huser : « La Maison du désir » (Le Seuil)	10/82	14/2/83	14/1/83
15. Fanny Deschamps : « La Bougainvillée » (Albin Michel)	3/82	12/4/82	2/4/82
15. Umberto Eco : « Le Nom de la rose » (Grasset)	4/82	20/12/82	23/7/82
20. Jean Dutourd : « Henri ou l'Education nationale » (Flammarion)	1/83	31/1/83	7/1/83
20. Georges Conchon : « Le Bel Avenir » (Albin Michel)	9/83	26/9/83	2/9/83
20. Ania Francos : « Sauve-toi Lola » (Bernard Barrault)	9/83	10/9/83	2/9/83
20. Elie Wiesel : « Le Cinquième Fils » (Grasset)	9/83	10/10/83	16/9/83
20. Catherine Rihoit : « Triomphe de l'amour » (Gallimard)	9/83	10/10/83	18/11/83
20. Vassili Grossmann : « Vie et Destin » (L'Age d'homme/Julliard)	9/83	24/10/83	7/10/83 (présenté par Vladimir Dimitrijevic)
20. Eiji Yoshikawa : « La Pierre et le Sabre » (Balland)	6/83	29/8/83	17/6/83 (présenté par Jean-Claude Carrière)

Sur 26 romans, 24 sont passés à « Apostrophes » (sauf Lanzmann, Le Carré).

Auteur et titre	Date parution	Date succès	Date Apostrophes
Non-romans			
1. François de Closets : « Toujours plus ! » (Grasset)	5/82	21/6/82	11/6/82
2. Alain Peyrefitte : « Quand la rose se fanera » (Plon)	1/83	14/2/83	11/2/83
2. Guy de Rothschild : « Contre bonne fortune » (Belfond)	5/83	6/6/83	6/5/83
4. Jean-François Revel : « Comment les démocraties finissent » (Grasset)	4/83	9/5/83	15/4/83
5. Julien Green : « Frère François » (Le Seuil)	4/83	6/6/83	20/5/83 (Apostrophes spécial)
6. Elisabeth Badinter : « Emilie, Emilie » (Flammarion)	4/83	23/5/83	29/4/83
6. Edgar Faure : « Avoir toujours raison... c'est un grand tort » (Plon)	11/82	15/12/82	19/11/82
8. Jean des Cars : « Elisabeth d'Autriche » (Lib. Académique Perrin)	*6/83*	*4/7/83*	
8. Théodore Zeldin : « Les Français » (Fayard)	5/83	6/6/83	6/5/83
8. Samuel Pisar : « La Ressource humaine » (Lattès)	*5/83*	*20/6/83*	
8. Michel Albert : « Un pari pour l'Europe » (Le Seuil)	*7/83*	*29/8/83*	
12. Raymond Aron : « Mémoires » (Julliard)	9/83	26/9/83	23/9/83
12. André Frossard : « N'ayez pas peur ! dialogues avec Jean-Paul II » (Laffont)	10/82	15/11/82	22/10/82
12. Jean-Pierre Changeux : « L'homme neuronal » (Fayard)	*2/83*	*11/4/83*	
12. Pierre Barret et Jean-Noël Gurgand : « Si je t'oublie Jérusalem » (Hachette)	*11/82*	*17/1/83*	
16. Alain Duhamel : « Les Prétendants » (Gallimard)	*9/83*	*10/10/83*	
16. Henri Amouroux : « Ce que vivent les roses » (Laffont)	*2/83*	*28/2/83*	
(invité le 11/11/83 pour le T. 6 de « La Grande Histoire des Français sous l'Occupation » (Laffont)			

Auteur et titre	Date parution	Date succès	Date Apostrophes
18. *Régine et Georges Pernoud : « Le Tour de France médiéval » (Stock)*	*1/83*	*31/1/83*	
18. *Michel Poniatowski : « Lettre ouverte au président de la République » (Albin Michel)*	*10/83*	*24/10/83*	
18. *Jean-Paul Sartre : « Lettres au Castor » (Gallimard)*	*10/83*	*24/10/83*	
18. Jean-François Kahn : « La Guerre civile » (Le Seuil)	1/83	31/1/83	11/2/83
18. André Castelot : « François Ier » (Lib. Académ. Perrin)	10/83	24/10/83	21/10/83
18. Paul Thorez : « Les Enfants modèles » (Lieu commun)	9/82	10/82	18/3/83

Sur 23 non-romans, 12 sont passés.

1984

Romans

Auteur et titre	Date parution	Date succès	Date Apostrophes
1. *Régine Deforges : « 101, avenue Henri-Martin » (Ramsay)*	*11/83*	*5/12/83*	
2. Michel Déon : « Je vous écris d'Italie » (Gallimard)	2/84	12/3/84	24/2/84
3. Michel Ragon : « Les Mouchoirs rouges de Cholet » (Albin Michel)	1/84	27/2/84	3/2/84
3. Françoise Dorin : « Les Jupes-Culottes » (Flammarion)	4/84	4/6/84	11/5/85
5. *Paul-Loup Sulitzer : « Popov » (Orban/Editions N° 1)*	*4/84*	*21/5/84*	
5. Marek Halter : « La Mémoire d'Abraham » (Laffont)	10/83	7/11/83	18/11/83
7. Milan Kundera : « L'Insoutenable Légèreté de l'être » (Gallimard)	1/84	27/2/84	27/1/84
8. *Bernard Clavel : « L'Or de la terre » (Albin Michel)*	*4/84*	*7/5/84*	
8. Marie-France Pisier : « Le Bal du gouverneur » (Grasset)	5/84	7/84	8/6/84
10. Bette Bao Lord : « Lune de printemps » (Albin Michel)	11/83	19/12/83	18/11/83
10. Maryse Condé : « Segou » (Laffont)	5/84	7/84	8/6/84
12. Irène Frain : « Modern style » (Lattès)	3/84	26/3/84	16/3/84

Auteur et titre	Date parution	Date succès	Date Apostrophes
12. Nicole Avril : « Jeanne » (Flammarion)	3/84	9/4/84	16/3/84
12. Marguerite Duras : « L'Amant » (Minuit) Prix Goncourt 84	9/84	24/9/84	28/9/84 (Apostrophes spécial)
15. Robert Merle : « La Violente Amour » (Plon)	*11/83*	*19/12/83*	
15. Catherine Hermary-Vieille : « La Marquise des ombres » (Orban)	*10/83*	*19/12/83*	(invitée le 5/8/83 pour « L'Epiphanie des dieux » (Gallimard) et le 18/11/83 pour « La Brinvillée » (Orban)
17. Flora Groult : « Le Passé infini » (Flammarion)	1/84	13/2/84	10/2/84
17. Hubert Monteilhet : « Néropolis » (Julliard/Pauvert)	9/84	8/10/84	14/9/84
19. Henri Troyat : « Maria Karpovna » (Flammarion)	1/84	13/2/84	20/1/84
19. Robert Sabatier : « Les Années secrètes de la vie d'un homme » (A. Michel)	2/84	27/2/84	10/2/84
19. Isabel Allende : « La Maison des esprits » (Fayard)	3/84	23/4/84	30/3/84
19. Michel Del Castillo : « La Gloire de Dina » (Le Seuil)	9/84	8/10/84	30/11/84
19. Bernard-Henri Lévy : « Le Diable en tête » (Grasset) Prix Médicis 84	9/84	22/10/84	21/9/84
19. Bertrand Poirot-Delpech : « L'Été 36 » (Gallimard)	9/84	22/10/84	14/9/84
Sur 24 romans, 19 sont passés.			
Non-romans			
1. Françoise Sagan : « Avec mon meilleur souvenir » (Gallimard)	3/84	23/4/84	23/3/84
1. Olivier Todd : « Jacques Brel » (Laffont)	4/84	4/6/84	18/5/84
3. Hector Obalk, Alain Soral et Alexandre Pasche : « Les Mouvements de mode racontés aux parents » (Laffont)	4/84	18/6/84	1/6/84
3. Nadine de Rothschild : « La baronne rentre à cinq heures » (Lattès)	*5/84*	*7/84*	
5. Jean-Louis Servan-Schreiber : « L'Art du temps » (Fayard)	1/84	13/2/84	13/1/84

Auteur et titre	Date parution	Date succès	Date Apostrophes
6. *Valéry Giscard d'Estaing :* *« Deux Français sur trois » (Flammarion)*	*3/84*	*26/3/84*	
6. Eric Roussel : « Pompidou » (Lattès)	3/84	13/3/84	23/3/84
6. Martine Bourillon : « Côté cœur, c'est pas le pied » (Grasset)	5/84	18/6/84	11/5/84
6. Guy Sorman : « La Solution libérale » (Fayard)	9/84	24/9/84	26/10/84
6. Hervé Hamon et Patrick Rotman : « Tant qu'il y aura des profs » (Le Seuil)	9/84	24/9/84	7/9/84
6. Jean-Denis Bredin : « L'Affaire » (Julliard)	11/83	10/1/84	6/1/84
12. Jacques Derogy : « Enquête sur les mystères de Marseille » (Laffont)	2/84	26/3/84	9/3/84
12. Patrick Meney : *« Les Mains coupées de la Taïga » (La Table Ronde)*	*2/84*	*26/3/84*	
12. Pierre Antilogus et Philippe Tretiak : « Bienvenue à l'Armée rouge » (Lattès)	5/84	27/8/84	1/6/84
15. Gilles Perrault : « Un homme à part » (Bernard Barrault)	4/84	7/5/84	27/4/84
15. Claude Imbert : « Ce que je crois » (Grasset)	9/84	8/10/84	14/9/84
15. Jean Lacouture : « De Gaulle » T. 1 (Le Seuil)	10/84	22/10/84	5/10/84
18. Jacqueline de Romilly : « L'Enseignement en détresse » (Julliard)	3/84	26/3/84	2/3/84
18. Georges Duby : « Guillaume le Maréchal » (Fayard)	9/84	22/10/84	19/10/84
18. Henri Troyat : « Tchekhov » (Flammarion) (invité le 20/1/84 pour « Marie Karpovna » (Flammarion))	10/84	5/11/84	19/10/84
18. Joëlle et Stella de Rosnay : « Branchez-vous » (Orban)	10/84	5/11/84	12/10/84

Sur 21 non-romans, 18 sont passés.

1985

Romans

Auteur et titre	Date parution	Date succès	Date Apostrophes
1. Régine Deforges : *« Le diable en rit encore » (Ramsay)*	*19/3/85*		
2. Dominique Lapierre : « La Cité de la joie » (Laffont)	3/85		5/4/85

Auteur et titre	Date parution	Date succès	Date Apostrophes
3. J. M. G. Le Clézio : « Le Chercheur d'or » (Gallimard)	21/2/85		15/3/85
4. Paul-Loup Sulitzer : *« Hannah » (Stock/Editions N° 1)*	*13/3/85*		
5. Maurice Denuzière : *« Les Trois-Chênes » (Denoël)*	*2/4/85*		
6. Simone Signoret : « Adieu Volodia » (Fayard)	1/85		1/2/85
7. Jeanne Bourin : *« Le Grand Feu » (La Table Ronde)*	*14/2/85*		
8. Marguerite Duras : « L'Amant » (Minuit) Prix Goncourt 84 (Apostrophes spécial)	9/84	24/9/84	28/9/84
9. Jean d'Ormesson : « Le Vent du soir » (Lattès)	23/5/85		14/6/85
10. Larry Collins : « Fortitude » (Laffont)	31/1/85	22/2/85	
11. Michel de Grèce : *« La Femme sacrée » (Orban)*	*10/84*		
12. Françoise Sagan : « De guerre lasse » (Gallimard)	15/5/85		17/5/85
13. Bernard-Henri Lévy : « Le Diable en tête » (Grasset) Prix Médicis 84	9/84	22/10/84	21/9/84
14. Hubert Monteilhet : « Néropolis » (Julliard/Pauvert)	9/84	8/10/84	14/9/84
15. Christian Dedet : « La Mémoire du fleuve » (Phébus) Prix des Libraires 85	11/84		28/6/85
16. Claude Michelet : *« Les Promesses du ciel et de la terre »* *(Laffont)*	*29/3/85*		
17. Yann Queffélec : « Les Noces barbares » (Gallimard) Prix Goncourt 85	2/9/85		6/9/85
18. William Boyd : « Comme neige au soleil » (Balland)	16/1/85		22/3/85
19. Guy Hocquenghem : « La Colère de l'agneau » (Albin Michel)	2/9/85		6/9/85

20. Hector Bianciotti : « Sans la miséricorde du Christ » (Gallimard) Prix Fémina 85	2/9/85		27/9/85

Sur 20 romans, 14 sont passés.

Non-romans

1. Alain Decaux : « Victor Hugo » (Lib. Acad. Perrin)	12/84		7/12/84
2. Jean Chalon : « Le Lumineux Destin d'Alexandra David-Neel » (Lib. Acad. Perrin)	1/3/85		29/3/85
3. Catherine Nay : « Le Noir et le Rouge » (Grasset)	19/10/84		19/10/84
4. Léon Schwartzenberg : « Requiem pour la vie » (Le Pré-aux-clercs)	26/4/85		31/5/85
5. Yves Courrière : « Joseph Kessel ou Sur la piste du lion » (Plon)	6/85		28/6/85
6. Christiane Collange : « Moi, ta mère » (Fayard)	25/1/85		25/1/85
7. Michel Schifres et Michel Sarasin : « L'Elysée de Mitterrand » (Alain Moreau)	*2/85*		
8. André Glucksmann : « La Bêtise » (Grasset)	20/3/85		26/4/85
9. Louis Leprince-Ringuet : « Les Pieds dans le plat » (Flammarion)	*6/2/85*		
10. Françoise Dolto : « La Cause des enfants » (Laffont)	*2/3/85*		
11. Jean Cau : « Croquis de mémoire » (Julliard)	1/3/85		12/4/85
12. Philippe de Dieuleveult : « J'ai du ciel bleu dans mon passeport » (Grasset)	*19/10/84*		
13. Françoise Xénakis : « Zut ! on a encore oublié Mme Freud » (Lattès)	23/1/85		1/3/85
14. Christine Clerc : « Dimanche 16 mars 1986, 20 heures... » (Belfond)	20/8/85		11/10/85
15. Jean Lacouture : « De Gaulle » T. 1 (Le Seuil)	10/84	22/10/84	5/10/84
16. Cizia Zikë : « Oro » (Hachette)	10/6/85		28/6/85

17.	Louis Bériot : « Le Bazar de la solidarité » (Lattès)	23/1/85	25/1/85
18.	*Capitaine Barril :* *« Missions très spéciales »* *(Presses de la Cité)*	*11/84*	
19.	François de Closets : « Tous ensemble » (Le Seuil)	9/10/85	11/10/85
20.	Jean Lacouture : « De Gaulle » T. 2 (Le Seuil)	9/10/85	22/11/85

Sur 20 non-romans, 15 sont passés.

1986

Romans

1.	Patrick Süskind : « Le Parfum » (Fayard)	19/3/86	4/4/86
2.	Karen Blixen : « La Ferme africaine » (Gallimard)	12/3/86	14/3/86
2.	*Paul-Loup Sulitzer :* *« L'Impératrice » (Editions N° 1)*	*5/86*	
4.	Robert Sabatier : « David et Olivier » (Albin Michel)	2/86	7/2/86
4.	*Robert Mallet :* *« Ellynn » (Gallimard) Prix des Libraires*	*22/2/86*	
4.	*Bernard Simiot :* *« Le Temps des Carbec » (Albin Michel)*	*4/86*	
4.	Michel Tournier : « La Goutte d'or » (Gallimard)	3/1/86	10/1/86
4.	Jean d'Ormesson : « Tous les hommes en sont fous » (Lattès)	2/5/86	9/5/86
9.	*John Irving :* *« L'Œuvre de Dieu, la part du Diable » (Le Seuil)*	*5/86*	
9.	*John Le Carré :* *« Un pur espion » (Laffont)*	*15/5/86*	
9.	Amin Maalouf : « Léon l'Africain » (Lattès)	4/86	25/7/86
9.	Yann Queffélec : « Les Noces barbares » (Gallimard) Prix Goncourt 1985	2/9/85	6/9/85
13.	Sébastien Japrisot : « La Passion des femmes » (Denoël)	29/8/86	29/8/86
14.	André Le Gal : « Le Shangaïé » (Lattès) Prix des Maisons de la presse	3/86	4/4/86

Auteur et titre	Date parution	Date succès	Date Apostrophes
14. Pascal Quignard : « Le Salon du Wurtemberg » (Gallimard)	29/8/86		12/9/86
14. Patrick Grainville : « Le Paradis des orages » (Le Seuil)	1/86		24/1/86
14. Dominique Lapierre : « La Cité de la joie » (Laffont)	3/85		5/4/85
14. Marcel Pagnol : « Jean de Florette » et « Manon des sources » (Julliard)	10/86		30/5/86
19. François Weyergans : « La Vie d'un bébé » (Gallimard)	3/2/86		7/2/86
19. Jean Raspail : « Qui se souvient des hommes ? » (Laffont)	27/8/86		29/8/86
19. Isabel Allende : « D'amour et d'ombre » (Fayard)	5/2/86		14/2/86
19. Marion Zimmer Bradley : « Les Dames du lac » (Pygmalion)	*2/86*		
23. Philippe Labro : « L'Etudiant étranger » (Gallimard) Prix Interallié	23/9/86		3/10/86
23. Jean Vautrin : « La Vie Ripolin » (Mazarine)	27/8/86		26/9/86
23. Claude Michelet : « Pour un arpent de terre » (Laffont)	*3/9/86*		
23. Patrick Modiano : « Dimanches d'août » (Gallimard)	29/8/86		5/9/86

Sur 26 romans, 19 sont passés.

Non-romans

Auteur et titre	Date parution	Date succès	Date Apostrophes
1. Alexandre Wickham et Sylvie Coignard : « La Nomenklatura française » (Belfond)	21/1/86		14/2/86
2. Jean Orieux : « Catherine de Médicis » (Flammarion)	*23/5/86*		
3. Elisabeth Badinter : « L'un et L'autre » (Odile Jacob)	4/86		24/4/86
4. Günther Walraff : « Tête de Turc » (La Découverte)	4/86		11/4/86
4. Fernand Braudel : « L'Identité de la France », T. I (Arthaud/Flammarion)	*10/3/86*		

	Auteur et titre	Date parution	Date succès	Date Apostrophes
6.	Hélène Carrère d'Encausse : « Ni paix, ni guerre » (Flammarion)	4/86		18/4/86
7.	Judith Thurman : « Karen Blixen » (Seghers)	4/86		14/3/86
7.	Alphonse Boudard : « La Fermeture » (Laffont)	4/86		11/4/86
9.	*Jean-Luc Lahaye : « Cent Familles » (Carrère-Lafon)*	*12/85*		
9.	Bernard Tapie : « Gagner » (Laffont)	5/86		23/5/86
9.	Thierry Wolton : « Le KGB en France » (Grasset)	8/1/86		10/1/86
12.	Frédéric Bon et Michel-Antoine Burnier : « Que le meilleur perde » (Balland)	3/1/86		3/1/86
12.	Christine Ockrent et Alexandre de Marenches : « Dans le secret des princes » (Stock)	3/9/86		5/9/86
12.	Margarete Buber-Neuman : « Milena » (Le Seuil)	1/86		17/1/86
12.	*André Castelot : « Henri IV le passionné » (Perrin)*	*26/9/86*		
16.	Jacques Derogy et Jean-Marie Pontaut : « Enquête sur trois secrets d'Etat » (Laffont)	3/9/86		19/9/86
17.	Jean Lacouture : « De Gaulle », T. 3 : Le Souverain (Le Seuil)	30/9/86		3/10/86
17.	François Bluche : « Louis XIV » (Fayard)	9/86		12/9/86
17.	Jean-Didier Vincent : « Biologie des passions » (Odile Jacob)	2/86		21/2/86
17.	*Ghislain de Diesbach : « La Princesse Bibesco » (Perrin).*	*5/86*		
17.	Thierry Pfister : « La Vie quotidienne à Matignon au temps de l'union de la gauche » (Hachette)	11/85		29/11/85
17.	*Maurice Duverger : « Bréviaire de la cohabitation » (P.U.F.)*	*17/3/86*		
17.	Claude Hagège : « L'Homme de paroles » (Fayard)	9/85		6/12/85

Auteur et titre	Date parution	Date succès	Date Apostrophes
24. Pierre Assouline : « Une éminence grise, Jean Jardin » (Balland)	9/86		5/9/86
24. Pierre Péan : « Secret d'Etat » (Fayard)	9/86		19/9/86
24. Serge July : « Les Années Mitterrand » (Grasset)	1/86		31/1/86

Sur 26 non-romans, 20 sont passés.

CONCLUSION :
De 83 à 86 (4 ans), 81,72 % des meilleures ventes de romans, et 72,22 % des meilleures ventes de non-romans sont passés à « Apostrophes ». Soit 76 romans sur 93 et 65 non-romans sur 90 (source meilleures ventes : *Livres-Hebdo*).

ANNEXE 5 :
PRINCIPAUX THÈMES D'ÉMISSIONS D'« APOSTROPHES »
(il s'agit d'un choix non exhaustif)

Principaux Thèmes (1975-87)

Thèmes	Nbre d'émissions	Thèmes	Nbre d'émissions
Littérature	87	Cuisine	7
Histoire	47	Mort	7
Politique	38	Nature	7
Monde	35	Sport	7
Spéciaux	34	Idées	6
Famille	29	Art	5
Personnages	23	Morale	5
Femmes	20	Fantastique	4
Religion	20	Justice	4
Actualité	17	Militaires	3
Spectacle	17	Poésie	3
Corps	16	Argent	2
Amour	15	Jeux	2
Terroir	13	Philosophes	2
Souvenirs	12	Polars	2
Humour	10	Publicité	2
Médecine	10	Noblesse	2
Patrons	10	B.D.	1
Langage	9	Francs-maçons	1
Temps	9	Marginaux	1
Voyages	9	Photographie	1
Sciences	8	S.F.	1
		Surréalisme	1

ANNEXE 6 : ÉVOLUTION DU TAUX D'ÉCOUTE D' « APOSTROPHES » (MOYENNE ANNUELLE)

— 1975-1984 : méthode des panels (millions de téléspectateurs de plus de 15 ans) ;

— 1982-1986 : méthode AUDIMAT (1 point Audimat : 180 000 foyers équipés d'un téléviseur en 1982 ; 194 000 en 1987).

ANNEXE 6.1

J : Années.
K : Tx écoute en millions de téléspectateurs ≥ 15 ans.

J	K
1975	2,305
1976	2,097
1977	2,182
1978	2,719
1979	2,621
1980	2,331
1981	2,433
1982	2,957
1983	3,442
1984	3,393

Évolution du taux d'écoute (moyenne annuelle) 1975/84

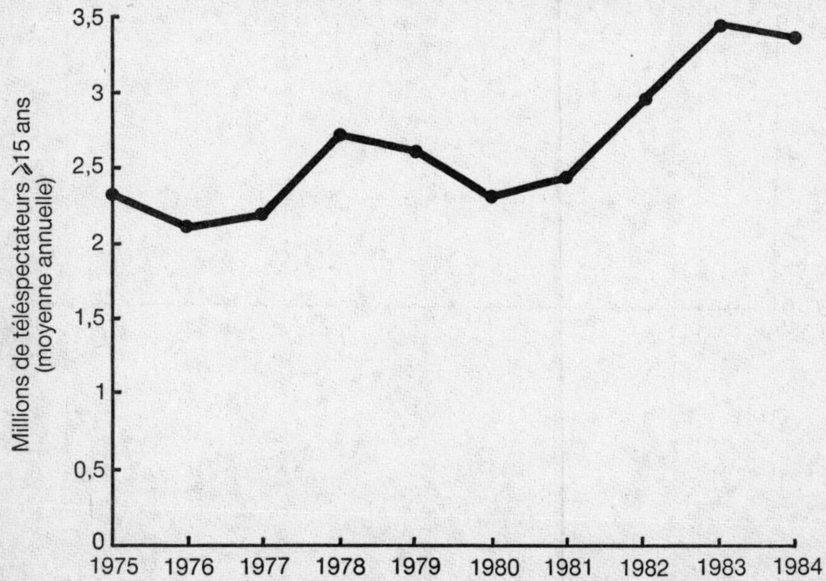

ANNEXE 6.2

I : années H : % Audimat (moyenne annuelle)

H	I
10,646	année 82
10,986	année 83
12,301	année 84
9,518	année 85
8,82	année 86

Évolution moyenne annuelle Audimat 1982/86

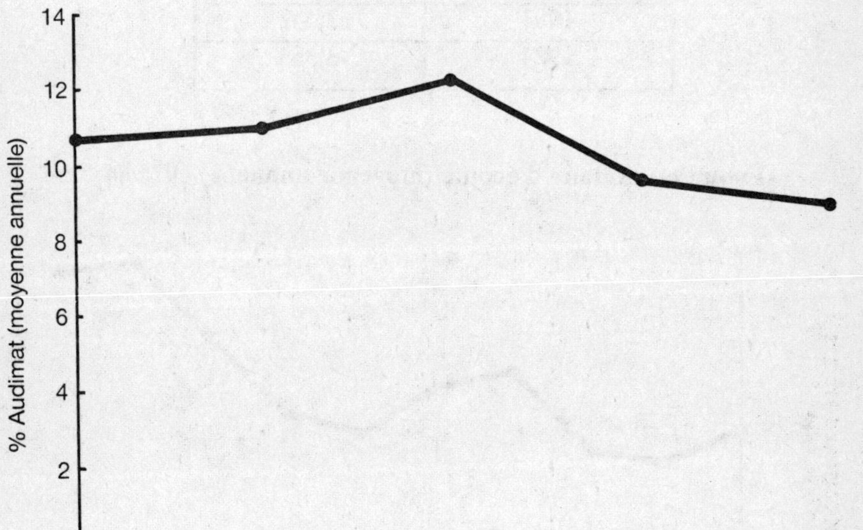

ANNEXE 7 :
BIBLIOGRAPHIE

ŒUVRES DE BERNARD PIVOT :

L'Amour en vogue, roman, Calmann-Lévy, 1959. Réédition Le Livre de poche 1975.

La Vie oh là là !, chroniques, Grasset, 1966.

Les Critiques littéraires, essai, Flammarion, 1968.

Texte de l'album *Beaujolaises*, Chêne, 1978.

Le Football en vert, livre sur l'A.S. St-Etienne, Hachette-Gamma, 1980.

« Sisyphe à ski », dans *Voyages*, textes réunis par Jean-Paul Caracalla, Olivier Orban, 1981.

OUVRAGES AYANT ABORDÉ L' « EFFET PIVOT » ET « APOSTROPHES » :

Régis Debray : *Le Pouvoir intellectuel en France*, Ramsay, 1979.

François de Closets : *Le Système E.P.M.*, Grasset, 1980.

Hervé Hamon et Patrick Rotman : *Les Intellocrates*, Ramsay, 1981.

Petillon : *Les Disparus d' « Apostrophes »*, Dargaud, 1982.

Jacques Chancel : *Le Livre franc*, avec Hubert Nyssen et les invités de « Parenthèses », Actes Sud, en collaboration avec France Inter, juin 1983.

Raymond Cousse : *A bas la critique et vive le Québec libre !*, Editions Rupture, 1983.

Pierre Bourdieu : *Homo Académicus*, Editions de Minuit, 1984.

Philippe Balland et Danièle Messager : *L'Envers du décor*, Balland, 1986.

Didier van Cauwelaert : *Les Vacances du fantôme*, Le Seuil, 1986.

Lucas Fournier : *C'est nouveau, ça vient de sortir*, traité de néopathie, Le Seuil, 1987.

Alexandre Lazareff et Jean-Pascal Tranié : *Le Chemin de la réussite expliqué aux impatients,* Robert Laffont, 1987.

OUVRAGES SUR LA TELEVISION ET LES MASS-MEDIAS :

Edgar Morin : *L'Esprit du temps 1 — Névrose,* Grasset, 1962.

« Télévision : sert-elle la culture ? », dossier revue *Europe,* avril-mai 1966.

Marshall McLuhan : *Pour comprendre les médias,* Le Seuil, 1968.

Denise Bombardier : *La Voix de la France,* les Français et leur télévision vus par un observateur étranger, Robert Laffont, 1975.

Jean-Pierre Corbeau : *Le Village à l'heure de la Télé,* Stock, 1978.

Jean Capin : *L'Effet télévision,* Grasset, 1980.

Jean-Louis Missika et Dominique Wolton : *La Folle du logis,* la télévision dans les sociétés démocratiques, Gallimard, 1983.

Edgar Morin : *Sociologie,* Fayard, 1984.

Jacques Piveteau : *L'Extase de la télévision,* INSEP Editions. Collection « Voir autrement », 1984.

Jacqueline Beaulieu : « La télévision des réalisateurs : pour la création, ils témoignent », INA/La Documentation française, 1984.

OUVRAGES SUR L'EDITION ET LES AUTEURS :

Marcel Proust : *Contre Sainte-Beuve,* Gallimard.

Honoré de Balzac : *Monographie de la presse parisienne* (« la grande ville »), 1843.

Guy Hocquenghem : *Minigraphie de la presse parisienne,* Editions J.-E. Hallier/Albin Michel, 1981.

Bulletins de l'Association des Amis de Maurice Noël.

Michèle Vessilier-Ressi : *Le Métier d'auteur,* Dunod, 1982.

Michel Friedman et Pierre Rouchaléou : *Le Guide de l'écrivain,* Rochevignes, 1984.

Philippe Schuwer : *Editeurs aujourd'hui,* Retz, 1987.

J'écris, journal d'information technique pour les écrivains pratiquants, numéro 2, printemps 1987, chez Jean Guenot, 85, rue des Tennerolles, 92210 Saint-Cloud.

ANNEXE 8 :

INTERVIEWS

(non compris les personnes désirant conserver l'anonymat)

Magnétophone (M)
Entretiens non enregistrés (NE)
Entretiens téléphoniques (T)
Correspondances (C)

Journalistes, auteurs, critiques :

— Bernard Pivot (M).
— Anne-Marie Bourgnon, « Apostrophes », *Lire* (NE).
— Pierre Boncenne, « Apostrophes », *Lire* (M).
— Jean-François Drouard, éditeur de *Lire* (M).
— Marie-Annick Giraud, publicité littéraire de *Lire* (NE).
— Jérôme Garcin, « Boîte aux lettres » et *L'Evénement du Jeudi* (M).
— Michel Polac, « Droit de Réponse » (M).
— Luce Perrot, « C'est à lire » (M).
— Michel Friedmann, « Maison des écrivains », Centre national des Lettres (M).
— Jean Chalon, écrivain (T).
— Max Gallo, écrivain (M).
— Gilles Lapouge, écrivain (M).
— Robert Sabatier, écrivain (M).
— Gérard Guégan, écrivain, *Le Matin* (M).
— Jean-Paul Caracalla, écrivain (M).
— Pierre Grobel, *Télé 7 jours* (T).
— Franklin Didi, *Télé 7 jours* (T).
— Jacques Lanzmann, écrivain, *VSD* (T).
— Pierre Démeron, critique, *Marie-Claire* (M).
— Jean-Vincent Richard : *Livres de France* (T).
— Georges Suffert, *Le Figaro Magazine*, Plon (T).
— Michelle Gauteyroux, *Le Figaro*, Amis de Maurice Noël (M).

— Georges Rétif de la Bretonne, archives du *Figaro* (NE).
— Gilles Lambert, *Le Figaro* (NE).
— Jean d'Ormesson, écrivain (T).
— Christiane Collange, écrivain (M).
— Raymond Cousse, écrivain (NE).
— Emile Copfermann, écrivain (NE).

Editeurs (attachés de presse) :
— Grasset : Yves Berger, directeur littéraire (M).
— Grasset : Claudine Lemaire, Claude Dalla Torre, service de presse (M).
— Françoise Verny, directrice littéraire Flammarion (M).
— Flammarion : Francine Rieux, Francine Brobeille, service de presse (T + T).
— Jean-Claude Lattès, Hachette, Editions Lattès (M).
— Gallimard : Marie-Claude de Saint-Seine, service de presse ; Marie-Anne Pini, service de presse et présidente de l'Association des attachés de presse de l'édition (NE).
— Lattès : Carole Goutmann, service de presse (T).
— Editions Régine Deforges : Charles Rubinsztein, service de presse (ex-Hachette, ex-Lieu Commun) (M).
— Fayard : Jean-Claude Berline, service de presse (T).
— La Pensée sauvage, éditeur à Grenoble : Allan Geoffroy, P.-D.G. (T).
— Ramsay : Jean-Claude Gawsevitch, directeur commercial (M).
— Le Seuil : Jean Bussy, directeur commercial (T).
— Laffont : François Camelot (dir. comm.) (M).
— Balland : André Balland (M).
— Jean-Noël Nouteau. Président de l'Union Nationale des Attachés de Presse et directeur de l'Information et des Relations Extérieures de « France Loisirs » (NE).

Diffuseurs, distributeurs :
— SODIS : M. Zakovitch (T).
— Hachette Diffusion : Jean-Louis Besse, directeur de clientèle (ex force de vente Grasset et Lattès) (M).
— Messageries du livre/Presses de la Cité : Yvan Arzur et Jean-Marie Damase (M + M).
— Centre de Diffusion de l'Edition : Alain Crochet, directeur commercial (M).

— Flammarion Diffusion : Pierre-Antoine Dupuy, directeur commercial (M).
— Interforum : Guy Couderc, directeur commercial (T).

Libraires
— FNAC : Jean-Paul Coumont (M).
— Librairie du Printemps : Jean de Montozan; José-Marie Boivin; Mme Pellegrin (T + T + T).
— Librairie Compagnie, Paris : Marie-Pierre Galley (M).
— Librairie La Proue (Lyon) : Pierre Péju (M).
— Librairie Decitre (Lyon) (M).
— Librairie Arthaud (Grenoble) : Luc Seguin (M).
— Librairie de l'Université : Grenoble + L'Œil de la Lettre (Paris) : Françoise Prunière (ex-libraire Autrement Dit, Paris) (M).
— Librairie Goulard (Aix-en-Provence) : Sydney Habib (NE).

Audiovisuel :
— Henri Hervé, services culturels, ambassade de France à New York (C).
— Martine Delort, resp. communication FMI (France Média International) (NE + C).
— Jacqueline Baudrier, CNCL (T).
— Michel Demaison, service études (audiences) A2 (M).
— M. Mousset, RFP A2 (T).
— Jacques Durand, directeur de la recherche et du développement, Médiamétrie (NE).
— Jean Cazenave, réalisateur (M).
— Claude Barma, réalisateur (M).
— Marcel Jullian (C).

L'auteur remercie tous ceux qui l'ont de près ou de loin aidé et encouragé dans la réalisation de ce livre, au premier rang desquels il place son épouse, Véronique, « jolie Lyonnaise aux yeux couleur du Rhône ».

TABLE

Achevé d'imprimer en septembre 1987
sur presse CAMERON
dans les ateliers de la S.E.P.C.
à Saint-Amand-Montrond (Cher)
pour les éditions Ramsay

N° d'Édition : 2038. N° d'Impression : 2148-1632.
Dépôt légal : octobre 1987
Imprimé en France